JN048759

ケルト十字法大辞典

鏡リュウジの実践タロット・テクニック

朝日新聞出版

CONTENTS

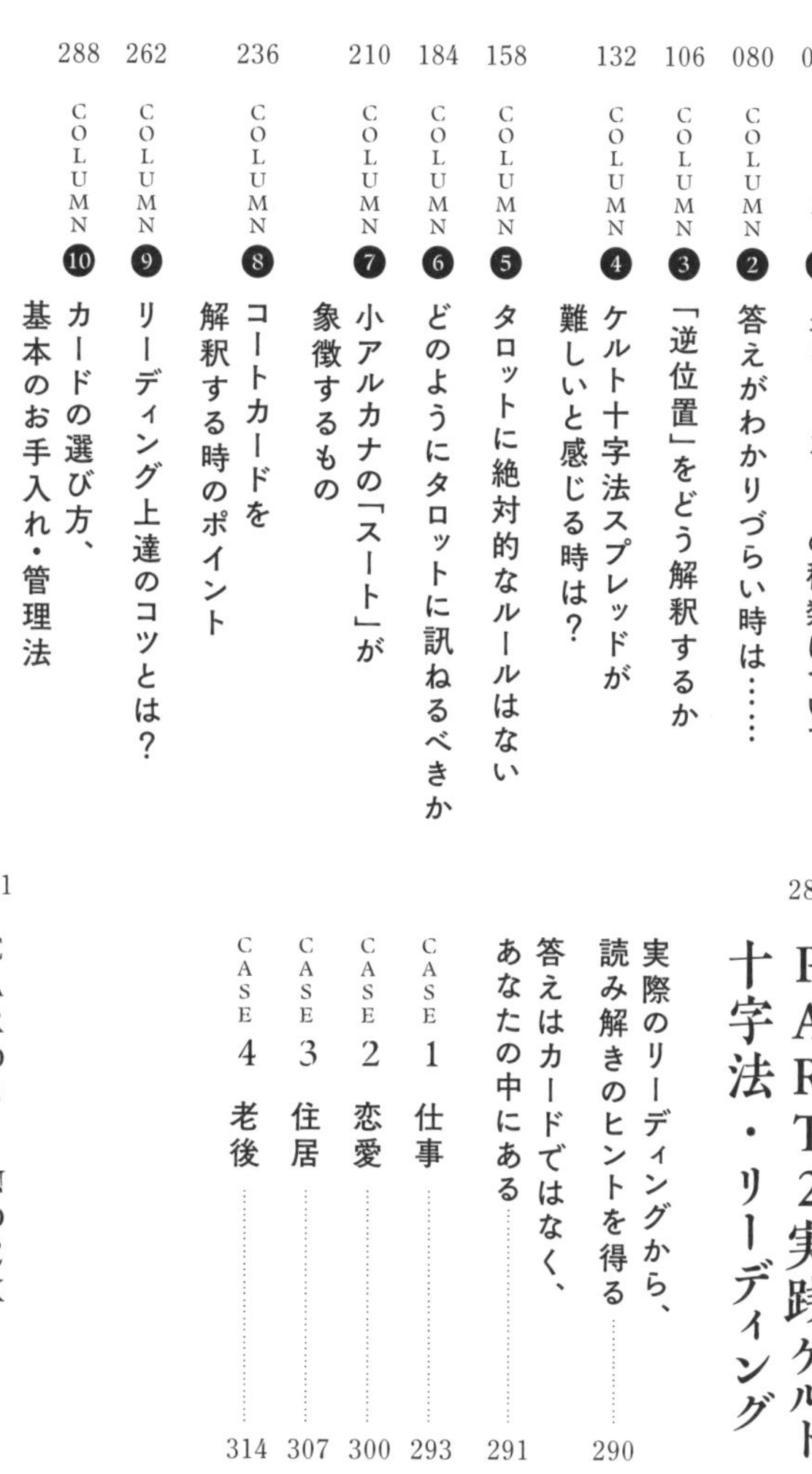

はじめに

もっとも有名なスプレッド、ケルト十字法

鏡リュウジ

タロットがブームと言われてかなり長く経ちました。「カード占い」といえば、僕が子どもの頃はまだトランプ占いが主流だったような気がしますが、今ではもうタロットかオラクルカードということになるでしょう。

そして、タロットの存在のみならず具体的な占い方も、一般の人にかなり浸透してきているような気がします。

タロットと一言いうと、「ああ、すごく当たるけど、難しいんでしょう？　上向きに出る時と下向きに出る時で意味が変わったりして」なんて、占いなどに縁のなさそうなビジネスマンに言われることがあってびっくりします。

そう、タロット占いの技法である「逆位置（リバース）」のことをどこかで聞いてご存じなのですね（僕はリバースはほとんど用いませんけど。※106ページ参照）。

逆位置以外にも、あまりにも「当たり前」すぎて意識にのぼりにくい、けれど重要な

タロット占いの方法論があります。

それは「スプレッド（展開法）」。カ、、、、ードをまぜて、そして並べるこ、、、、とです!!　その中でもっとも有名なものが「ケルト十字法」でしょう。ほとんどのタロット占いの入門書にそのやり方が紹介されています。プロの占い師も愛用されている方が多い様子。実際、使い慣れるとこれほど勝手のよいメソッドはありません。一方で、使うカードの枚数が10枚と比較的多いこともあり、初心者の方には「難しい」という印象があるのも事実。

そこで本書です。ケルト十字法を使う時のカードの意味を辞書のように網羅してみました。この本を手元に置けば、ケルト十字法マスターの近道になるはず。

タロット占いは「カードの意味」と「場の意味」の掛け合わせ

改めて言うまでもないかもしれませんが、基本的に現代のタロット占いの解釈は、2つの要素から導き出されます。

まずカード1枚1枚のもつ「意味」です。たとえば『死神』のカードなら「物事の終わりと再生」、『愚者』なら「無限の可能性、しかしまだかたちになっていない」といったものです。

タロットはもともと占い用ではなく、15世紀イタリアで遊戯用のカードとして発明され、それぞれの札には占いとしての意味はありませんでした。が、その切り札に用いられた寓意画には、ギリシャ・ローマ以来の長い伝統のある図像が選ばれていて、人々のイマジネーションをかきたてます。18世紀末以降、タロットはオカルト的なイメージと強く結び付き、秘教的、魔術的結社の人々によってオカルト的な意味まで付与されてゆき、これが20世紀後半以降の「現代の」タロット占いの意味の基礎をつくることになったのです。（※1）

そして、もう1つの要素が「スプレッド」における「場」です。シャッフルされたカードは、一定の手順でテーブルの上に並べられ、伏せられた状態から表にめくっていくことになります。この時の「並べ方」が「スプレッド」であり、もっともシンプルな1枚だけ引く方法から、複数段階の工程を経る極めて複雑なやり方まで、さまざまなものがあります。さらに各々のタロットの読み手がオリジナルにつくるスプレッドもあるので、その数はまさに無数。（※2）

ただ、カードを並べた時に「このカードは相談者の現在を表す」とか、「相手の状態を表す」など、「場」の意味をあらかじめ決めておくのがスプレッドの定石。

たとえば同じ『死神』の札でも「相談者の現在」の位置なら、「何かが終わって始まる」のは相談者自身の現状です。ですが「相手の状況」を示す位置なら、その運命の状況は相手の状態になるというわけです。

そう、タロット占いは突き詰めて言えば、このスプレッドの「場の意味」と「カードの意味」を掛け合わせて読んでいく営みにほかなりません。大胆に言えばタロット占い＝スプレッド。

本来はイメージをふくらませて全体を見ていくのですが、初心者のうちは「場の意味」と「カードの意味」を丁寧に組み合わせて読んでいくことになるでしょう。本書は、その掛け合わせをすべて網羅する辞書としてつくられました。

そして、本書で用いるスプレッドこそ、タロットの方法の中でももっとも有名でポピュラーな「ケルト十字法」なのです。

〈ケルト十字法スプレッド〉

ケルト十字法の歴史

「ケルト十字法」スプレッドは、ほとんどのタロット占いの入門書に載っています。用いている人も多いですし、実際、僕も愛用しています。使ってみると、これはよくできている方法だとわかります。

ケルト十字法はひと昔前の本やネットの記事では「ずっと以前から用いられていた」などと書かれていたり、時には「古代ケルトの人々（ヨーロッパの先住民族）が用いていた」などとされていることが多いもの。

ですがこれは誤り。実は、おそらく今から100年ちょっと前にイギリスで発明された方法だと推測されています。

この展開法が最初に世に出たのは、アーサー・エドワード・ウエイトの著書からでした。1909－10年に出たウエイトの『The Key to the Tarot（のちに改定されてThe Pictorial Key to the Tarot）』に、この方法が掲載されます。この本は、現在世界でもっとも人気があり、愛されている「ウエイト＝スミス版」タロットを世に広めたものです。

それによると、この方法は「特定の質問に答えるのに適したもの」であり、「過去においてはイングランド、スコットランド、アイルランドで用いられてきた」ものであると紹介されています。

そして、ここで冠されているタイトルをよく見てみましょう。

それは「an Ancient Celtic Method of Divination（古代ケルトの占い法）」となっています。

いいですか？　「Ancient Celtic Method」なのであって、「Ancient Celtic Cross Method」ではないのです！

最初にこの方法が世に出た時には、「ケルト十字」ではなく、「イングランド、スコットランド、アイルランド」で使われてきた、ケルト風の方法、ということでしかないのです。

つまり「十字」ではない！

タロットを英語圏で大きく広げたイーデン・グレイによる『The Complete Guide to the Tarot（1970）』ではどうなっているでしょうか。

こちらは邦訳がありますが、翻訳では「古代ケルト十字法」となっています。

しかし、原書では……『The Ancient Keltic Method』なのです！　つまり翻訳では、あまりにポピュラーになってしまっている「ケルト十字法」という先入観に引きずられて、つい「十字」という名前をつけてしまったのではないでしょうか。

では、ウエイトがこの方法の発明者なのでしょうか？

その可能性はゼロではなさそうですが、しかし、おそらくそうではないでしょう。イギリスのタロティスト、マーカス・カッツの精力的なリサーチによって、ウエイトが属していた英国の魔術結社「黄金の夜明け団」の会員であったF・L・ガードナーという人物のノートが発掘されています。そのノートには「ジプシー占断法」として、今のケルト十字とほとんど同じ方法がメモされているのです。(※3)

この方法は、十字のかたちに並べたカードの横に4枚カードを並べるというもので、ほぼ現在の「ケルト十字法」と同じ。が、一点、異なっているのは、縦のラインが十字の右ではなく左に置かれていること。どちらの方法が古いのか、今後の調査が待たれます。しかも、ここでは「ケルト」ではなく、「ジプシー占断法」となっていることにも注目すべきです。「十字」どころか、「ケルト」でもないのです!

魔術結社「黄金の夜明け団」の「公式」のスプレッドは「開鍵法」(オープニング・ザ・キー)という、極めて複雑な方法でした。(※4)これはきちんと行おうとすると何時間もかかるというシロモノ。とても「普段使い」できるものではありません。

そこで、このガードナーか、あるいは、ほかの団員がより簡便なこのスプレッドを考案して、団内で用いられていたのではないでしょうか。そして、ウエイトが当時の「ケルト復興」の機運にのって、「ケルト」の名前をつけて本に載せた、という可能性が大です。

ですから、ケルト十字法の歴史はまったく「古代」に遡(さかのぼ)るものではありません。

また、ケルト十字法の並べる順番や場の意味も、人によって異なっていますが、どれが正しいということもありません。本書では、もっともスタンダードなバージョンの1つを採用していますが、慣れてくれば皆さんお一人お一人で工夫して、自分なりの場の意味や順番を作って行かれることもいいのではないでしょうか。

「ケルト十字」の元型的意味

ケルト十字法が持つ神秘的なイメージを剝ぎ取ってしまったわけですが、それでもこのスプレッドが「よくできている」「使える」ということは間違いありません。これだけ多くのタロティストが愛用しているということは、やはりそれなりの実用性があるのです。

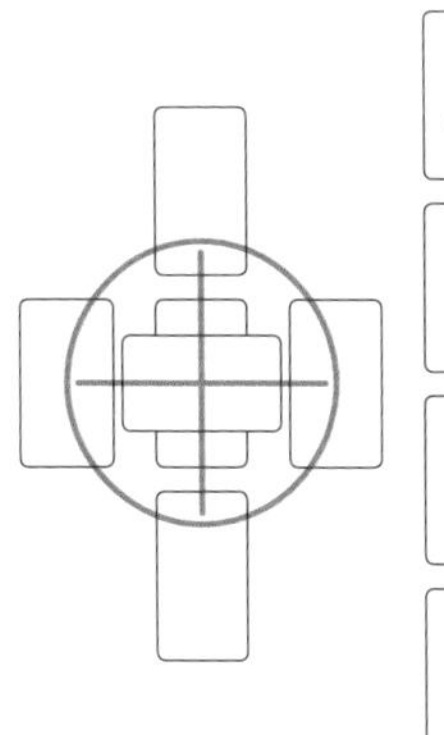

僕はその秘密には、やはりこの「円形にも見える十字」と「縦のライン」という図形にあるような気がしています。

十字（円に取り囲まれた十字）はユング心理学でいうと「マンダラ元型」とされています。これは心がバランスを回復しようとする時に自然と表れてくるシンボルだとされています。

今にいたる状況を示す十字の部分からは、過去、現在、未来、自分の基盤といった「今」を俯瞰(ふかん)して、そこにあるさまざまな状況を心を落ち着けて見ることができます。

しかし、このようなマンダラ構造だけでは、この三次元の今をダイナミックに生きていくための「流れ」が足りません。この十字部分で自分（相談者）を見つめ、そこからほとばしって、これからをつくり上げてゆくエネルギーの流れが、右側の縦列のカードに見ることができるような気がするのです。

現在の（現在をつくり上げている）エネルギーのパターンと、そこから放射、流出していくエネルギーの流れのコントラストがケルト十字法にはある、といったらわかりやすいでしょうか。

さあ、この名スプレッドを使いこなしましょう。これであなたもプロ級の占い師！

※1　タロットの歴史については鏡リュウジ『タロットの秘密』（講談社現代新書）参照。
※2　タロットのスプレッドのさまざまな方法については鏡リュウジ『実践タロット・リーディング』（朝日新聞出版）、伊泉龍一『完全マスター　タロット占術大全』（説話社）など参照。
※3　鏡リュウジ責任編集　ユリイカ臨時増刊『タロットの世界』（青土社）所収マーカス・カッツ著　松田和也訳「ケルト十字展開法の解明」参照。
※4　開鍵法についてはイスラエル・リガルディー著『黄金の夜明け魔術全書』（国書刊行会）参照。

そもそも、なぜ「ケルト」なの？

「ケルト十字法」「古代ケルト法」と呼ばれるスプレッドは、もともとは「ジプシーメソッド」と呼ばれていたようです。少なくとも19世紀末から20世紀初頭の英国の魔術結社「黄金の夜明け団」の中では、「ジプシー」の名称も併用されていた形跡があるのです。

ではなぜ、それに代わって「ケルト」の名前が用いられるようになったのでしょうか。そこには19世紀末からのケルト復興運動の影響があると推測できます。

ケルト人は、ヨーロッパ先住民族だとされています。山内淳氏によると「インド＝ヨーロッパ語族の一部族ケルト人が、紀元前10世紀前後にヨーロッパ大陸の中央付近に姿を現し、紀元前8世紀以降には鉄器を使用して繁栄を築いていったこと」は、現在の考古学の世界では意見の一致を見ているとのこと（※5）。しかし、大いに繁栄したケルト人たちはその後、ローマ帝国の圧倒的な力と、ゲルマン人の侵攻によって歴史の表舞台から姿を消すことになりました。

しかもケルト人は文字をもたなかったので、その実態を知ることは大変難しくなっています。ケルトにまつわる古い記録は、「敵側」のローマ人によるものなので、当然、そこには大きなバイアスがかかっていました。古代のケルト人像は、とかく野蛮で粗野、人間を生贄(いけにえ)に捧げるといったものだったのです。

しかし、やがて近代に入ると「ケルト人」に投影されていたイメージが大きく変わってきます。特に19世紀に入ると自分たちのルーツを改めて確立しようと、ローマ以前のケルトのイメージが利用されるようになっていきます。粗野な野蛮人というケルト人像から勇敢で気高い戦士、さらには、幽玄な世界への繊細な感受性をもつ高貴な民族というイメージが確立してくるのです。「黄金の夜明け団」の高位団員であったW・B・イエイツもそんなケルト復興運動の立役者の1人でした。

イエイツを研究していた英文学者の尾島庄太郎博士は、ケルト人をこんなふうに描写しています。

「彼らは、朧(おぼろ)げな月光を愛する精霊のような心の人種、妖精の住む陰影の深き海に幻想的な情熱をよせる心の持ち主である」

また、同氏はフランシス・グリアーソンを引用してこのように述べてもいます。

「ケルト人は、一種の神秘的観念をもって自然に対する。ケルト人はその心が完全に創造的な状態にあるとき、自然と完全に一致するようになるのである。日常意識のみをもてる平凡な人には、自然の美しさはわかるが、自然の事物の内奥(ないおう)にまで心が寄せられることは稀(まれ)である。…ところがケルト人は毎日、毎月、毎季節ごとにその時々の目に見える雰囲気と同様に内奥の魂を感知する」

このような「スピリチュアル」なケルト人観が19世紀末~20世紀初頭から登場してきたわけで、それは20世紀後半のアイルランドの歌手・エンヤの音楽などにも影響を与えることになりました。エンヤに代表される幻想的な「ケルトミュージック」の霊感源はここにあるわけですね。

このミステリアスなケルト人のイメージが、タロット占いの雰囲気を醸し出すことに大きく貢献したのでしょう。そして「ケルト十字」の名前がこのスプレッドに定着していったのだと考えられるのです。

そしてもう1つ、「ケルト十字」という特別な十字も重要な役割を果たしたと僕は思っています。ケルト十字は、古代の異教と中世以降のキリスト教の霊性を統合するシンボルとしてのイメージがあるのです。ヨーロッパの先住民族であったケルト人はもちろん、キリスト教以前の「異教」文化に生きていました。しかし強大なローマがキリスト教を国教に定めると、ヨーロッパ全域がキリスト教化されていきます。キリスト教は「文明」の象徴であり、古い異教は野蛮さの代名詞になったのです。

そんな中でケルト的な文化が色濃く残った土地の1つがアイルランドでした。聖パトリックがアイルランドにキリスト教をもたらした時、アイルランドではこのローマの教えとケルト文化の間に不思議な融合が起こりました。ケルト的キリスト教と呼ばれる、独特の美しい修道院文化が9世紀頃まで続くのです。『ケルズの書』など、いかにも「ケルト」という渦巻き模様で埋め尽くされた美しい福音(ふくいん)書の写本はその象徴的存在でしょう。(※6)

アイルランドには今でも石づくりの輪付き十字があちこちに建っています。そう、ケルト十字です。ギリシャ十字と円のこの結合は、単に十字を補強するための工夫だとも、日輪を象徴するとも言われていますが、いずれにしてもこの独特の「ケルト十字」が、異教とキリスト教の1つの結合のシンボルのように見えるのです。

アーサー王や聖杯も異教とキリスト教の融合の結果、生まれたものだと言われますが、この「ケルト十字」というシンボリックな存在がタロット占いを支えてきた、古くて新しい霊性を求める人々の心をつかんだのではないかと僕は想像しています。

※5　小辻梅子・山内淳『二つのケルト』(世界思想社)参照。
※6　鶴岡真弓・松村一男『図説　ケルトの歴史』(河出書房新社)参照。

PART 1

ケルト十字法大辞典

ケルト十字法で占う前に……

ここからはケルト十字法スプレッドを実践の視点から見ていきます。初心者の方向けに、タロットでの占い方を簡単に説明しておきましょう。

まずはタロットカードを用意しなくては始まりません。タロットカードは22枚の大アルカナ、そして56枚の小アルカナからなります。

大アルカナは『愚者』『恋人』『悪魔』『月』などの名称と、0から21（1から22までの場合も）までの番号が割り振られたカードのこと。1枚1枚に象徴的な意味があるとされます。

そして小アルカナは「棒（ワンド）」「杯（カップ）」「剣（ソード）」「金貨（ペンタクル、もしくはコイン）」という4種類のスートに分かれており、それぞれにエース（1）から10までの10枚の数札、そしてペイジ（小姓）、ナイト（騎士）、クイーン（女王）、キング（王）という4枚の人物札からなる合計14枚がワンセットになっています。

「78枚の意味を全部覚えなくてはならない」と思うと、不安を感じるかもしれません。でも本書が傍らにあれば、すぐに答えを出せますからご安心を。出たカードを1枚ずつ調べていくうちに、自然と意味を覚えていくはず。

実際に占う際は、次の3つのプロセスを経ます。

①シャッフル（カードがランダムになるようまぜる）
②カット（カードを切って分ける）
③スプレッド（カードを並べて展開する）

占う前の①シャッフルや②カット、③スプレッドまでの具体的なやり方は次のページで紹介しています。とはいえ、いずれも厳密なルールがあるわけではないので、あなたなりのやり方、もっとも集中できる方法を考えてみましょう。

そして③のスプレッド、つまりカードの並べ方の種類として、今回ご紹介する「ケルト十字法」や、3枚を並べた「スリーカード」、六芒星（ろくぼうせい）の形に並べた「ヘキサグラム」などがあります。最近はオリジナルのスプレッドをつくる方も多いですすし、どんどんバリエーションは増えていっているのでしょう。

スプレッドは、全体が何らかの象徴的なかたちを模していることが多いのですが、その1枚1枚並べたカードの場、ポジションに意味が与えられています。

タロット・リーディング　基本の手順

歴史をたどるとタロットは、もともとゲームでした。

占いとしての歴史は実は浅く、「こうしなければならない」という絶対的なやり方はありません。

理想的には自分なりのスタイルを開発できるのがベスト。

ただ、初心者のうちは定番となっている方法に従うのがよいでしょう。

カードをスプレッドするまでの手順です。

占う前に……

まずは、テーブルの上にタロットカードを広げるスペースをつくります。

この時、カードが汚れないように、あらかじめテーブルはきれいに拭いておきましょう。

お好みでクロス（布）を広げると、集中力やイマジネーションが高まるかもしれません。

そして、カードを裏返した状態で置きます。

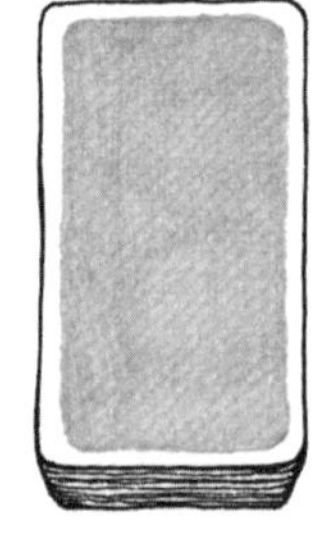

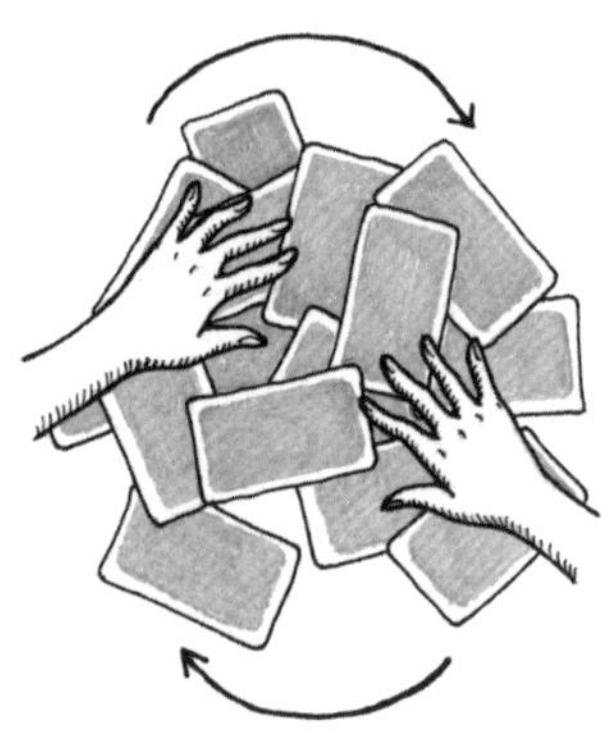

1. シャッフル

カードの山を崩し、両手でまぜることを、「シャッフル」といいます。

カードをすべて裏返しにし、テーブルの上に広げてゆっくりかきまぜましょう。

この時、占いたい内容を心に思い浮かべてください。

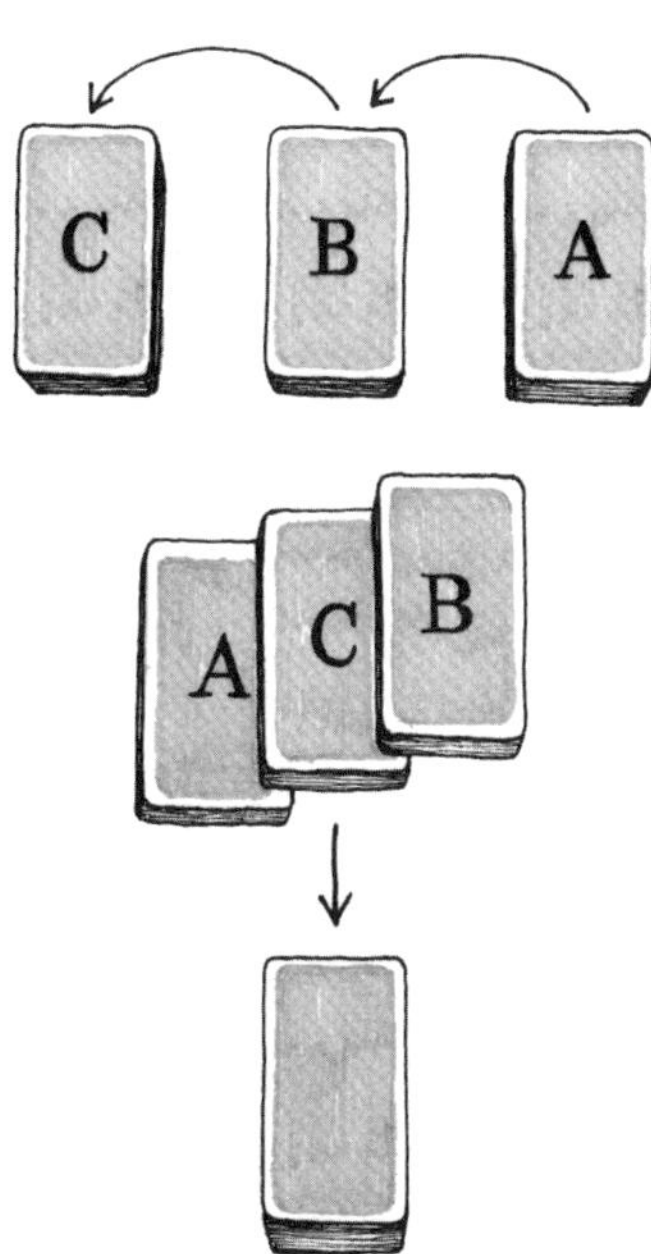

2. カット

これでよい、と思えるまでカードをまぜることができたら、カードをひとまとめにしましょう。

この時、カードは裏返したまま。

このようにまとめて積まれたカードのことを「パイル」といいます。

1つのパイルを、3つのパイルに目分量で分けます。

1人で占う場合は当然自分で行いますが、占う相手がいる場合はこの作業をその人に手伝ってもらうとよいでしょう。

この作業を「カット」といいます。

そして、最初とは異なる順序になるようにカードを再びひとまとめにしてください。

3. スプレッド

ひとまとめになったパイルから、カードを並べていきましょう。

カードを指定された方法で並べていくことを「スプレッド」といいます。

本書では、10枚のカードを「ケルト十字法スプレッド」の形に展開することになります。カードは基本的にパイルの上から順番に引いていきますが、好みでパイルの途中からランダムに引き出していく方法もいいでしょう。


スプレッドされたカードは、最初からすべて表に向ける（オープンする）のでも、すべて裏返しにしておいて、1枚ずつオープンし、順番に読んでいくというスタイルでもＯＫです。ただし最終的にはスプレッド全体のカードを見て、全体から受ける印象を大事にしましょう。

ケルト十字法の10のポジション

ケルト十字法の場合、10枚のカードを並べ、場所ごとに意味があてられています。これも本やタロティストによってさまざまな方式がありますから、どれが正しい・間違っているということはありません。本書ではベーシックなパターンを掲載していますが、自分なりにアレンジを加えていってもいいでしょう。

下がケルト十字法の並べ方です。一度にたくさんのカードが並ぶので、初心者の方は「こんなに覚えられない」「どこから読めばいいの?」と面食らってしまうかもしれません。そこで10枚のカードを小分けにして、パートごとに見ていきましょう。

まず、中央のクロスになっている2枚のカードです。

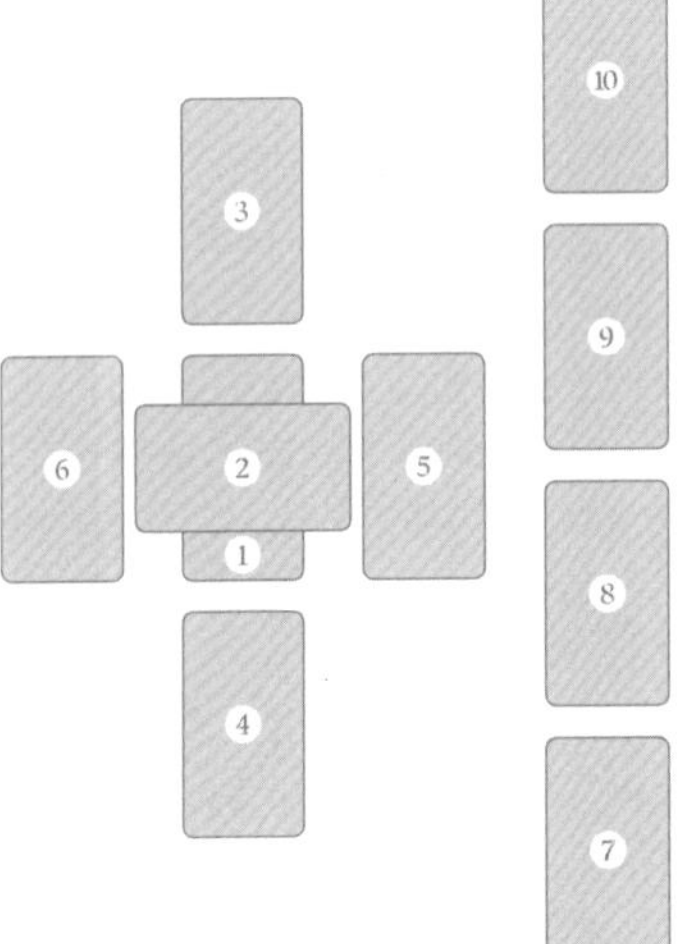

ケルト十字法の「十字」を象徴する2枚です。最初のうちは、10枚のカードすべてを読もうとせず、〈①現状〉と〈②試練〉、この2枚を重点的に読んでみるだけでもいいでしょう。つまり「①自分が今、どんな状況に置かれていて」「②何が問題となっているのか」を冷静に把握できれば、ほとんどの問題の解決策は見えてくるはず。残りの8枚は、その補佐のために拾い読みするくらいでも構いません。

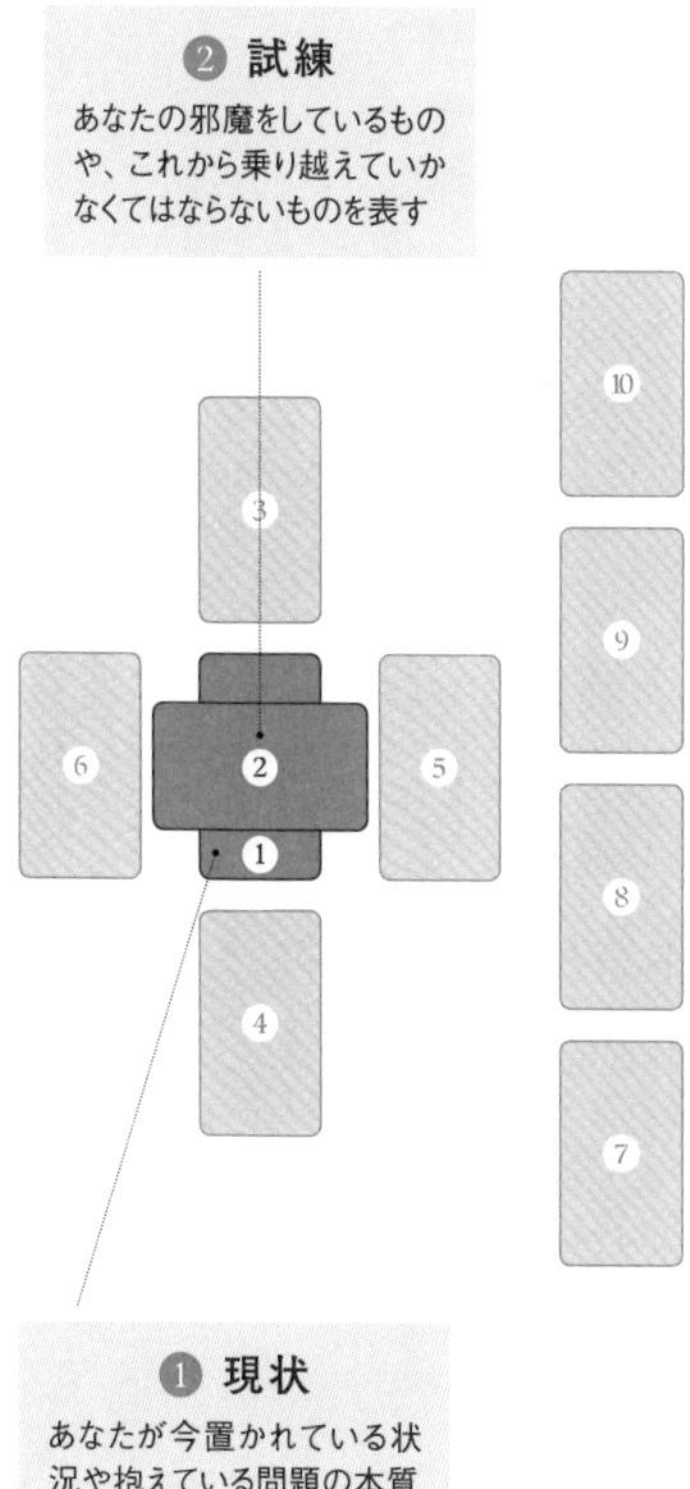

そこからさらに深めていくならば、次の2枚のカード〈③目標〉と〈④原因〉です。「③こうなりたいと思っているビジョン」、それに対して「④その問題を引き起こしたもの」というように、天地で対になるようなカードです。

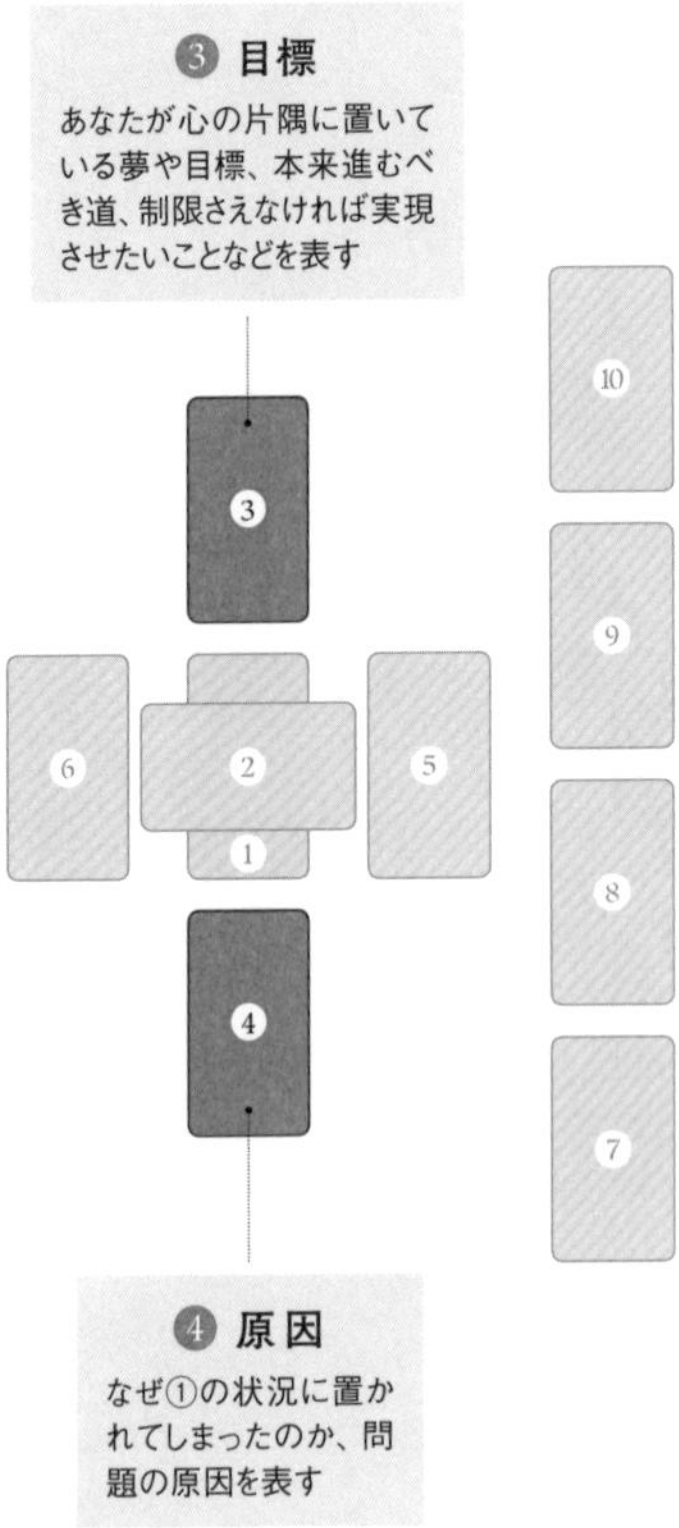

③ 目標
あなたが心の片隅に置いている夢や目標、本来進むべき道、制限さえなければ実現させたいことなどを表す

④ 原因
なぜ①の状況に置かれてしまったのか、問題の原因を表す

〈③目標〉にあまりいい意味合いではないカード、〈④原因〉にいいイメージのカードが出ると、とたんに読みづらく感じるかと思いますが、ぜひ本書の解説を参考にしてみてください。

次いで、横に並ぶ2枚のカードです。ここは〈⑤過去〉〈①現状〉〈⑥未来〉というように、時系列を象徴するカードが出ていると考えるとイメージしやすいですね。

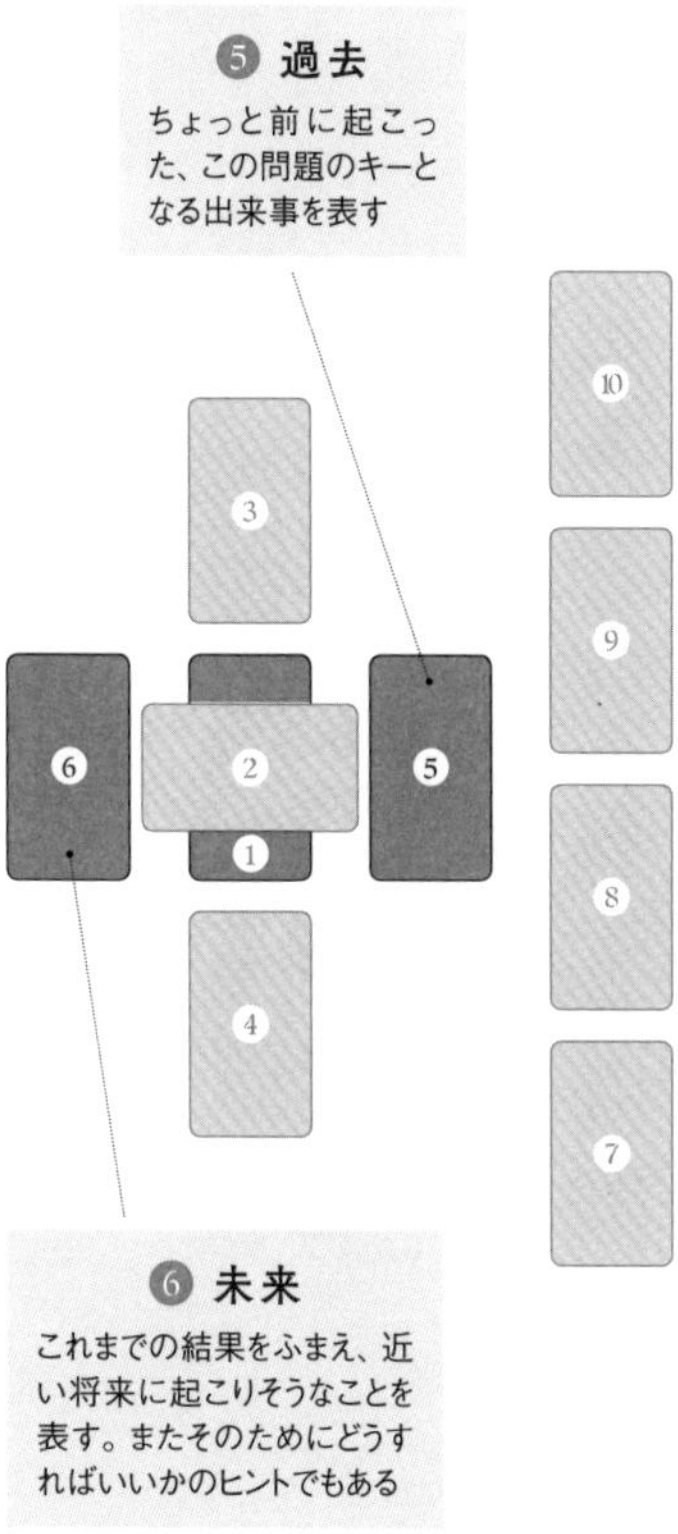
⑤ 過去
ちょっと前に起こった、この問題のキーとなる出来事を表す
10
9
8
7
3
5
2
1
6
4
⑥ 未来
これまでの結果をふまえ、近い将来に起こりそうなことを表す。またそのためにどうすればいいかのヒントでもある

〈⑤過去〉のカードは〈④原因〉と、〈⑥未来〉のカードは〈③目標〉とリンクしていることも多いので、セットで見ると発見があるかもしれません。

そして次はケルト十字の右列のラインです。ここまでが、いろいろな角度から現状を把握するためのカードだとしたら、この⑦〜⑩のラインは「ではどうするか」という、実際の動きやアドバイスを表すパートと考えるといいかもしれません。

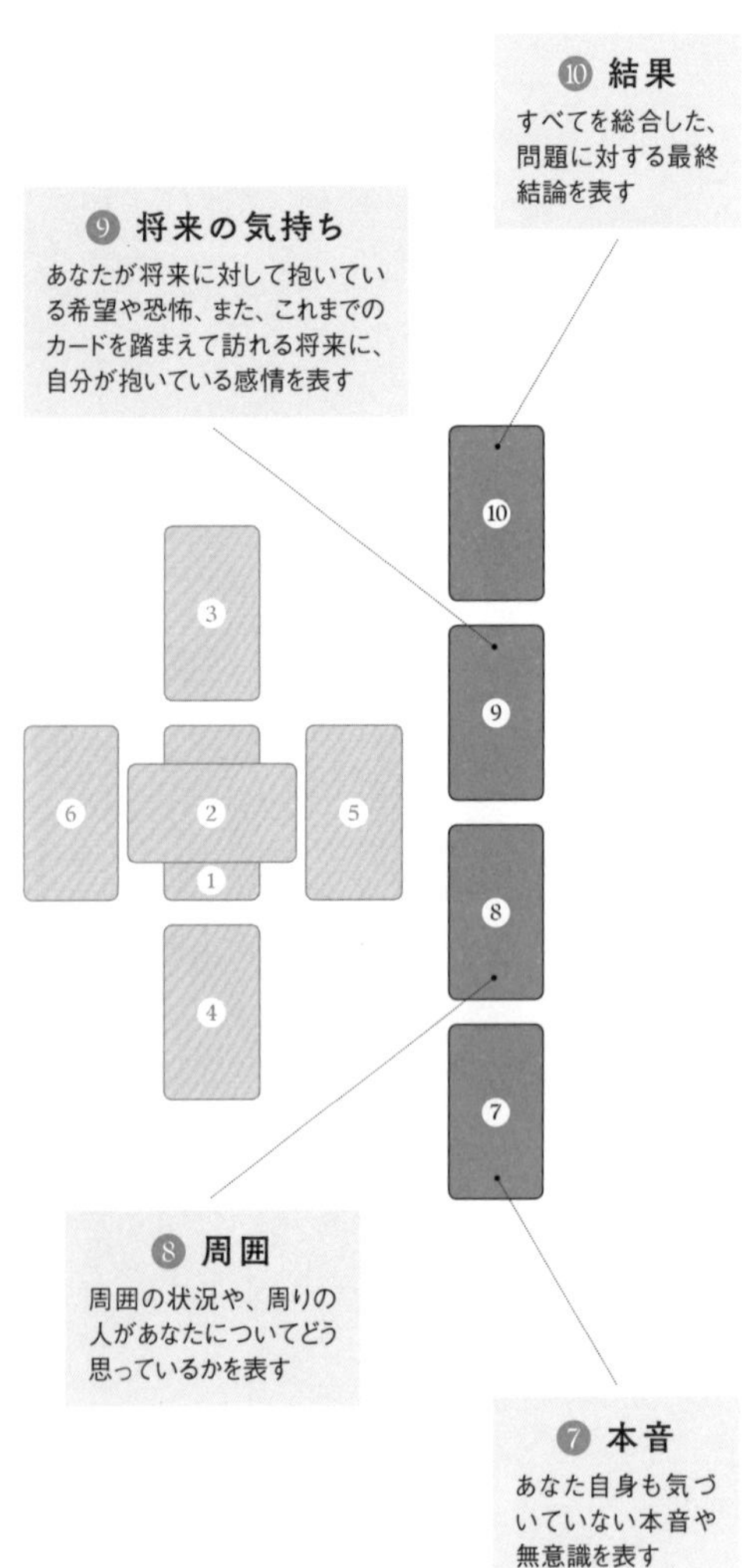

自分でも気づいていない心の奥底が表れるのが、〈⑦本音〉。口では望んでいるといっても、内心は正反対に思っていることはよくあるもの。他人を占う時はもちろん、自分自身を占う際も、このカードは丁寧に読むようにするといいでしょう。

この問題に対して、相談者の周りはどういう状況にあるかを表しているのが、〈⑧周囲〉です。ここに人物が描かれたカードが出た場合、そのカードのイメージに近い実在の人物がキーパーソンとなる、という解釈はよく行われます。

〈⑨将来の気持ち〉は、〈③目標〉や〈⑥未来〉と異なり、この先の未来に感じている自分の感情や心理面であるということをポイントに読んでみましょう。

〈⑩結果〉と〈⑥未来〉の違いがわかりづらいですが、⑥は物事の成り行き、⑩はこの問題が相談者にとって、最終的にどういう意味合いを持つかというイメージで考えてみましょう。

10枚のカードをすべて均等に読む必要はない

こうして10枚のカードが目の前に並んだら、まずは先に述べたように「場」の意味と、「カード」の意味を掛け合わせながら読んでいきましょう。

同じ『愚者』のカードでも、「現状」に出た時と「周囲」に出た時とでは、意味合いが変わってくるものです。〈①現状〉に出たなら「あなた自身が愚者のようにふらふら彷徨(さまよ)っている状況」でしょうし、〈⑧周囲〉に出たら「周りは愚者のようにアテにならない人ばかり」と読めることもあるでしょう。

ただし、これを自在にイメージできるようになるまでには、かなりの練習が必要になります。プロの占い師でも上手にできる人はなかなかいません。

それをサポートする道具が、本書です。10のポジションごとに、78枚のカードについて「ここにこのカードが出たら、こんな解釈ができますよ」ということを解説しています。そのバリエーションは、なんと780通り！　本書をタロットの辞典としてくり返し使ううちに、「場」と「カード」、2つの意味をかけ合わせて言葉を導き出していく感覚が、きっとわかってくるはずです。

POSITION

1

現状

1
現状のポジションが表すもの

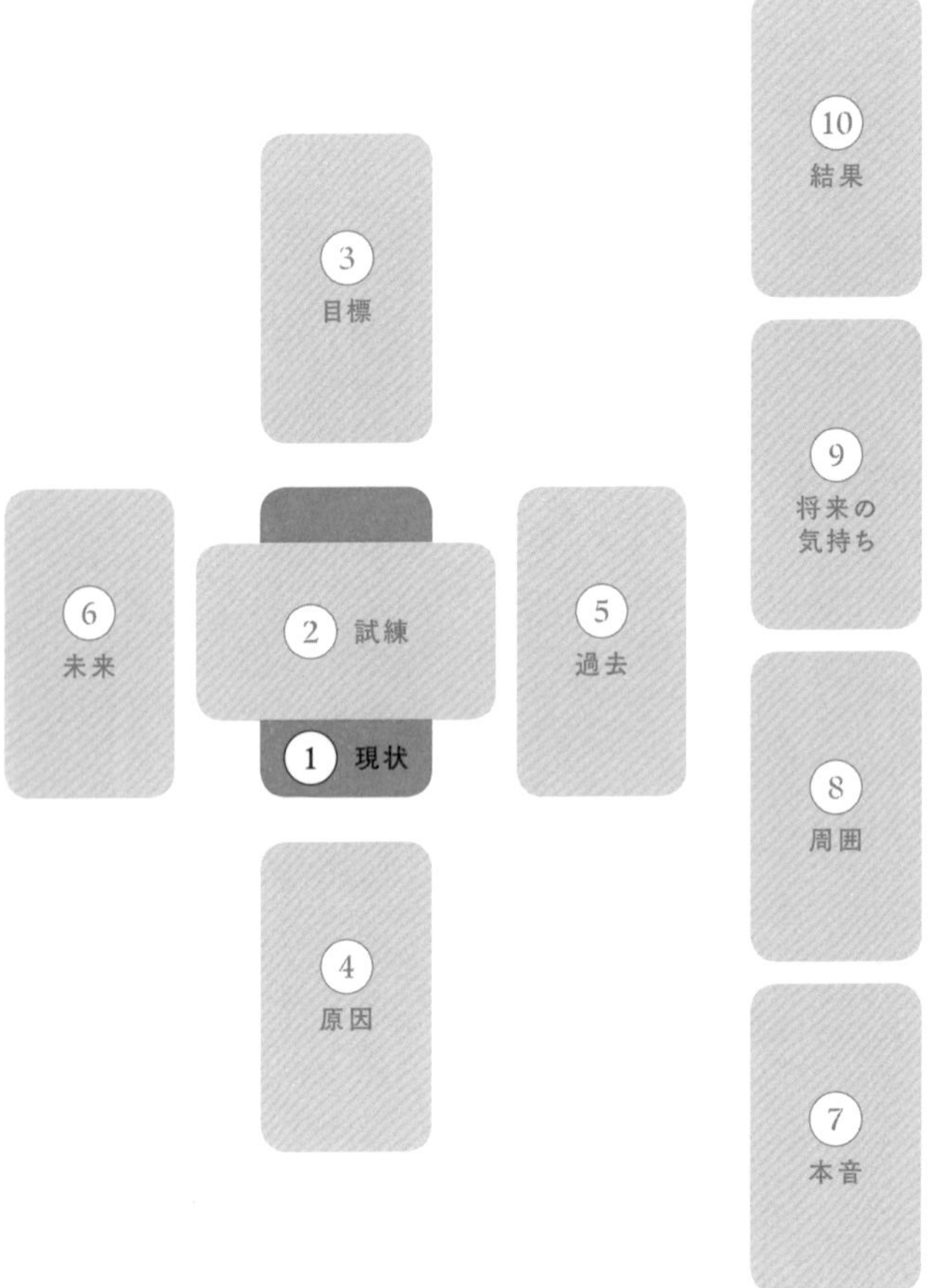

Hint 1

自分（相談者）の現状

〈①現状〉のポジションでは、あなたが現在どんな状況に置かれているかを確認します。ケルト十字法スプレッドは全部で10のポジションに来るカードから、占いたいテーマについて探っていきますが、その中でもこの〈①現状〉は基本になるポジションです。現在の自分を軸に置くことで、過去や未来がより具体的に、そして深い意味をもって浮かび上がってくるでしょう。

Hint 2

自分を見るもう1つの視点

〈①現状〉を示すカードが、相談者や自分の感じている状況とうまく合致しないこともあるでしょう。そこで「当たっていない」と投げ出すのではなく、このカードは何を告げようとしているのだろうかと思いを巡らせてください。どんなメッセージをカードは送ってくれているでしょうか？「自分はこうだ」という先入観を手放すと、意外な視点から今の状況の意味が新たに見えてくるかもしれません。

Hint 3

現状の読み解きのコツ

より深く現状を見るためには、〈②試練〉のポジションに出るカードと照らし合わせるといいでしょう。〈①現状〉は、他のすべてのポジションを見る時の軸になりますが、特に〈②試練〉と強く関連しています。たとえば、〈①現状〉だけではピンとこない場合でも、〈②試練〉と対比させることで、はっきりとした輪郭が浮かび上がってくることがあるのです。

①

現状に出たのが…

自分が今、どんな状況に
置かれているのか
それは、意外と自分自身でも
わかっていないもの
まずは、現在位置を
しっかり把握することが
幸運への道筋を見つける
きっかけになるでしょう
まずは客観的に、
自分の立っている場所を
見つめ直してみてください

MAJOR ARCANA

0 愚者

自由を目指して現状をリセット

今あなたは「自由になりたい」という思いが強くなっています。現状をリセットし、一からやり直したいという衝動が潜んでいるようです。ただしそれはあくまで衝動で、計画性はなし。ただし、その純粋な思いには無限の可能性があります。大人の常識でその可能性をつんでしまわないで。

1 魔術師

思案しながら最善の策を練る

試行錯誤しながらも前に進もうとしている状況です。悩みはあっても、「この先に希望があるはずだ」とあきらめてはいないでしょう。強い意志をもち、他に最善の策があるかもしれないと思案中。違うアプローチを試すことで現状を打破できるのではという気持ちがどこかにあるようです。

2 女教皇

秘密は胸にしまい 現状を分析

とても静かに状況を見守っている様子。いろいろと思うところはありますが、秘密を胸にしまいながら、目の前で起こっていることを冷静に受け止めているようです。外に向かっていくわけでも、内にこもるわけでもなく、現実の出来事を深く理解し、穏やかに分析しようとしているでしょう。

3 女帝

環境が整い 満ち足りた状況

精神的または肉体的に、あるいはお金や物に関して、今のあなたは満ち足りた状況にあるでしょう。自分の魅力もよく発揮できています。その点においては不満がなく、十分なものを得ている幸福感がありそう。その一方で、今の恩恵を失いたくないという不安を潜在的に抱えている可能性も。

4 皇帝

意志を強くもって 一心に突き進む

多少の困難があろうと、ひるまずに突き進もうとしている姿が見てとれます。自分の力でどうにかしようと考え、実際に行動に移す強い意志をもっているでしょう。悲観的な意見や弱気な見解は受け入れず、むしろ否定したくなる時期で、周りと意見が衝突しやすい傾向にあります。

5 教皇

自分が進むべき 道のヒントが

ふと歩みを止めて、「自分はこれでいいのか」と問いかけたくなる時がありそう。そんなあなたに、解決策を示してくれる人物が現れるでしょう。あるいは、たまたま読んだ本や見た映画などの中に、進むべき道を見つけるヒントが隠されているかも。それに気づける明晰（めいせき）さをもってください。

6 恋人

楽しみながらステップアップ

今、夢中なものがあるようです。考えるだけでうれしくなるような何かが、あなたの心を占めています。そのためなら障害があろうと、なんとか乗り越えようとする力がわいてくるでしょう。そのプロセス自体を楽しめるので、どんどん上達できそう。また、選択の時の暗示も。

7 戦車

実現に向けて積極的に動き出す

ある物事に対して果敢(かかん)に取り組んでいる様子。受け身ではなく自分の判断でどんどん進めていこうとしているので、今のあなたは自然と目立つ存在になっているでしょう。心の奥には行動を起こす揺るぎない理由と目的があり、その実現に向けて積極的に動きたいと思っているようです。

8 力

大きなパワーと折り合いをつける

自分に影響を与えてくる強いエネルギーを感じているでしょう。とてもあらがえそうにないと思いながらも、それほど焦りはなく、穏やかに受け止めようとする姿勢が見てとれます。今の自分を取り巻く環境は決して悪くなく、折り合いをつけてうまくやっていきたいと考えているようです。

9 隠者

自分自身を見つめじっくり向き合う

1人にしてほしい時は誰にでもありますが、今のあなたはまさにそんな心境のよう。一度心のドアを閉めて、じっくり自分と向き合いたいという思いを抱えているでしょう。外ではなく内側に目が向いていて、静かにこれまでを振り返りながら、心身を整えることができる時期のようです。

10 運命の輪

唐突な出来事で未来が変わりそう

大きな転換期が来ています。あなたの未来が変わるほど重要なことがこれから起こる、または現在進行形で起こっている可能性もありそうです。それは決して悪いことではなく、むしろ喜ばしいことです。ただ、あまりに唐突な出来事であるがゆえに戸惑(とまど)ってしまうこともあるでしょう。

11 正義

判断を下して決着をつける時

あなたが今向き合っている問題について、2つに1つの判断を下そうとしている様子。できるだけ感情的にならず、客観的な視点で決めたいと思っているのではないでしょうか。これまで、どっちつかずのまま結論を出してこなかった物事があれば、決着をつける時が来たのかもしれません。

12 吊られた男

停滞しているが気持ちは楽観的

なかなか前に進まない、思うように動けないことがあるようです。それはあなたの責任ではなく、そうせざるを得ない事情があるでしょう。だから、それほど焦りはないかも。一方で常識的な物の見方を反転させようとしている可能性もあるよう。あなたの場合はどちら?

13 死神

いったん落ち着き新たな展開へ

あなたがこれまで向き合ってきた物事が、1つの節目を迎えているでしょう。頑張ってきたこと、あるいは悩んできた状況が落ち着きつつあるようです。積み上げてきたものをリセットして、新たな展開を迎える時が来ているのではないでしょうか。自分の価値観がガラリと変わるかもしれません。

14 節制

調整しながら穏やかに前進

大きな問題はなく、物事は滞りなく進んでいる様子。さまざまな意見や条件がある中でも、譲れるところは譲り、うまくバランスを取りながら前進しているでしょう。穏やかで刺激が少ない状況なので、やや退屈に感じるかもしれませんが、内面ではゆるやかな変化が起こっているようです。

15 悪魔

軽い気持ちから誘惑に乗りやすい

心に隙があります。あなたにとって本当に大切ではない人や物事に目が移りがちで、「本来こうあるべき」という自分の姿とは違う面が出てくる可能性も。意識の深層にある「ルールを破りたい」「ハメを外したい」という願望が浮上してきそう。軽いノリで誘惑に乗りやすい時期です。

16 塔

積み上げたものの崩壊と再構築

自分の認識が崩壊するかのような、ショックな出来事に見舞われる暗示。あるいは心境的に同等の落胆を味わうかもしれません。それは、あらかじめ予測していたことではなかったため、受ける衝撃もひとしおのようです。方向転換する時が来たことを示すサインとも考えられます。

17 星

輝く希望を胸に純粋な思いで邁進

一番星のような輝かしい希望を抱いているでしょう。それは客観的に見た現在の状況とは関係なく、心の深層部分にある期待にすぎないかもしれません。それでも迷いはなく、純粋な気持ちです。まっすぐに突き進むあなたの姿勢が、周囲によい影響を与えている面もあるでしょう。

18 月

本当の心が見えず ぼんやりと暮らす

自分が本当は何がしたいのかわからないようです。あるいは、人の気持ちがわからなくて困ることがあるかもしれません。そのため決断を下しにくく、ぼんやりと日々を過ごしてしまいそう。想像力は豊かですが、気分の浮き沈みが激しくなったり、人を疑ってしまったりする可能性もあります。

19 太陽

無邪気な心で 積極的に行動

天真爛漫（らんまん）な笑顔で前へ前へと進もうとする、子どものような心境が見てとれます。胸を張ってやりたいことの実現に向けて行動でき、周囲にもそれに応じる空気が生まれているようです。これまで思うように進まなかったことも、今なら成功できそうな状況が整っているでしょう。

20 審判

突破口が開き 新たな展開の到来

想像もしなかった新たな展開が訪れる兆しがあります。あきらめかけていた話が復活したり、まったく違うアプローチにより突破口が開けたりするようです。それはゼロから生まれる出来事ではなく、これまであなたが積み重ねてきたことの結果。待ち望んだチャンスとも言えるでしょう。

21 世界

理想と現実が 一致して満たされる

以前から思い描いていたことがぴったり現実と重なるような、そんな満足感を得られる時が近づいています。理想的な出会いがあったり、自分が望んでいた通りに物事が運んだりといった幸運がありそうです。周囲の人ともうまくバランスを取りながら、円満に物事を進めていけるでしょう。

棒のエース

新しい視点で一歩を踏み出す

「将来的によい結果につながるなら」と、大胆な行動を選択したくなるようです。これまでとは違う視点をもって新しい一歩を踏み出そうとしているのではないでしょうか。未知のことに興味をもち、気持ちが盛り上がっているので、周りが驚くようなチャレンジをする可能性もありそうです。

棒の2

行動に移すべきか慎重に検討中

なかなか決断ができないようです。周りの様子をうかがったり、「もし○○したらどう思う？」などと問いかけたりしながら、本当に行動に移していいか慎重に考える傾向があります。「自分から行動を起こさずとも自然と状況が好転してくれないか」と期待している部分もあるでしょう。

棒の3

未来に希望を託し行動を起こす

これからの行動で、いかようにも未来はよくなっていくという希望をもっています。自分をサポートしてくれる周囲の人たちに対して、感謝の気持ちもあるでしょう。現在の状況は決して悪くありません。しかし油断をすると失敗につながる危うさもはらんでいるので、注意が必要です。

棒の4

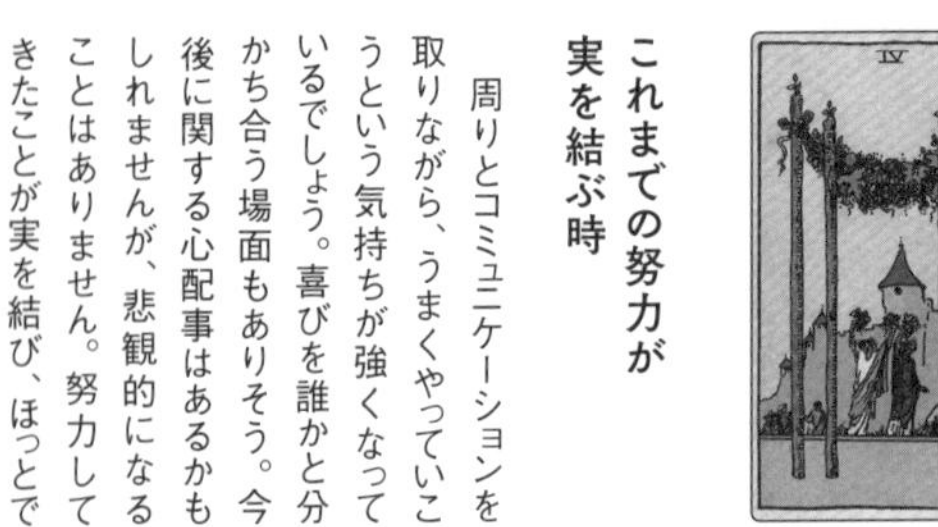

これまでの努力が実を結ぶ時

周りとコミュニケーションを取りながら、うまくやっていこうという気持ちが強くなっているでしょう。喜びを誰かと分かち合う場面もありそう。今後に関する心配事はあるかもしれませんが、悲観的になることはありません。努力してきたことが実を結び、ほっとできる兆しもあります。

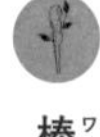

棒(ワンド)の5

食い違いにより生じるスランプ

混沌(こんとん)とした気持ちになりがちで、思い通りに物事が進まない、意見が食い違ってケンカになるといった出来事がありそうです。頑張っても状況がよくならないストレスから、他の人に八つ当たりしてしまう可能性も。それさえ気をつければ、思わぬ問題解決もあり得ます。焦る必要はありません。

棒(ワンド)の6

評価が上がり自信につながる

高めに設定した目標が達成できる、望んでいたポジションに抜擢(ばってき)されるなど、大きなステップアップにつながる出来事がありそうです。また、上の立場の人から認められたり、評価が上がったりして、自信が高まる暗示も。そんなあなたを支えてくれる誰かがいることを忘れないでください。

棒(ワンド)の7

正面から向き合い懸命に奮闘中

一言で言えば、頑張りどころ。今の環境でどうにかやっていこうと奮闘している様子がうかがえます。乗り越えるべき障害がたとえ大きくても、逃げずに向き合いたい心境ではないでしょうか。その胸の奥には、大切にしているものを守り通したいという強い気持ちがあるようです。

棒(ワンド)の8

転換期を迎え慌ただしい日々

思ってもみなかった出来事が起こり、すぐに行動しなければならなくなるかもしれません。急な変化なので、あまり悠長に悩んでいる時間はないようです。自分はどうするか即座に判断を下すべき、大きな転換期が来ています。やるべきことがありすぎて、心が落ち着かないこともありそう。

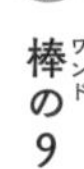

棒(ワンド)の9

やるしかないと覚悟を決める

これまであれこれと迷ってきたあなたは、すでにある程度の結論を出しているようです。その自覚がなくても、心の奥では今後の展開を予測しています。何かトラブルが起こっても、やるしかないと覚悟を決めているようです。その際に、過去の過ちはくり返さないと心に誓っているでしょう。

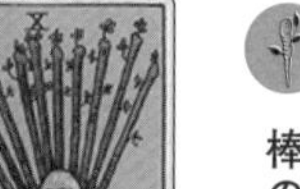

棒(ワンド)の10

先が遠くてへこたれそうに

目指しているゴールはあるものの、思った通りに物事が進まず、道半ばでへこたれてしまいそうな状態です。大きな重圧を感じているのかも。それでもなんとか前に進もうと頑張る真摯(しんし)な姿勢が現状打開につながりますが、1人で抱え込まないように。助けを求めるのも努力のうちです。

棒(ワンド)のペイジ

ワクワクが行動の起爆剤に

ワクワクする出会いがありそうな時期。新しい道へと導いてくれそうな何かが現れる兆しがあります。それがあなたの心に火をつけ、アクションを起こすエネルギーを与えてくれるでしょう。あふれる熱意に触発され、自分でこれまで気づいていなかった一面を発見する出来事もありそうです。

棒(ワンド)のナイト

向こうみずな行動への欲求

思うがままに行動したいという欲求が高まっているでしょう。今はチャレンジ精神が旺盛で、失敗した時のことは考えられないほど。周囲に反対されるようなことでも、それほど恐れは感じないでしょう。どんな逆境からも学びを得ようという貪欲(どんよく)な姿勢は、周囲の注目を集めるようです。

棒（ワンド）のクイーン

円熟期に入り
魅力を発揮できる

これまで培（つちか）ってきた経験や人間関係などが、十分なレベルにまで達してきたようです。今は、あなたの魅力が存分に発揮できる円熟期。思い切ったことをしてみたいと考えることも多いでしょう。仕事などに一生懸命打ち込むあなたの姿に、好意を寄せる人も現れるかもしれません。

棒（ワンド）のキング

高まる挑戦意欲
勇敢な思いを胸に

「どうなるかわからないけれど、やってみたい」という勇敢な思いがわいてきているでしょう。障害があったり、ライバルがいたとしても、受けて立つくらいの強い気持ちがありそう。自信が高まっているので、目標に向かってまっすぐ進んでいけるでしょう。あなたにしかできないことがありそうです。

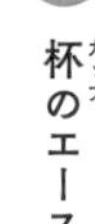

杯（カップ）のエース

愛情がわき上がる出会いの訪れ

純粋な興味や、愛情がわく対象が、あなたの前に出現しているようです。いとしく感じる人が近くにいるかもしれませんし、何か心を込めて打ち込めるものを見つけている可能性も。今後の発展に結びつきそうな出会いも期待大。自分の心に素直になって思いやりを発揮できるでしょう。

杯（カップ）の2

思いやりをもって人間関係を構築

相手を認め、思いやる気持ちが高まっています。特定の人と「相棒」と言えるほど心が通じ合う兆しがありますが、時には対立することもあるでしょう。自分とは違う価値観を受け入れる努力が必要です。1人で抱え込むよりも、相談に乗ってもらうことで突破口が開けるでしょう。

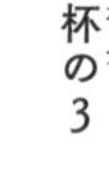

杯（カップ）の3

膠着（こうちゃく）状態が緩和次のステップへ

トラブルがあったとしても、話し合いがうまくいき、決着がつくでしょう。それぞれの思いが一致し、難航していた話がまとまるようです。他人とも和解でき、調和がとれるようになることが示されています。あなたの思いが相手に通じ、これから次のステップに進んでいきそうな大変よい状況です。

杯（カップ）の4

燃え尽きて身が入らない

心身に疲れが出ているようです。やるべきことがあっても、なかなか身が入らない様子がうかがえます。新しいアイデアを出したり、変化を起こそうとしたりするのではなく、惰性（だせい）で続けてしまう傾向にあります。全力でやり切った直後で、燃え尽き症候群のようになっているのかもしれません。

杯（カップ）の5

心に傷を負い　ネガティブな心境

悲観的になりやすく、物事をネガティブにとらえてしまうようです。心に負っている何かしらの傷が浮上している様子。どこか満たされない気持ちを抱えているでしょう。実現したいことがあっても、自分にはその資格はない、うまくいくはずがないと、いじけているのかもしれません。

杯（カップ）の6

空想にふけって　現実逃避する傾向

今の状況ではあり得ないことを空想したり、ここにはないものに思いを馳（は）せたりと、頭の中のイメージがどんどんふくらんでいるでしょう。その一方で、やらなければならないことには今ひとつ身が入らず、現実逃避してしまいがちな傾向も。何か恐れていることがあり、集中できないようです。

杯（カップ）の7

優柔不断で　何も決められない

自分が取り組む物事や、かかわる人を絞りきれていない様子。決断しなくてはいけないことも、結論を先延ばしにしているようです。自分のことなのに、「誰かが決めてくれたらいいのに」と思うこともあるでしょう。何かの責任を負うという状況を、巧妙に避けようとしているようです。

杯（カップ）の8

区切りをつけ　手放すタイミング

ある意味で区切りがつく時。長年執着していたことや続けてきたことを手放すタイミングです。それは、愛着の強さとは関係ありません。心から信頼を寄せていた人から卒業する可能性もあります。とらわれていたしがらみから解放されるには、寂しさを乗り越える勇気が必要でしょう。

杯(カップ)の9

願望成就が近づき心が満たされる

願っていたことが叶(かな)う兆しがあります。あるいは、すでに成就していて、喜びに満たされているかもしれません。状況はとてもよく、周囲も協力的なので、物事が計画通りに進みやすいでしょう。精神的にも身体的にもとてもエネルギッシュで、何気ない日常も充実している様子がうかがえます。

杯(カップ)の10

穏やかな気持ちで人を信じられる

円満な状況です。内側から穏やかであたたかい感情がわき上がっているでしょう。現実的には乗り越えなければいけない問題はあっても、人を信じてやっていこうという前向きな気持ちがあります。日常の小さな幸福を大切にして、多くの人たちと喜びを分かち合うことができるでしょう。

杯(カップ)のペイジ

一喜一憂する純粋な思い

甘酸っぱい、初々しい感情を取り戻しています。夢中になっているものがあり、そのことについて一喜一憂しているかもしれません。純粋な思いがあるからこそ、傷つきやすくなっている側面もあるのではないでしょうか。そんな内面も素直に表現できるのは、豊かな感受性の表れと言えそうです。

杯(カップ)のナイト

発想が豊かで夢見がちに

どこかふわふわとしていて夢見がちな様子。空想にのめりこみすぎて、別の世界に行ってしまったかのような振る舞いをすることもあるでしょう。感受性が高まっているので、インスピレーションや刺激を受けやすくなっています。心を突き動かされるような出会いの可能性もありそうです。

杯（カップ）のクイーン

一歩引いて状況を静観する

前へ前へと出るのではなく、一歩引いて状況を見守りたい心境です。目の前で起こっていることを、ありのままに受け止めようという気持ちが生まれています。いつもより聞き上手になっているかも。真正面からぶつかるより、目立たないところで誠実に対応したいようです。自分の直感に従うといいでしょう。

杯（カップ）のキング

将来を左右する大きな存在の登場

あなたの将来を左右するほど影響力の強い存在が見えます。今は、その人の威厳に圧倒されているかもしれません。あるいは、あなた自身が大きな愛情をもって人と接することができている時でしょう。他者への理解と共感を示すことが、周りからの評価につながります。

剣（ソード）のエース

一気に物事が動き めまぐるしい展開

行動を起こさざるを得ない出来事が発生しそうです。その出来事によって、新たな展開が生まれる可能性があります。そんなめまぐるしい状況も、客観的に見て冷静に対処できるはずです。甘えず、心を強くもつことで、あなたの正当な権利を堂々と獲得することができるでしょう。

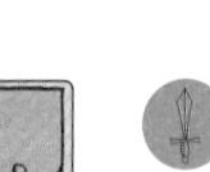

剣（ソード）の2

心の奥に深い闇 二面性が現れる時

すんなり解決とはいかないような、やや暗雲が立ち込めている状況です。何らかの判断を下すことにためらいを感じているのではないでしょうか。そんな中、感情が複雑にねじれ、あなたの普段とは違う顔が出てきそうです。一方では深い内省に導かれるような時である可能性も。

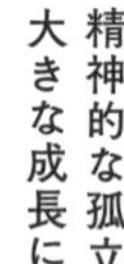

剣（ソード）の3

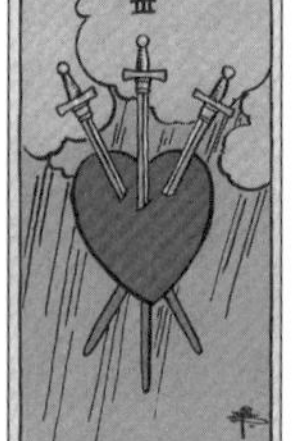

精神的な孤立が 大きな成長に

孤独感を抱いているようです。周囲と意見が食い違ったり、ケンカをしたりして傷ついているかもしれません。そんな不安と向き合い、受け入れることが必要な時と言えます。逆に安易な気晴らしに逃げると、空しさに悩まされます。物事を真正面から見つめる強さをもってください。

剣（ソード）の4

将来に向けて 調子を整える

慌ただしさの合間の小休止といったところで、気持ちは落ち着いているでしょう。今後に向けてコンディションを整えようとしています。あまりあれこれと考えたくない心境のようです。一時的に今の住まいから離れた場所で心身を休めると、あなた自身の本当の思いに気づけるかもしれません。

剣（ソード）の5

感情が荒ぶり周りが見えない

自分の感情に振り回され、人の気持ちが見えなくなっているようです。その奥には「負けたくない」「自分の方が上だ」といった闘争心があり、焦りや意地で行動しがち。そのせいで状況やタイミングを読み間違えることもあるでしょう。まずは冷静になって状況を観察することが大切です。

剣（ソード）の6

不安を抱えながら新しい世界へ

煩わしいことから解放されたいという気持ちが高まっています。新天地を求めているのなら、不安があっても、次の一歩を踏み出す勇気が必要です。それは精神的な意味にとどまらず、実際に旅をすることかもしれません。これまでとは違った視点を手に入れることができるでしょう。

剣（ソード）の7

目標達成に向け底力を発揮する

周囲には見せていない一面があるようです。人が知ったら驚くほどの努力をしているかもしれません。心の奥に大きな野望があり、その実現に向けて動こうとしていそうです。そのために焦っている可能性も。スピード感は大事ですが、そのメリットとデメリットを見極める必要があります。

剣（ソード）の8

限界の先には新しい自分が

閉塞感を抱いているようです。自分の思いを主張しても、その声が周囲に届いていないようなジレンマを感じている様子。「どうして自分だけがこんな思いをするのか」という憤りもあるかもしれません。そんな限界を乗り越えようと努力する中で、あなたの新しい側面が引き出されるでしょう。

剣(ソード)の9

過剰な心配は自信のなさの表れ

過去の出来事や自分の失敗に対して敏感になっているのではないでしょうか。あれこれと悔やんだり、悲しんだりして、前向きに考えられない様子。何かしたいことがあっても、自信のなさを言い訳にして、行動に移さない傾向があります。「どうせ無理だ」が口癖になっていませんか？

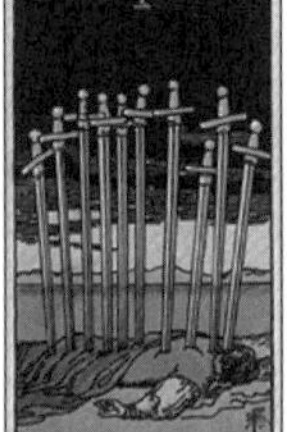
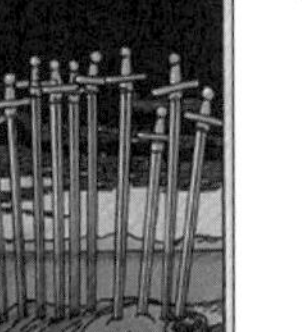
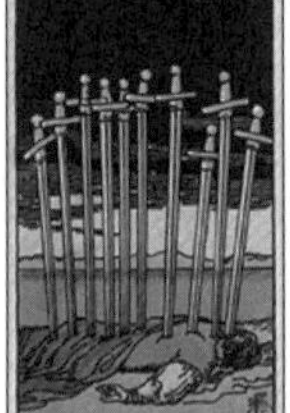

剣(ソード)の10

大きな失望が転換のきっかけに

胸の奥に失望を抱えている様子です。あなたにとって何か大きな出来事があったのでしょう。その失望から大きな転換期を迎えようとしています。気分的には晴れやかではないかもしれませんが、考え方や態度、行動などを変えることによって、新しいステージに進んでいけるでしょう。

剣(ソード)のペイジ

やや冷めた目線で現状を俯瞰(ふかん)

今起きている問題や、干渉してくる人に対して、心のどこかで「そんなことどうでもいいのに」と感じているかもしれません。自分のやりたいことや楽しいことを最優先したい様子が見て取れます。古い考えや一般的な常識に縛られず、新しい価値観で物事を進めていこうとしているようです。

剣(ソード)のナイト

行動力が高まり慌ただしい日々

行動力が増していて、計画を立てるよりも実行したい気分のようです。やりたいことを実現するために、あれこれ情報収集をしたり、周囲の人の意見を聞いたりしているでしょう。今は慎重さよりも、スピード感を大事にしている様子。考えながら動く中で見えてくるものがあるはずです。

剣（ソード）のクイーン

QUEEN of SWORDS.

冷静に観察し決断を下す時

　困惑するようなことはあっても、心の奥はとても落ち着いていて、現状を見て冷静に決断を下そうとしています。これまでに経験してきたことを踏まえて、感情に振り回されるのはやめようと思っているようです。そんな精神的なたくましさが、ベストな選択へと導いてくれるでしょう。

剣（ソード）のキング

ブレのない心で目標に突き進む

　心に決めたことがあり、その選択に自信をもっている様子です。あるいは、何がなんでも実現させたいことがあるのではないでしょうか。気持ちにブレがなく、まっすぐ1つの目標に向かって突き進んでいこうとしています。その一方で、他の人の意見が耳に入ってこない傾向もあるでしょう。

金貨（ペンタクル）のエース

理想の未来へ向け気合十分で臨む

将来に向けて現実的な計画を立て、最初の一歩を踏み出す時です。思い描いている未来を見据え、心弾むような気分になっているのではないでしょうか。それを空想で終わらせたくないと思い、「これからが勝負」と気合を入れています。体調も良好で、多少の無理はきくでしょう。

金貨（ペンタクル）の2

交流が活発になり充実した日々

活発に人やモノが動いている状態です。やる気を出して行動を起こすほど充実した日々を送れるようです。人との交流も活発になりそう。予定がいっぱいになるので、落ち着いて自分を振り返る時間は減りそうですが、そのぶん外から得られる情報や刺激は増えるでしょう。

金貨（ペンタクル）の3

努力が評価され意欲が高まる

種をまき、こまめに水やりをしていたような努力が実りの時を迎えています。目標を完全に達成したわけではなく、まだやるべきことはあるかもしれません。しかし、周囲からの評価によって幸福感を覚えるでしょう。そこから、さらに上を目指していく意欲が高まっていきそうです。

金貨（ペンタクル）の4

失う恐れから守りに入りがち

物質的な不足はなくても、「失いたくない」「手放したくない」という気持ちが強くあるようです。現状維持でかまわないと思っているかもしれません。また、新しく何かを始めることに慎重で、守りに入っている様子がうかがえます。しかし守ってばかりでは、さらなる成長は難しいでしょう。

金貨（ペンタクル）の5

満足がいかず 自己肯定感が低下

自分の心を支えていたものが消えてしまったかのような喪失感を抱いているのではないでしょうか。自己肯定感が低くなっているようです。「もっと○○があったらいいのに」と考えてしまうのは、自分を信じられないからかもしれません。すでにもっているものに気づくことが大切です。

金貨（ペンタクル）の6

正々堂々と歩む 才能を生かす道

自分がもっている力や知識を、ある目的のために惜しみなく使いたいという気持ちが芽生えています。誰かを支えることによって自分も救われるという心境にあり、独占欲や所有欲にとらわれず、公明正大に振る舞えるでしょう。あなたの才能を社会で生かす道が見えてきそうです。

金貨（ペンタクル）の7

ふと立ち止まり 自問自答する

これまで楽しくやってきたことに飽きが生じたり、何も悩まずこなしてきたことに疑問を抱いたりするでしょう。深く悩むのではなく、「あれ?」とふと気づき立ち止まるという状態で、ぼんやりと考える時間が増えそう。それは、次の一歩を踏み出すのに必要なプロセスと言えるでしょう。

金貨（ペンタクル）の8

高みを目指して エネルギーが上昇

もっと高みを目指そうという思いが生まれています。自分の可能性を試すためのエネルギーが、自然とわいてくるでしょう。その思いをさらに後押しするような出会いもあるようです。地道な努力を重ね、ストイックに実力を磨けるでしょう。自分のやり方を信じて進んでください。

金貨(ペンタクル)の9

心に余裕がある穏やかな暮らし

悩みがないわけではありませんが、安定した穏やかな生活を送れているようです。1人の時間を楽しみながらも、親しい人たちをもてなす心の余裕があるでしょう。物質的に問題はなく、自分磨きにお金を使う楽しみもありそうです。心地よくのびのびと振る舞っているでしょう。

金貨(ペンタクル)の10

絆を大切にして責任を受け入れる

家族や仲間たちとの一体感が強まっているようです。たとえ血がつながっていなくても、大切な人たちとのかけがえのない絆を実感する出来事があるでしょう。それは素敵なことですが、ある種の「責任」も伴います。幸福を維持するためには、ある程度のルールや枠組みも必要なのです。

金貨(ペンタクル)のペイジ

今後を左右する大きな可能性

何か1つ、大きな可能性を感じるものを見つけつつあるようです。それをとても大切だと感じていますが、同時に恐れもある様子。その可能性に全力を尽くしてよいものか、思案している最中でしょうか。あなたがそれにどう臨むかによって、今後の展開に大きな違いが出てくるようです。

金貨(ペンタクル)のナイト

目的に向かって着実に前進

与えられている役割、あるいは目的に向かって取り組むべきことを、1つ1つこなしているような状況。自分の信念に忠実であろうとする姿が印象的です。多少時間がかかっても、目的を達成するためなら努力は惜しまないでしょう。無理は禁物ですが、その誠実さは評価に値します。

金貨（ペンタクル）のクイーン

しっかり蓄えて将来に備える

生活への関心が高まっているようです。衣食住の質を上げたいとか、あたたかい家庭を築きたい、といった思いが強く、それらを整えるために頑張っている最中でしょう。貯蓄がはかどりそうです。精神的に安定しているため、不安からではなく前向きに「将来に備えよう」と思えるでしょう。

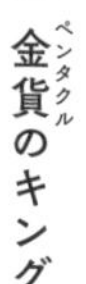

金貨（ペンタクル）のキング

地に足の着いた成功への欲求

社会的、そして経済的に成功することへの関心や欲求が強まっています。それを自分自身で手に入れようとしている、あるいはすでに実現している人とのつながりを得ようとしているかもしれません。現実的な視点で物事を見るので、夢よりも収入などの条件を重視する傾向があります。

COLUMN❶

タロットカードの種類について

本書ではウエイト=スミス版を用いていますが、どんなタロットにもお使いいただけます。そもそもタロットカードには多くの種類があります。たとえば、タロット最初期、15世紀頃のミラノで生まれたのが**ヴィスコンティ・スフォルザ版**。この頃のタロットは金箔（きんぱく）やラピスラズリなどを使った絵の具で手描きされていたものであり、高価な贈答品でした。

その後、16世紀頃になるとタロットカードは豪華な手描きカードから安価な木版画へと変わっていきました。その中でもっともスタンダードなものとされているのが、**マルセイユ系**のタロット。現代のタロットの原型にもなったカードです。そして、20世紀初頭にイギリスの魔術結社「黄金の夜明け団」の団員であるアーサー・ウエイトが画家のパメラ・コールマン・スミスに描かせたカードが、現在もっとも広く流布している**ウエイト=スミス版（ライダー版）**です。同じく「黄金の夜明け団」に属していたアレイスター=クロウリーが画家レディ・フリーダ=ハリスに描かせた**トートのタロット**も、タロットファンの間で根強い人気を誇っています。

ウエイト=スミス版のタロットが画期的だったのが、これまでトランプのように記号で示されていた小アルカナが、すべて絵札に描きかえられたことです。このおかげで、初心者でも小アルカナの意味をイメージしやすくなり、世界中で愛用されるようになりました。

また、マルセイユ版とウエイト=スミス版では大アルカナの『正義』と『力』の順番が違います。これは、「黄金の夜明け団」が教義体系を構築する際に、旧来の順番では不自然な箇所が生じるため、入れ替えたことによります。そのため、その時すでにポピュラーになっていたマルセイユ版では、8が『正義』で11が『力』、「黄金の夜明け団」の流れを汲むウエイト=スミス版では8が『力』で11が『正義』となっているのです。オリジナルのタロットなどを購入する際には、どの版をもとにしたものか調べてみるのもいいでしょう。

POSITION

2

試練

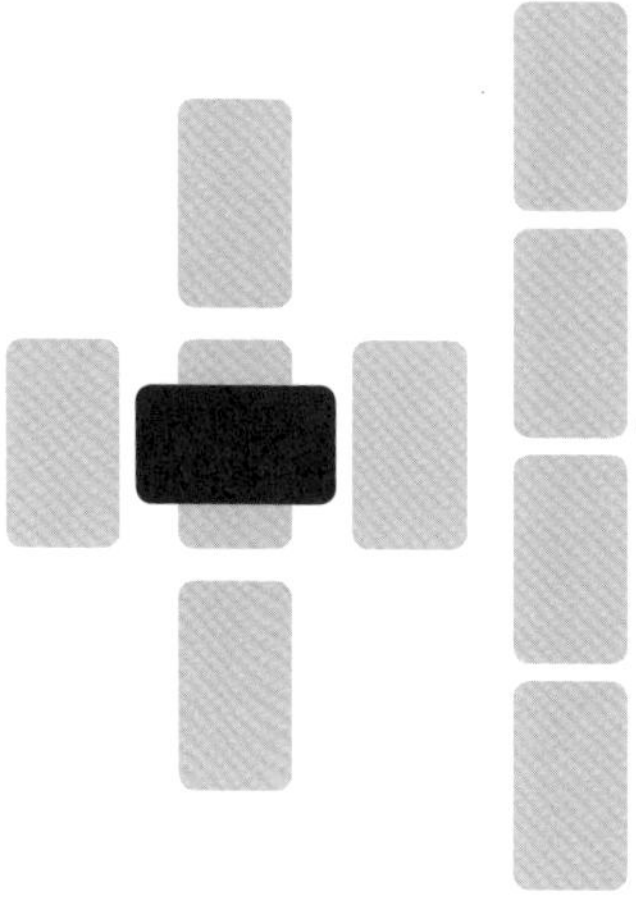

2 試練のポジションが表すもの

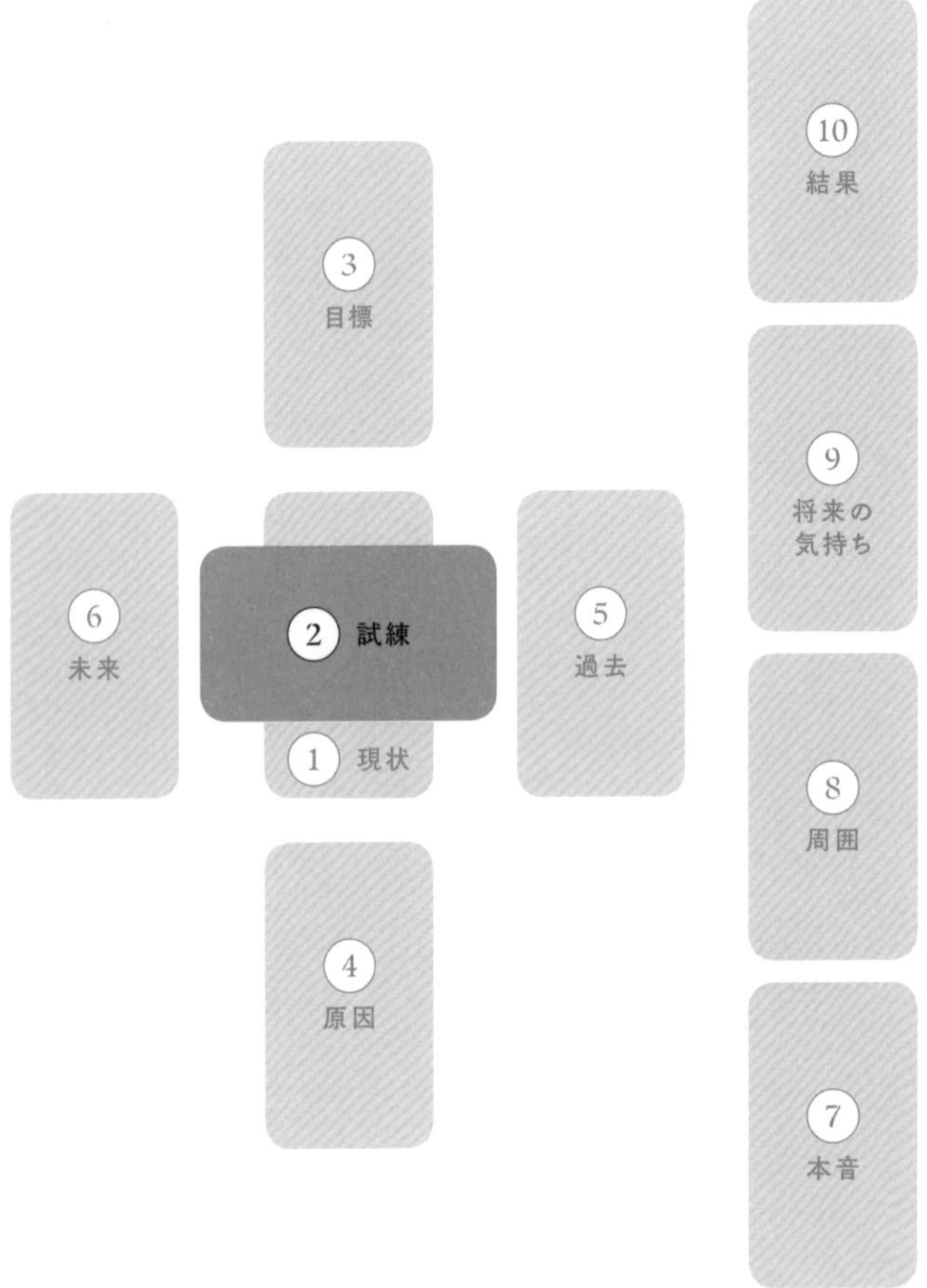

Hint 1

あなたを邪魔しているものは何か

占いたいテーマについて障害になっていることや、抱えている問題をさらに困難にしていることなどを表すのが、〈②試練〉のポジションです。ここに出るカードを読み取ることで、あなたの行動を妨げている要素が見えてきます。それは、あなたが内面的に抱えている壁である可能性もありますが、まずは、ストレートに邪魔者や状況など、外的要因としてイメージしてみるといいでしょう。

Hint 2

乗り越えるべきテーマかも

「試練」「障害」「壁」というこのポジションのキーワードに引きずられると、何か嫌なことばかりに思えるかもしれません。けれど、「気楽」「仲がよすぎる」など、一見、よい状況が逆にハードルになっていることも。このカードは、あなたが直面している大切なレッスンを示します。ですから、ぜひ前向きに取り組んでください。きっと思いがけない力を発揮することができるでしょう。

Hint 3

試練の読み解きのコツ

〈②試練〉に出るカードは、〈①現状〉のカードとあわせて検討すると、より具体的な部分まで読み取れるでしょう。「自分の現状はこんな感じだ」と認識していることの裏に、隠されているものがあるかもしれません。表面的にはあなたにとってメリットだと思えることが、実は障害となっていた……なんていう可能性も。自身の穴を見つけ出すようなイメージで読んでみましょう。

②

試練に出たのが…

あなたが乗り越えるべき
試練や障害とは
いったいどんなものなのでしょうか
立ち向かうべきものの
姿が見えない今は
とても恐ろしい存在に感じることも
しかし、それはあなたの人生を
意味深いものにする
大切な課題であり、立ち向かうべき現実
しっかり見つめてみましょう

MAJOR ARCANA

0 愚者

まだ時期尚早
準備不足は危険

まだ何も決まっていない状況です。可能性は無限大ですが、それだけに見切り発車は危険。あるいは、白紙の状態であること自体が、今のあなたの最大の課題である可能性も。もう少し具体的に状況が固まり、アイデアが実際的な方向性を帯びてくるまで待つことが必要かもしれません。

1 魔術師

成長を阻むのは
変化に対する恐れ

あなたはアイデアやプランがいろいろとわいてくるし、優れた才能やスキルもありそうです。ただ、それを過信するようなことはないでしょうか。策に溺れる……ではありませんが、頭でっかちになっていると足をすくわれてしまいます。賢さがズルさにならないように気をつけてください。

2 女教皇

言葉にできない未発酵の思い

心の中には強い思いがあります。ただ、あなた自身、その思いをいまだに言葉にできていないかもしれません。それはまだ、あなたの中で発酵中。ぼんやりとした状態です。自分自身の心や、今の状況をしっかり見つめて、本当に考えていることを意識化してみて。情報収集も必要です。

3 女帝

お節介や過保護がうっとうしい

母性を表すカードが試練の位置に。よかれと思う気持ちがマイナスにはたらく可能性があります。誰かからの好意がお節介に感じられたり、愛情が束縛になっていたりするかもしれません。また、親しい相手との間に生まれるお互いの「甘え」が、前進を阻むという状況も考えられます。

4 皇帝

力ある存在を越えられない

すべてにおいて意思決定を下すような、圧倒的な力をもつ存在の影響を強く受けています。その力を越えられないために問題が解決せず、無力感を覚えている可能性も。あなたが何かを実行するにあたって、どのくらい本気で責任が取れるのかという点を疑問視されているのかも。

5 教皇

自分を脱洗脳して大きな視野をもて

強い思い込みがあなたを支配しているようです。これまでに教育されてきたこと、学んできたこと、正しいと思っていたこと、あるいはもしかしたら、あなたが尊敬する人からの教え……こうしたものが、あなたの視野を狭めている可能性があります。自分自身を洗脳から解いてみて。

6 恋人

優先順位の整理がトラブルを退ける

好きなことや欲しいものを全部手に入れたいという態度がわがままと受け取られ、周囲から反感を買う可能性があります。そんないざこざに決着をつけるためには、あなたが曖昧（あいまい）にしていたことを整理し、1つに絞る必要があるでしょう。そこから、トラブルのない楽しい日々が開けそうです。

7 戦車

感情の暴走から制御不能な状況に

物事がめまぐるしく変わることで混乱が生じているでしょう。感情的にあれこれ言ってくる人が出現するかもしれません。また、あなた自身が冷静に物事を見られず、暴走してしまう可能性も。いろいろなことに気持ちが向いて集中できず、計画通りに進まないことがストレスのようです。

8 力

持て余すほど扱いが難しい存在

思い通りにいかない、うまく扱えない存在を煩わしく感じているでしょう。あなたの忠告や説得を無視して突っ走る人に、手を焼いているかもしれません。その一方で、あなた自身は意志が弱くなり、貫き通したいことがあっても「まあ、いいか」とあきらめやすくなっている様子。心の余裕がなさそうです。

9 隠者

理想にこだわり孤立感を強める

理想に固執するあまり、自分の世界に閉じこもりがち。そのため、人によそよそしい態度を取ったり、意固地になったりという傾向があります。コミュニケーションが希薄で周囲と折り合いがつかず、この状況が続けば「自分の味方は自分しかない」という孤立感が強まっていくでしょう。

10 運命の輪

タイミングが悪く噛み合わない

自分ではどうしようもない不可抗力のアクシデントが起こるなど、タイミングの悪さが目立ちます。急いでうまくまとめようとしても思い通りにならないため、苛立たしく感じることが多いでしょう。まだ機が熟していないようです。あなた自身の価値観がぶれているのかもしれません。

11 正義

八方美人ぎみで信用ができない

他人の意見に惑わされがちな様子。決断をすべきところで優柔不断になって、なあなあにしたり八方美人になったりと、信用できない態度を見せていそうです。そのことが混乱を招いている可能性があります。また、偏見で物事をとらえ、周りから不満をもたれているかもしれません。

12 吊られた男

思うように動けず苦悩する日々

時間や距離といった制約、あるいは束縛がネックになっているようです。そういった障害を乗り越えたい気持ちはあるのですが、どうにも動けなくてもどかしく感じているのではないでしょうか。思うように進められない不自由さから、苦しい、つらいという感情を内にため込んでいるようです。

13 死神

過去を引きずり完全に終われない

すでに終わったことを引きずったり、あきらめきれずに何度もリトライしたりと、気持ちの切り替えができていないようです。客観的に見れば明白なことを受け入れられず、ずっと同じ悩みを抱えているかもしれません。もう手放すべき腐れ縁などに固執している可能性もあります。

14 節制

あえて突き抜ける大胆さも必要

本来、美徳であるはずの「節制」が障害になっています。自分自身でつくった枠組みを自分で壊せない、何事も「ほどほど」で無難に収めてしまうことで、次のステップに進めない、などといったことがありそう。時には、あえて極端に振り切れるくらいの気持ちも必要ではないでしょうか。

15 悪魔

言い訳しながらタブーを楽しむ

意志が弱くなっているようです。よくないと思いながら、ずるずると続けていることがあるかもしれません。「別のやり方は面倒だから」「やめようと思えば、すぐやめられる」などと自分に言い訳しているのではないでしょうか。タブーを感じながら、今を楽しんでいる様子がうかがえます。

16 塔

蓄積した感情が噴出する試練

これまで積み重ねてきた感情や、抑圧していた欲望などを一気に噴出させたくなるほどの試練の時を迎えているようです。甘く見ていたものから思わぬしっぺ返しにあったり、隠せると思っていたことが露呈したりする暗示も。まったく予期しないかたちでトラブルが勃発（ぼっぱつ）するかもしれません。

17 星

目標を見失い心の火が消える

目指していた物事を見失ってしまいそうです。憧れていた存在が表舞台から姿を消したり、あなた自身の熱が急に冷めてしまったりして、何を原動力にすればよいかわからなくなるでしょう。重要なイベントの延期や中止を機に自分の気持ちがぼやけて、問題が深刻化するかもしれません。

18 月

信じられなくて空想の世界に

現実から目をそらすために、夢のような空想を繰り広げている様子。早く結論を出すべきことにも真剣に取り組まず、自分の世界にこもってしまうことが増えそうです。コミュニケーション不足から周りとの関係性が不安定になり、これまで信じてきたことに疑いをもつ可能性もあります。

19 太陽

目立ちすぎから生じるアクシデント

やりたいことを頑張るあまり、目立ちすぎてしまうようです。それが、正当性を欠いた妬(ねた)みや攻撃につながるかもしれません。うまくいっていることや成功したことを無邪気にアピールすると、「自慢している」と誤解されることも。自分の言動が周りに与える影響を考える必要があるでしょう。

20 審判

好転を願いつつも後ろ向きな思考

過去の失敗や後悔を抱えていて、そのことが物事の進展を妨げているでしょう。自らそれを断ち切ることができれば道は開けるのですが、なかなか難しい様子。どこか他力本願な気持ちがあり、「自分を変えてくれるきっかけがないなら変われない」と、殻に閉じこもってしまうようです。

21 世界

理想を追い求めないものねだりに

完璧を目指しているものの、どこかもの足りない気持ちを抱えているようです。この欠乏感が、直面している問題の根底にあるでしょう。一時的な満足を得るために転々と渡り歩くような行動をしてしまうかもしれません。理想を目指すあまり、ないものねだりに陥っている可能性もあります。

棒（ワンド）のエース

望みと現実との隔たりに意気消沈

実現したいことがあるにもかかわらず、行動に移すほど気持ちが盛り上がっていない、事情があって始められないという状況があるようです。絵に描いた餅で終わる可能性があります。望む方向性と現実の進行状況に大きな隔たりがありそう。それが意欲低下の原因かもしれません。

棒（ワンド）の2

熟考が長く続き進展がない

ずっと検討を重ねている状態で結論が見えてこないことが、あなたの前に壁として立ちはだかっているようです。複数ある道のどちらに行くべきか、熟考を続けているのかもしれません。このまま状況が動かなければ、すべてをやめて白紙に戻すというのも、立派な選択肢の1つです。

棒（ワンド）の3

思いや計画への協力が得られない

今現在ではなく、今後目指していきたい方向について、周囲の協力が得られないようです。まずは、あなたがうまく説得する必要があります。しかし、心を込めてきちんと説明しても、逆に反対されるかもしれません。そんな時は、次のステップになかなか進めないもどかしさを感じるでしょう。

棒（ワンド）の4

冒険によるリスクを避ける

安定が失われることを恐れています。現状に不満があったとしても大きく変えようとは思わず、ベースは現状のまま、ほんの少しだけ違うことをしたいという程度でしょう。ステップアップするために時には冒険も必要ですが、そのリスクを取りたくないのです。臆病さが停滞を招いています。

棒(ワンド)の5

まとまりがなく堂々巡りに

混乱を感じています。周りと言いたいことを言い合って、収拾がつかなくなっている様子。堂々巡りになっているのは、話をうまくまとめるための良案が出てこないからでしょう。建設的な話をしようにも感情が先走り、結局はケンカになるという展開に対して、策を講じる必要があります。

棒(ワンド)の6

周囲を気にして本質を見失う

周囲の目を気にしていることが、問題を招いているようです。人からうらやましがられるようになりたい、そしてその状況を失いたくないという気持ちが、根本的な解決を妨げているでしょう。自信がもてない様子。勝つために背伸びをしている面も見られますが、長くは続かないようです。

棒(ワンド)の7

対立するものと堂々と闘う

正反対の考えをもつ相手や、あなたを踏みとどまらせようとする人がいるようです。あなたの思いを叶(かな)えるためにはその人たちを避けることは困難で、大きな試練となるでしょう。しかし、あきらめてはいけません。他人まかせにせず、堂々と向かい合い、考えを伝えていく必要があります。

棒(ワンド)の8

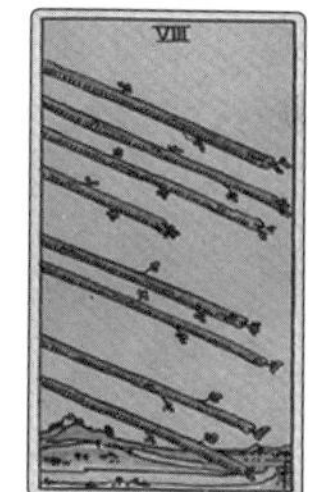

先延ばしにせず早急な対応を

早急に対応すべき事態が起こりそうな気配。もし、あなたが今抱えている問題の解決につながる展開が見えてきたら、先延ばしにせず一気にまとめてください。のんびりしていると、あっという間に状況が変わってしまう恐れがあります。わずかなチャンスをしっかりつかみ、生かすことが重要です。

棒（ワンド）の9

覚悟が足りなくて状況が悪化

大切なのは、覚悟を決めることです。覚悟が足りないことが、問題を大きくしています。先延ばしにして、うやむやにしてはいけません。本当に実行するのかしないのか、その点をはっきりさせることで流れは大きく変わるでしょう。その先に、非常にシンプルな解決策が用意されています。

棒（ワンド）の10

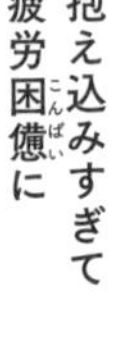

抱え込みすぎて疲労困憊（こんぱい）に

こなさないといけないことがいくつもあり、キャパシティーオーバーの様子。やり遂げたい気持ちはあっても、今以上の負担は受け止められないようです。根本から解決するには、抱えているものを減らす、優先順位をつけるなどして整理する必要があります。肩の荷を下ろしましょう。

棒（ワンド）のペイジ

心変わりで解決が遠のく

思ってもいなかった展開や新たな出会いがありそうです。そのことにより、今対峙（たいじ）している問題に手が回らなくなる可能性があります。実現に向けて頑張ってきたことでも、これまでほど情熱をもてなくなるかもしれません。そんな心変わりによって、遠回りをすることになりそうです。

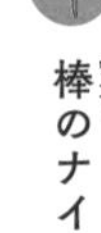

棒（ワンド）のナイト

望まずして多忙にストレスが増幅

思いつきで行動した結果、後戻りできなくなりそうです。リーダーシップの強い人が近くにいる場合はその人に振り回されたり、従わざるを得ない状況になったりする可能性もあります。あなた自身は忙しく動き回ることを望んでいないのに、あらがえない流れができてしまうようです。

棒（ワンド）のクイーン

誇りやプライドが可能性を狭める

努力してきたことや、我慢してきたことを無駄にしたくないという思いが強いようです。その誇りやプライドが、実は大きな壁となっているでしょう。大事にしてきたからこそ譲れない、本気だからこそ妥協できないという意地が、あなたの前に広がる可能性を狭めてしまうこともあるのです。

棒（ワンド）のキング

相手主導となり振り回される

逆らえない存在によって、あなたの自由が奪われているでしょう。強い意見に流されたり、相手のペースに振り回されたりと、自分がイニシアチブを取れないことが、ストレスの原因になっているようです。その根底には相手への畏怖（いふ）があり、心が萎縮（いしゅく）してしまっている様子がうかがえます。

杯(カップ)のエース

純粋な思いが裏目に出る

理想に向かって努力しているのに、望むような展開にならず、苛立(いらだ)っているようです。やさしい気持ちからよかれと思ってしたことが裏目に出て、問題を大きくしてしまうこともあるでしょう。自分の純粋な思いを周りに受け入れてもらえないことが、大きなストレスになっていそうです。

杯(カップ)の2

親しい人物が思わぬ障害に

良好な関係を築いている相手が障害となっている可能性があります。必要な連絡が来なかったり、話がかみ合わなかったりと、コミュニケーションがうまくいかないことがネックになっているでしょう。これまで対等だったバランスが崩れてきている様子。そこにあるのは競争心かもしれません。

杯(カップ)の3

足並みが揃わず進展しない

調整がうまくいかず、やむなく現状維持となっています。周りと足並みを揃えたくても、それぞれが違うところを見ているために難航しているようです。あなたとしては協力したい思いはあるのに、意見の押しつけと思われたり。あるいは「三すくみ」的な膠着(こうちゃく)状態にあるのかもしれません。

杯(カップ)の4

取り組みに対する後ろ向きな空気

行動を起こすよりも、今のままの状態でいた方がよいのではという内なる声が、あなたにブレーキをかけているようです。自分のエネルギーが落ちているような気がしている様子。だいぶ疲労感もありそうです。現状に不満を持ちながらも、なかなか今の状況を変えられない惰性(だせい)的一面が。

杯(カップ)の5

ネガティブな方に意識が向きがち

不満に思っていることが気になりすぎて、物事を好意的にとらえられないことが、今抱えている問題を引き起こしている要因でしょう。少し自暴自棄になっているところもあり、現状を改善することによるメリットや前向きな考えを、無意識のうちに否定してしまっているかもしれません。

杯(カップ)の6

空想の世界に閉じこもる

夢を語るのは楽しいけれど、実現してしまうのは恐い……そんな矛盾を抱えています。しかし、その葛藤を乗り越えないと、願っているだけではずっと叶(かな)わない可能性も。空想のままで終わらせたくなければ、何らかの行動に移すこと。その踏み出す一歩で、状況は大きく変わります。

杯(カップ)の7

移り気になってエネルギーが分散

やることを1つに絞り込めず、注意力が散漫になっています。思いつくことすべてを大切にしたいがために、エネルギーが分散されてどれもうまくいかないのでしょう。また、無意識に責任を負いたくないと思い、大事なポイントを人まかせにする傾向もありそう。今は、頭と心の整理が必要です。

杯(カップ)の8

心変わりが成功を遠ざける

今抱えている問題の根底にあるのは、あなたの心変わりのしやすさです。あと一歩のところでやめてしまうと、失った信用を再び築き直すまでにかなり時間がかかるでしょう。しかし、しっかりした考えのうえでそれを手放すならよい選択です。意識的な決断が求められます。

杯（カップ）の9

本当の望みか心の声を聞いて

今あなたを悩ませているのは、目的を達成する前の問題ではなく、むしろ達成した後の不安かもしれません。願望を叶（かな）えたい、思うままに暮らしたいという欲求が強く、実現した後の生活が見えていないのです。虚栄心や負けん気からの欲望は、本当の幸せにはつながらないでしょう。

杯（カップ）の10

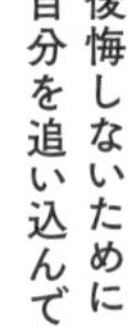

後悔しないために自分を追い込んで

やや能天気すぎる傾向があります。もし試験や勝負にかかわることに取り組んでいるなら、油断は禁物です。目的達成まではストイックな気持ちを保持して、多少は自分を追い込むくらいの努力が必要です。周囲のやさしさに甘えて流されると、結果的に後悔することになるでしょう。

杯（カップ）のペイジ

甘いときめきで現実を忘れる

これまで経験したことがないような甘酸っぱいときめきに心を奪われていそうです。その浮ついた感覚は、まるで初恋。夢や目標に対しても現実的な視点をもてず、向こう見ずな決断をしてしまうかもしれません。それでいて、肝心な場面で二の足を踏んでしまう臆病さもあるでしょう。

杯（カップ）のナイト

入ってくる情報を鵜呑（うの）みにしない

ロマンチックな話や、胸がときめくような計画に心を奪われる兆候があります。しかし具体性がない場合は、深入りしない方が賢明です。現実を見据えた上で考えてください。そうしないと余計な遠回りになってしまいます。魅力的に思える情報も、自分で裏を取ることが大切です。

杯(カップ)のクイーン

評価が甘くなり　重大な見落としも

自分が関心を寄せているものに対して、評価が甘くなりがち。そのせいで、問題が深刻化しても気づけないかもしれません。見て見ぬふりをして、状況の悪さを助長する可能性も考えられます。しかし、やさしくすることだけが愛ではありません。時には厳しい意見を表明することも大切です。

杯(カップ)のキング

妄信(もうしん)は禁物　自分で調べて

心から信頼を寄せている相手に、精神的に依存しているようです。その人の発言などから影響を強く受け、疑うことなく鵜呑(うの)みにしていると、いずれ後悔することになるでしょう。きちんと調べて、本当に正しいかどうか検証する習慣をつけてください。自分を下に置いてはいけません。

剣（ソード）のエース

決断ができずに現状を維持

あとは決断するだけという段階なのに、それをしない、あるいはできないようです。冷静ではあるものの、決断を迫られているプレッシャーが、不安を強くしているのでしょう。もしかしたら、まだ納得できないものがあるのでしょうか。しかし状況を曖昧（あいまい）にしていても、痛みは避けられません。

剣（ソード）の2

表向きの態度と本音がちぐはぐに

頭の中にいくつもの考えがあり、バランスが崩れている様子がうかがえます。1つのことに集中できれば速い展開が期待できるのですが、表面的にはやる気を見せていても、実際はそれほど覚悟が決まっていないのでしょう。本心を表に出していないので、協力を得ることも難しいようです。

剣（ソード）の3

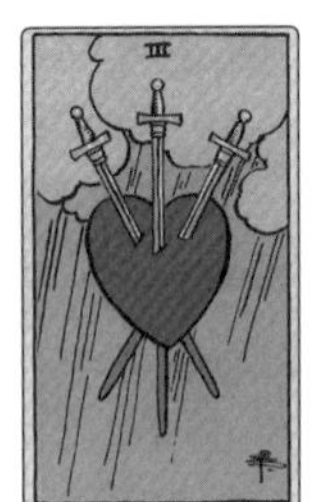

悲しみを引きずり冒険を避ける

過去の大きな悲しみやトラウマから立ち直れていないことが、今抱えている問題をさらに難しくしているようです。頭の切り替えができず、冒険を避ける傾向も。ことあるごとに過去のパターンと重ね合わせてしまい、同じ失敗をくり返したくないと臆病になってしまっているでしょう。

剣（ソード）の4

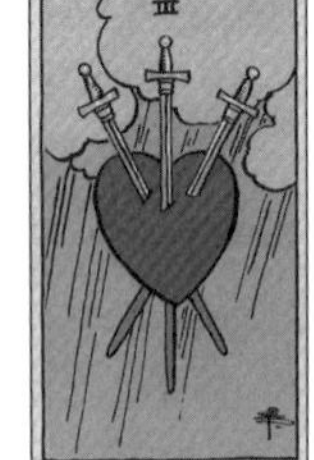

タイミングが悪く向き合えない

心情的に複雑な事情を抱え、問題に正面から向き合うことができないようです。少し時間が必要でしょう。話し合いが必要な場面でも、何となく逃げたくなってしまう様子。単純にタイミングが悪いとも言えます。自分の内面にこもることで、安全な場所を確保しようとしているようです。

剣(ソード)の5

自己主張が よい方向に進まず

自分の気持ちをしっかり伝えたり、アクションを起こしたりすることは悪くないのですが、そのことによる弊害がどこかに生じているようです。せっかく勇気を出して自己主張したことが、ネガティブに受け取られる可能性も。それは、あなたの傲慢(ごうまん)さが招いているのかもしれません。

剣(ソード)の6

新しい流れの中に 波風が立つ

これまでとは流れが変わってきていることが、問題を生じさせているようです。もしかしたら新しく取り入れた価値観が、周りから常識外れと思われるのかもしれません。また、環境や状況の変化になじめず、大きなストレスを抱えている可能性も。現実逃避したい気持ちがありそうです。

剣(ソード)の7

裏表がある人物に 注意が必要

2つの顔をうまく使い分けている存在が身近にいるでしょう。悪い人ではありませんが、発言に裏表があるので、言葉通りに受け取らない方が賢明です。やさしい言葉であなたを安心させ、自分に有利な方向へ運ぼうとしている可能性があります。流されるとあなたが損をするでしょう。

剣(ソード)の8

考えすぎが マイナス要因に

何かと深刻にとらえすぎる傾向があります。シンプルに解決できる問題にもかかわらず、大きく騒ぎ立てたり、話をふくらませたりする人物が近くにいるようです。どうしても影響を受けてしまいますが、激しい思い込みは物事を複雑にするでしょう。思考をクリアに保ってください。

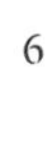

剣(ソード)の9

自己憐憫(れんびん)が状況の悪化を招く

自分の思考に注意してください。それほど悪くない現実を、あたかも悪いかのように考えているかもしれません。「うまくいっている」という前提に立つことで、見えてくる景色は変わってきます。悲劇のヒロインの気分に浸っても仕方がありません。あなたには、強さがあるはずです。

剣(ソード)の10

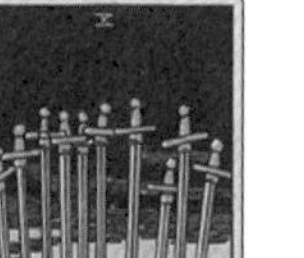
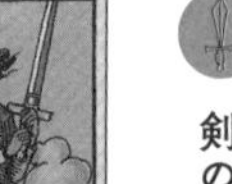

ショックを味わう試練の時

立ち直れないほどの衝撃的な出来事が起こりそうです。これは「終わり」ではなく「試練」と受け止めてください。絶体絶命の危機と思えるようなことも、乗り越える力があなたにはあるはずです。周りからの否定的な言葉も、後になれば理解できるかもしれません。生まれ変わりのチャンスです。

剣(ソード)のペイジ

小悪魔的な存在に振り回される

頭の回転が速く、口も達者な人物にかき乱される状況に置かれている様子。いろいろと刺激は得られるので、軽く関わるくらいなら問題ありませんが、深入りは禁物です。または誘惑的な物事に傾倒して、時間を無駄にしてしまう可能性も。刹那(せつな)的な楽しみはほどほどにしましょう。

剣(ソード)のナイト

忙しい中でも情報収集が大切

ゴールを目指して頑張れば頑張るほどに、忙しくなりそう。少しくらいならと目を離したり手を抜いたりすると、ガラリと状況が変わってしまう可能性があるので要注意です。また情報収集を怠ると、適切な判断ができなくなるでしょう。いろんな方面にアンテナを張っていてください。

剣のクイーン

真実を受け入れ根本的な解決を

身近な人から耳の痛いことを言われるでしょう。そこで感情的に反論すると、成長の機会を逃してしまいます。相手は現実的なアドバイスをくれているはずですから、その言葉の中にある真実を受け入れる努力をしてください。それを避けていては、問題の根本的な解決にはなりません。

剣のキング

KING of SWORDS.

あらがえない常識に無力感を覚える

正論に打ち負かされそうな様子。あるいは、世間の常識に飲み込まれてしまうかもしれません。あなたの意見など聞いてもらえず、自信をなくしてしまいそう。これはあなたの望みを実現するために必要な試練ですが、受け止め方によっては大きな心の傷となってしまうかもしれません。

金貨（ペンタクル）のエース

経済的な不安が執着を生む

あなたの行動を制限しているのは、経済的な不安です。お金が減ることが嫌で我慢していることがあるでしょう。物への執着も強く、手放すべき物も手放せずにいるかもしれません。自分の稼ぐ力を信じられない様子が見て取れます。それでは周りに快く何かを与えることもできないでしょう。

金貨（ペンタクル）の2

両立できず バランスを崩す

仕事や趣味、恋愛、家のことなど、両立させたいことがあるものの、なかなかうまくいかないでしょう。なんとか工夫して、今のところはギリギリの状態で回せているようですが、忙しすぎてスケジュールを調整できない、落ち込みがちになるなど、心身のバランスを崩しつつあるようです。

金貨（ペンタクル）の3

承認欲求を満たす評価への渇望

自分の存在をしっかりと認められたいのに、それが叶（かな）えられず、フラストレーションがたまっているようです。望むポジションを得られない、希望の収入額に届いていないといった不満もあるのではないでしょうか。一生懸命動いているのに得るものが少ないことを懸念しているのでしょう。

金貨（ペンタクル）の4

新たな挑戦を避け世界が小さくなる

リスクを取りたくないという気持ちが強まっている様子。今あるものを失う恐れがあるのに、新たな挑戦をする必要はないと考えているようです。今の状態をキープしながらもっと楽しいことができるなら、それに越したことはないという思いが、あなたの世界を小さくしているでしょう。

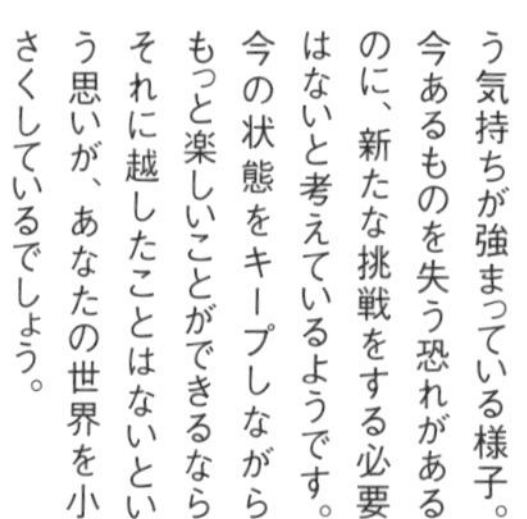

金貨(ペンタクル)の5

現実化できず 他力本願な考え

精神的にも物質的にも心もとない状態で、望みを叶(かな)えるには準備不足と言えそうです。それで誰かからの援助が欲しい、心の支えになってほしいという考えは甘いでしょう。あなたは、自分を低く見積もりすぎています。本来もっている力に気づいていないことが、生きる意欲を奪っているのです。

金貨(ペンタクル)の6

もっと才能を 生かせる道が

さまざまなことに目を配り、平等であろうとしています。それは一見すばらしい態度ですが、特定の物事に身を入れられず、散漫な状況を招いているでしょう。人には好かれるかもしれませんが、そのせいで、あなたの才能が存分に生かされていません。本当はもっとうまくできるはずです。

金貨(ペンタクル)の7

手応えがなく ストレスが蓄積

目指すゴールはあるけれど、現実に身を置いていると目的意識を失っていく感覚があるようです。自分の意見や主張を聞き流されているような、手応えのなさに苛立(いらだ)つこともあるでしょう。真剣に話を聞いてもらえなかったり、共感してもらえなかったりという状況が足かせとなっています。

金貨(ペンタクル)の8

やるべきこと以外 気が向かない

熱心に打ち込んでいることがあり、他のことに気が向かない様子が見て取れます。自分のやることが明確で隙(すき)がない状態です。問題を解決するにはいろんな角度から考える必要があるのに、これでは新しい視点をもちにくいでしょう。よいアドバイスをもらっても、心に残らないかもしれません。

金貨（ペンタクル）の9

今いる場所から飛び立つ勇気

あなたにとって、今いる場所はとても居心地のいい環境かもしれません。しかしながら、本当は退屈も感じ始めているのではないでしょうか。たとえ経済的にも精神的にも満ち足りていたとしても、そこで成長できるとは限りません。むしろ変化のなさが不満につながることもあるのです。

金貨（ペンタクル）の10

重要な相手から口出しされ苦悩

家族や親せきがあなたの選択に口出しをしてくる可能性があります。あるいは仕事で上司に逆らえず、どんどん意欲が失われているかもしれません。大切な人たちから自分のやりたいことを反対されるのは、苦しいことでしょう。そこには絆もあり、簡単に縁を切ることはできないのですから。

金貨（ペンタクル）のペイジ

思いは純粋でもハイリスク

この先どうなるかわからないけれど、可能性に満ちたものに全力を傾けたくなる暗示。その思いは純粋で輝きを放っていますが、地に足の着いた具体的な計画が立てられず、途中で頓挫（とんざ）してしまうかもしれません。熱意や誠実さだけではカバーできず、空回りしてしまうこともあるのです。

金貨（ペンタクル）のナイト

チャンスをつかむタイミングが大事

堅実に物事を進めようという考え方が裏目に出て、発展のスピードが妨げられそう。チャンスは巡ってくるのに、つかむタイミングを逃してしまう恐れがあります。丁寧なやり方が功を奏することも確かにありますが、目指すゴールが見えてきたら、ある程度のスピード感が大切です。

金貨（ペンタクル）のクイーン

QUEEN of PENTACLES

経済的な面で干渉してくる誰か

経済的な観点から干渉をしてくる存在が現れる暗示。貯蓄をすべき、浪費はやめるべきなどとアドバイスをくれますが、あなたにとっては余計なお世話でしょう。お金の大切さはあなたもわかっているのですから。そんな当たり前のことを言ってくるのは、相手の不安の表れと言えます。

金貨（ペンタクル）のキング

KING of PENTACLES.

思考力が奪われ頼れる人を探す

大きな責任を負わされることで、気が重くなってしまいそう。そのプレッシャーによって、あなたの思考力が奪われるようです。そのため今抱えている問題を解決する方法も考えつかず、誰か頼れそうな相手を探すでしょう。そして助けてくれた相手への恩を、いつまでも忘れないようです。

COLUMN❷

答えがわかりづらい時は……

ケルト十字法スプレッドでしっかりと占ってみたものの、解釈がこれで合っているのか自信がない、あるいは新たな疑問が生まれた、ということもあるかもしれません。そんな時は、さらにカードを1枚、追加で引いてヒントにしてみるのもよいでしょう。

10枚を展開し終えたカードの山から、もう1枚、「ヒントをください」と念じながらカードを引くのです。そこに出たカードをじっくり眺めているうちに、全体の意味につながるヒントが浮かんでくることがあるでしょう。

もっとも、この方法は、10枚のカードの中でどうしても意味がつかめないカードが１枚、2枚ある、という場合にも使えます。たとえば、〈⑧周囲〉のポジションに出たカードの意味がピンとこない、という時には、そのカードの横にもう1枚、カードを加えてみるのです。これを「エクストラ・カード」などと名付けましょう。この１枚が加わることで、その場のカードの意味がはっきりしてくることがあるはずです。

ただし、このエクストラ・カードのテクニックはやたらと使ってはいけません。ちょっと考えただけで「わからないからもう1枚」などとやると、混乱が深まるだけです。あくまでもじっくりとカードのイメージに思いを巡らせて、それでもなお、意味がハッキリしない時だけに用いるようにしましょう。

さらにエクストラ・カードをケルト十字法の右側の縦の４枚（〈⑦本音〉から〈⑩結果〉）すべてに用いるという方法もあります。特に２つの行動の選択肢がある場合、行動Ａの場合、Ｂの場合と決めて、２つの縦のラインをつくってみる、というのはどうでしょうか。

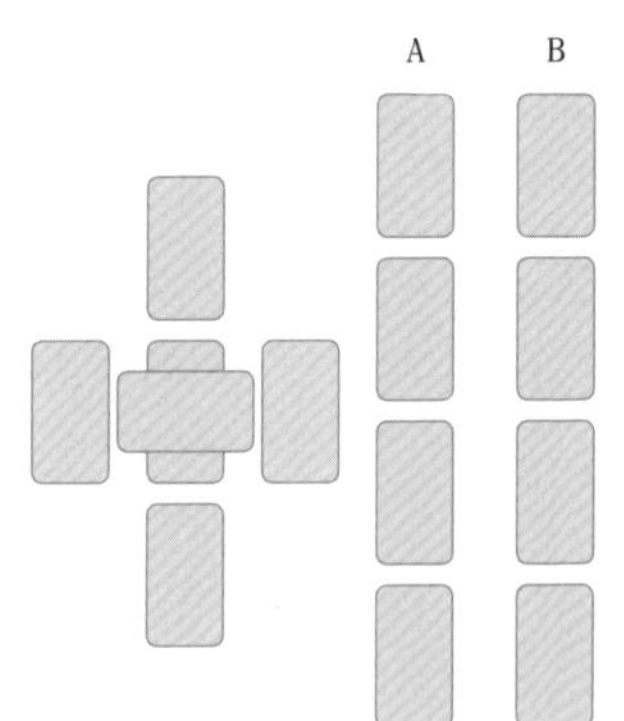

POSITION

3

目標

3
目標のポジションが表すもの

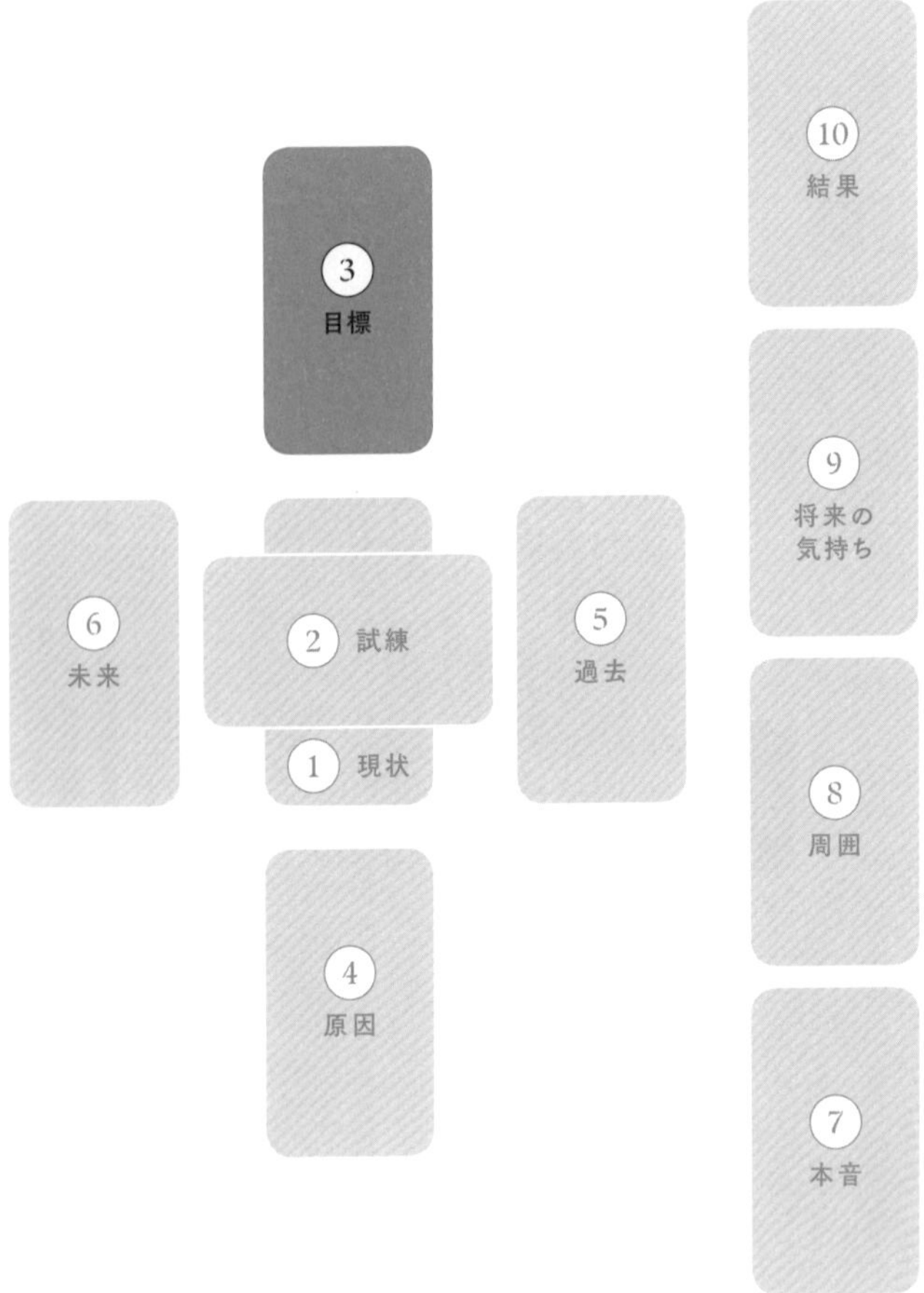

Hint 1

夢や理想が示される

〈③目標〉のポジションには、占ったテーマについてあなたがこれからどんなふうになりたいか、理想のイメージが表れるでしょう。それは普段、「こんなの無理だろう」と自分にブレーキをかけていることかもしれません。また、「自分はこうあるべき」という枠にとらわれている人は、ここに出たカードを見てもピンと来ない場合もあるでしょう。いろいろな可能性を検討してみてください。

Hint 2

あなたの本来進むべき道

このポジションに出たカードを見ても納得できない時は、「もし何も制限がなかったら、どんなことを実現させたいか」という視点をもってみてください。あなたが今、目標だと思っていることは、あなたの真の望みではないかもしれません。社会的な立場や常識、周りの目といったものを取り払った時にわき上がってくるものが、あなたの本来進みたい道である可能性も高いでしょう。

Hint 3

目標の読み解きのコツ

より明確に知りたい場合は、〈④原因〉のカードと対比させて読み解くのがおすすめです。あなたが内面に抱えている葛藤やフラストレーションが、本当に実現したい夢や目標を見えづらくしていることもあるでしょう。もしここにネガティブな意味合いのカードが出ていたら、そうなるのを恐れている、その状況を改善したいと思っている、という解釈も成り立ちます。

③

目標

――に出たのが…

あなたが見上げているもの
遠くに見つけようとしているものを
示しているポジションです
実現できる、できないは別にして
今の問題に関して
あなたが思い描くこと
そしてあなたを前に
進ませようとする力の源泉が
ここに見えます

MAJOR ARCANA

0 愚者

まだ何も決めずにフリーでいたい

何にも縛られない自由な自分でありたい。それがあなたの理想です。先々のスケジュールが決められていると気が重くなるのでは？　人との関係においても、何らかの義務や約束を果たさなければならない関係は負担。できるだけ未来の可能性を残しておきたいようです。

1 魔術師

人生全般に対してとても前向き

自らの人生を新しいステージに進めたいという意欲にあふれています。大切な誰かとの関係を前進させたり、自分のスキルを向上させるなど、「その先」の未来を思い描いているでしょう。何かの第一人者になるなど、自分にしかできないことで道を切り開きたい思いもあるようです。

2 女教皇

本当の自分を知り精神的に成長

どんな時も周囲の意見に惑わされず、冷静に自分の心の声に耳を傾けることを大切にしています。不本意なことがあったとしても、それを通して本当の自分を知り、精神的に成長することを望んでいるでしょう。真の思いは外に向けて表明するより、自分の中で熟成させたいようです。

3 女帝

大切な人たちと分かち合う幸せ

これまで積み重ねてきた努力が、目に見える成果となって表れることを期待しているでしょう。願いが成就（じょうじゅ）することで、生きる喜びや楽しさを自分だけでなく、大切な人々と分かち合いたいと思っています。また、内なる母性を満たしたいという気持ちも高まっているようです。

4 皇帝

先頭を切って道を切り開く

リーダーへの成長が目標です。それに伴う責任をきっちり背負う覚悟もあり、秩序とルールにのっとって道を切り開こうとしているでしょう。自分の力を誇示したいのかもしれません。それと同時に、自分よりさらに強いリーダーシップを発揮する人物の登場を待ち望んでもいます。

5 教皇

自分の価値を高め人生の意味を知る

自分が今していること、続けてきたことについての人生の意味を知りたいと密（ひそ）かに願っているようです。より精神性を深め、思考力を鍛えて、自分自身の価値を高めていきたい……そんな思いが高まっています。また、的確なアドバイスをくれる誰かの存在を望む気持ちもあるでしょう。

6 恋人

愛を傾けられる何かとの出会い

自分の一生をかけても構わないと思えるような、情熱をもって取り組める何かに出会うことを望んでいるでしょう。今歩んでいる道の先に、魂を燃やすような人生のテーマや得意なことが見えてくることを期待しているようです。もちろん、恋やロマンスへの憧れも暗示されています。

7 戦車

目標に向かって挑み続けたい

全力を尽くして念願のものをつかみたい、という気持ちが強くあるでしょう。望みを叶(かな)えることに対して貪欲な様子。そのためにも常に成長し続ける、アクティブに行動し続けたいと思っているはず。たとえ今は力不足でも、あきらめずに挑み続けようというやる気にあふれています。

8 力

理想の自分像に近づくための努力

どんな状況でも、感情と理性をコントロールできる自分でありたいのでしょう。偏見や思い込みにとらわれず、柔軟に穏やかに、そして粘り強く問題に対応しようと努力しています。理想の自分像がしっかりあり、周りからいつも信頼される自分であることを目指しているようです。

9 隠者

自分を取り戻す1人の時間

にぎやかな空間から離れ、1人の時間をもつことを望んでいます。スピード感のある日常に疲れているのかもしれません。見失いかけている自分の心を取り戻したいという気持ちは、冷静さの表れです。本当にやりたいことに耳を傾け、自分の世界を大切にしたいと切望しているでしょう。

10 運命の輪

変化を求めてチャレンジをする

大きな変化を求めているでしょう。たとえどう転ぶかわからなくても、状況が一変するような人生の転機が訪れることを期待しています。現状を打破するためのきっかけを探して、いろいろなチャレンジをする可能性もありそうです。ラッキーチャンスを虎視眈々（こしたんたん）と狙っているでしょう。

11 正義

前進するために公平な判断を

どんなことでも公平に判断すること、もしくは判断してもらうことを望んでいるようです。偏りのない、滑らかな状態を理想としているでしょう。そのためには感情に流されず、うやむやだったことに決着をつけ、何かを切り捨てるといった厳しい選択をする必要があるかもしれません。

12 吊られた男

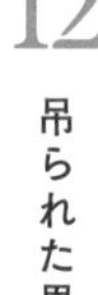

耐え忍ぶ経験が成長につながる

現状を受け入れ、ジッと耐え忍ぶことで未来が開かれると信じているでしょう。決められない状況なら無理をせず、勝てそうにない局面でも感情的にならず、負ける勇気をもつこと。進むべき道が見えず身動きが取れないかもしれませんが、苦しみの先にある光を信じているようです。

13 死神

古い殻を破って新しい自分に

一度すべてを破壊して、ゼロからリスタートしたいと思っています。執着や無駄を捨て去ることで自分の古い殻を破り、これまでのやり方を改めようとしている様子。過去を清算し、新たな自分に生まれ変わりたいという願望がありそう。そのための大きな変化も覚悟しているでしょう。

POSITION 1 2 3 4 5 6 7 8 9 10

14 節制

ゆっくりと変化を起こしていきたい

自分の目標を大切に考えているからこそ、ゆっくりと、でも確実に変化が起こることを期待しています。対立していたものとの交流が生まれたり、厳しい状況を受け入れられるようになったりする中で、少しずつ望ましい方向に進んでいきたい。スピード感よりも丁寧さを重視しています。

15 悪魔

刺激を求めて欲望を解放する

一度、理性から解き放たれて欲望に身をまかせてみたい、もっと楽をしたい、という願望があります。その先に何があるか、どうなるかわからなくても、世間のルールや常識から外れて、もっとスリルを味わいたいようです。刺激を求めていることから、世間の倫理観から解放されていく動きも。

16 塔

落胆やショックは方向転換のために

自分ではどうすることもできない状況を打破するために、予想もつかないようなアクシデントやハプニングを密かに待ち望んでいる様子。たとえ大きな落胆やショックと引き換えでも、方向転換したいことがあるのでしょう。そのために、強引に新しいものを取り入れる可能性もあります。

17 星

なんとか叶えたい純粋な願い事

高い理想や目標でも、妥協することなく、何年かかっても追い求めたいのでしょう。可能性を信じたい、なんとかよい結果になってほしい、という純粋で切実な気持ちから、やる気が高まっています。未来は輝いて見えていますが、「自分にもっと才能や力があればいいのに」という焦りもあるでしょう。

18 月

不安や動揺を受け入れる強さ

目標は掲げているけれど、心のどこかで、曖昧なまま進めたいと願っているようです。本音をさらけ出すことは望んでおらず、直感や無意識の心の動きを大切に思っているのでしょう。心細さや不安を感じることもありますが、そんな自分を受け入れる強さももちあわせているようです。

19 太陽

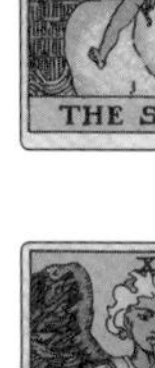

もっと自分を認めてほしい

周囲にありのままの自分を認めてもらい、褒められたいという気持ちが強いようです。目標達成はその手段だと考えているでしょう。曖昧な結果ではなく、はっきりと目に見える成果や名誉を、子どものような無邪気さで期待しています。課題に対しては正々堂々と真っ向勝負で挑むつもりです。

20 審判

過去から学び現在に生かす

マンネリの状態を打ち破り、古い考え方や価値観を捨てて、これまでのやり方を一新したいと願っています。そのために、過去に失敗したことを振り返る場面が増えるでしょう。再挑戦の機会も望んでいます。同じ過ちをくり返さない方法を、あなたはもう知っているはずです。

21 世界

目標はあくまでパーフェクトに

理想は高く、何もかも手に入れた最高のハッピーエンドを夢見ているでしょう。これまでの努力や、続けてきたことが無意味にならないよう、完璧に満足のいく状態で完結させるつもりのようです。その先に、今よりも安定した状態と新しい人生の始まりを両立させたいと願っているでしょう。

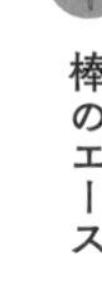

棒(ワンド)のエース

新しいスタートにみなぎる意欲

耐え忍ぶのはもうやめて、思い切ってスタートを切りたいと思っているでしょう。新しい方法を試してみたい、前向きに取り組みたいという意欲がみなぎっています。恐れよりも好奇心が勝っているのです。行動を起こすためのコンディションも十分に整いつつあり、チャンスをつかむ準備は万全です。

棒(ワンド)の2

慎重に見極め正攻法で進める

問題に対して、性急に答えを出すのではなく、じっくりと腰を据えて考えたいと思っている様子。突拍子もない行動は避け、ある程度、王道やセオリーにのっとった正攻法でいきたいようです。状況に合わせて対応したいので、周りが先に動いてくれることを望む気持ちが強くなっているでしょう。

棒(ワンド)の3

満足感とともにさらなる高みへ

これまでの努力やアプローチに対して、小さくてもいいので何らかの結果や成功の証しを求めています。周囲からの手助けを期待する気持ちもありそう。すでに準備期間を終えた実感があり、とりあえずの満足感は覚えていますが、そろそろ新たなステージへ旅立ちたい頃でしょう。

棒(ワンド)の4

動き出す前にしばしの休息を

どんな時も味方でいてくれる仲間が欲しいようです。また、リラックスできる場所を求めています。これまで全力で走ってきたので、しばしの休息を必要としているでしょう。本当に心を許せる人たちと楽しみを共有すれば、次の目標へ向けての一歩を踏み出すやる気がチャージされるはずです。

棒(ワンド)の5

争いや課題に立ち向かう覚悟

事態を動かすために、一石を投じる必要があることを、あなたは知っています。そのために周囲と意見がぶつかることも、ある程度はやむを得ないと覚悟を決めているでしょう。恐れに負けていません。取り組むべき課題が目の前にありますが、新たな挑戦として前向きにとらえています。

棒(ワンド)の6

承認欲求が高まり勝利を求める

大きな目標を達成することで注目されたい、周囲から認められたいという承認欲求が高まっています。勝つこと、成功すること、何かを手に入れることが最優先事項となっているでしょう。その先に喜びがあると信じています。プライドが満たされることで心が安定するかどうかは未知数です。

棒(ワンド)の7

攻めよりも守りで真の実力を養う

達成すべき目標はあるものの、このまま現状を維持したいという矛盾した気持ちがありそう。状況の急激な変化やハプニングを恐れている様子が見て取れます。慣れた今の環境ややり方に未練もあるでしょう。攻めよりも守りの姿勢でいる方が安心でき、モチベーションを維持できるようです。

棒(ワンド)の8

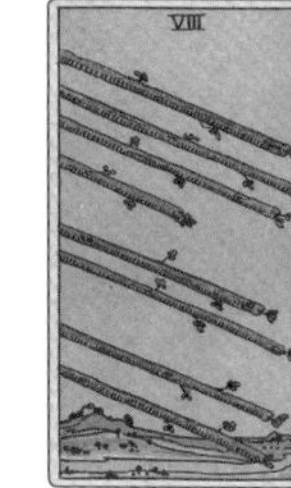

迅速(じんそく)に動いて転換期を迎える

スピーディーに物事が展開していくことを望んでいるでしょう。目標を達成するためにはやるべきことがたくさんあり、のんびりしている暇はありません。即座に結論を下さなければならない場面もあるでしょう。大きな転換期を迎える心の準備はすでにできています。あとは行動するだけです。

棒（ワンド）の9

内なる自信が道を切り開く

ぶれない心を身につけたいと願っているでしょう。やるべきことをやり、準備を整えたら、あとは覚悟を決めるだけです。失敗を恐れる気持ちとしっかり向き合い、自信をつけたいのでしょう。勇気を出してください。その先に、胸に秘めた目標を達成する道が開かれていくのです。

棒（ワンド）の10

喜びの前に背負う重責

プレッシャーを感じるような大きな目標に向かって頑張っているようです。たしかに踏ん張り時ですが、背負いきれない重責に押しつぶされそうになるかもしれません。分不相応な場所に立たされて、孤軍奮闘する可能性も。そんな中で、大いなる喜びを迎え入れる器が形づくられています。

棒（ワンド）のペイジ

やる気にあふれ情熱を注ぎ込む

新鮮な気持ちで目標に立ち向かい、情熱を注ぎ込みたいと願っています。まだ未熟ではあるもののやる気があふれ、若々しいエネルギーに満ちているでしょう。そんな中で、胸がときめくような出会いの可能性も。素直な態度が好感をもたれるため、協力してくれる人たちも多いようです。

棒（ワンド）のナイト

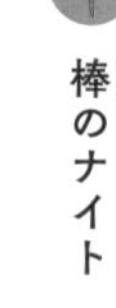

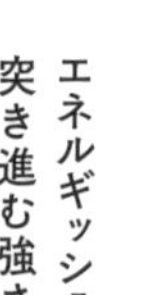

エネルギッシュに突き進む強さ

目標や願い事に向かって、まっしぐらに突き進む強さを身につけたいと思っているでしょう。周りの目や変化を恐れずエネルギッシュに動き回ってこそ、本来の自分だと思っているのかもしれません。行動力にあふれた自分になり、「この人についていきたい」と思われたいようです。

棒（ワンド）のクイーン

あなたらしさで明るく照らす

もっと自由になり、自分らしさを取り戻せるような歩みを模索しています。言葉や行動に誇りをもち、どんな状況でも対応できるしなやかさを身につけたいと願っているでしょう。それはすでに、あなたの中に育ちつつあります。愛にあふれたあなたという存在が、周りを明るく照らすでしょう。

棒（ワンド）のキング

高い視点から自分の力を発揮

状況に振り回されるのではなく、自分の意志で立ち向かい、先頭に立って周りを率いていくことに憧れているでしょう。リーダーシップを発揮して、たくさんの人たちのために自分を役立てたいという高い視点に、あなたは立っています。目標へ突き進むために、自分の力を発揮したいのです。

杯（カップ）のエース

大切な何かを見つけたい

純粋でけがれのない愛情を抱きたいという切実な思いがあるようです。愛情を向ける先は、大切な誰かかもしれませんし、心が動くような何かかもしれません。絆や生きがいを求める気持ちが高まっているでしょう。それらは、あなたの人生をより豊かで意味のある、あたたかなものにします。

杯（カップ）の2

なれ合いにならずお互いを認める

誰かと対等の関係であることと、フェアであることを求める気持ちが高まっています。お互いの長所を伸ばし、短所を補い合えるようなパートナーシップを望んでいるでしょう。ともに実力を認め、競い合える関係性がベストです。決してなれ合いにならない緊張感は、よい刺激になるでしょう。

杯（カップ）の3

新しい調和を求め葛藤を乗り越える

周囲の人との、あるいはあなた自身の中での「意見の一致」「調和」を求めています。今の状況よりももっと矛盾や葛藤の少ない、あるいは本音と建前を使い分けなくてもいいような、自己一致できる境地を目指しているようです。対立や葛藤を乗り越えることが、今の目標でしょう。

杯（カップ）の4

流れに身をまかせ疲れを癒（い）やす

変化や刺激よりも、おもしろみには欠けるけれど安定感のあるやり方を望んでいます。アグレッシブに動く気力はないようです。流れに身をまかせることで、しばしのんびりしたいという気持ちが強いでしょう。それは退屈かもしれませんが、あなたにとっては必要な、意味のあるプロセスと言えます。

杯(カップ)の5

負の感情と向き合う必要性

裏切りや悲しみ、後悔など、ネガティブな感情と向き合わなければならないと感じているようです。自分の目標に向かっていく過程で、そのような心境になったのでしょう。そのために立ち止まることは、決して停滞ではありません。あなたが進化、成長するための、大切なステージなのです。

杯(カップ)の6

思いがあふれて見えない現実

大好きな人やもの、アイドルや趣味など、自分にとって大切な存在に惜しみない愛情を注ぎたいと思っています。それが、あらゆることに対するモチベーションにつながるでしょう。生きるための原動力にもなりますが、いきすぎると、現実が見えなくなるので注意してください。

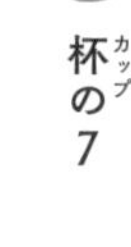

杯(カップ)の7

叶(かな)わぬ理想を手放せない

叶わないかもしれないけれど、いつまでも夢を見ていたい、理想を追い続けたいと願っています。たとえ現実がつらいものでも、心の中に思い描く未来があれば、前に進むことができるでしょう。その中で成長もできます。しかし現実から目を背ける傾向もあり、足元が安定しないようです。

杯(カップ)の8

執着を手放し自由を手に入れる

過去のしがらみから解放されることを望んでいます。新たな道を模索するためにも、執着を手放す、古くなったものを捨て去る、安定している状態から抜け出すといった必要性を感じているでしょう。これまで自分が積み上げてきた経験が、かえってあなたを不自由にしているようです。

杯(カップ)の9

覚悟を決めて理想を叶(かな)える

願いや望みを叶えたい、という強い意志を感じます。たとえば、欲しいものを手に入れる、計画通りに進めるなど、占ったテーマに対して、なんとしても成し遂げたいという熱い気持ちがあるでしょう。そのためなら何かを犠牲にしたり、我慢したりする覚悟も決めています。

杯(カップ)の10

円満な人間関係で精神的に安定

穏やかで安らかな時間を得たいと思っているでしょう。あたたかい家族、恋人との慈(いつく)しみ深い愛情、仲間との強い絆、気の置けない友人たちなど、円満な人間関係を築き、さらに広げていくことで、満ち足りた幸せを享受(きょうじゅ)できそうです。その精神的な安定が、生活の質の向上につながります。

杯(カップ)のペイジ

豊かな世界を素直に楽しむ

みずみずしい感受性と純粋な驚きこそ、あなたが本来望んでいるものでしょう。子ども心を呼び起こし、フレッシュな感性で物事を見聞きすることで、感動したいのです。たとえ年齢を重ねても、世界を彩り豊かに見ることはできるはず。その姿勢があれば、退屈とは無縁です。

杯(カップ)のナイト

人生の方向性が変わるほどの感動

感情を揺さぶられるような、衝撃的な何かとの出会いを求めています。それによって人生の方向性が変わるような、ドラマチックな展開が期待できるでしょう。これまで大事にしてきた価値観もガラッと変化するかもしれません。世界がこれまでとは違って見えて、心から感動するでしょう。

杯（カップ）のクイーン

飾らない自分で大きく包み込む

ありのままの自分をさらけ出し、飾らない心を受け止めてもらいたい気持ちがあるでしょう。そのためにはあなた自身も心を広くもち、器の大きい人間になること。聞き上手になりましょう。あなたが包容力を発揮すれば、人を元気づけることができ、心地よい環境が築かれるはずです。

杯（カップ）のキング

より高みを目指し人間性を磨く

自身の価値観に大きな影響を与える何かとの出会いを求めています。尊敬する人や信頼できる目上の人にアドバイスをもらいたい、そうして今より高みを目指したいという欲もあるでしょう。あるいは自分の利益だけを考えず、他者に対するやさしさも発揮しようとしています。

剣（ソード）のエース

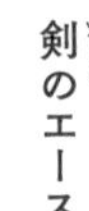

客観的な視点を手に入れたい

一刻も早く迷いを断ち切りたいと願っています。うやむやな状況が続いていたことから脱し、白黒つけたいと思っているでしょう。客観的な視点で物事をとらえて、抜け出す道を模索しているようです。たとえ痛みが伴っても、逃げることは考えていません。すべてを引き受ける覚悟があるようです。

剣（ソード）の2

心の準備が整わず判断を保留に

結論は急がず、判断をしばらく保留にしたいと思っているでしょう。なぜなら本心を誰にも知られたくありませんし、本気で立ち向かう心の準備が整っていないからです。面倒なことは見て見ぬふりをして、やり過ごしたい様子。自分の世界に引きこもることを心地よく感じているでしょう。

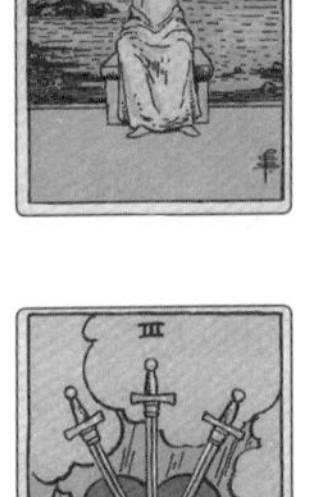

剣（ソード）の3

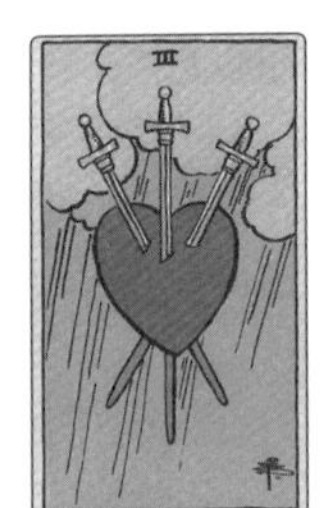

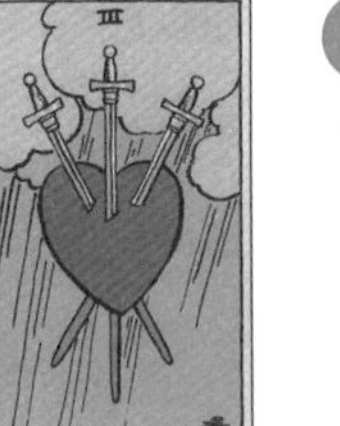

悲しみや痛みを乗り越えて成長

目標に向かって突き進むためには、いずれ何らかの別れを経験しなければならない、と心のどこかで覚悟しているでしょう。孤立したり裏切られたり、争いが生じたりするのではという不安もあるようです。むしろそうした悲しみや痛みを経験することで潔く先に進みたいという思いも。

剣（ソード）の4

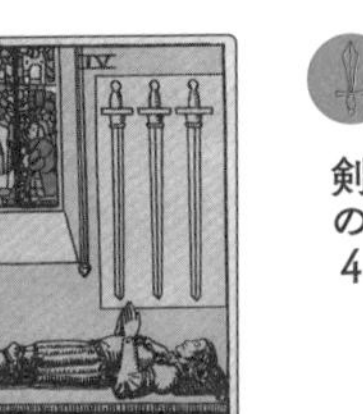

思考を休めて存分に休息を

心身ともに悲鳴を上げています。どこかのんびりしたところでリラックスして、存分に休息したいと願っているでしょう。静かで穏やかな空間に身を置き、疲労を回復させることで、再び現実に立ち向かう気力がわいてくるはず。思考を休めることでしか聞こえない心の声もあるのです。

POSITION 1 2 3 4 5 6 7 8 9 10

剣（ソード）の5

今まで以上に他者を知ること

願いを実現するためには、ただの「いい子」ではいられない。時には強引な手段をとったり、策略を練ることも必要である。そんな振る舞いができる自分になることを目標にしているようです。そのため人間観察に余念がないでしょう。ただし他人に恨まれないようにする必要が。

剣（ソード）の6

新たなステージへ旅立つ準備

次のステップへ踏み出したいという希望を抱いているようです。新たなステージへ旅立つために、準備を始めようとしているでしょう。自分が今いる環境を見つめ直しているようです。これまで耐えてきたつらい状況から抜け出す方法を模索しながら、しっかりとこの先を見据えているでしょう。

剣（ソード）の7

秘密にしながら着実に進める

自分が抱いている目標を、あまり公にしたくないという気持ちがあるでしょう。周囲にばれないよう、あるいは心配をかけないよう、陰で努力を重ねているようです。その一方で、満足できる結果を出すために策略を練る必要性も感じている様子。人知れず、着実に歩みを進めているでしょう。

剣（ソード）の8

自由になって模索する新たな人生

自分を取り巻くあらゆる束縛から解放されたいようです。それは実際に誰かに抑圧されている環境や状況だけでなく、自身の偏見や先入観、特定の考え方などから自由になりたい思いの表れでしょう。何にもとらわれることのない、新たな道を模索していこうとしているようです。

剣（ソード）の9

過去の失敗は呪いではない

自分が重ねてきた失敗や恐怖を乗り越えなければいけない、という思いを抱いているでしょう。それと同時に、そう簡単に克服できないものがあることもよく知っています。しかし、そのことを学びにはしても、呪いにしてはいけません。罪悪感にとらわれ、萎縮（いしゅく）する必要はないのです。

剣（ソード）の10

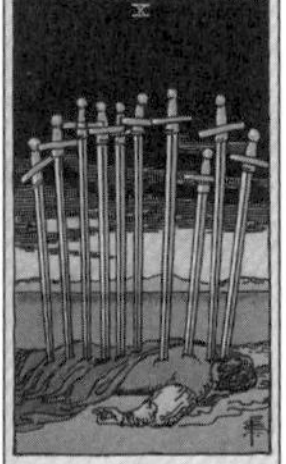

衝撃体験を経て活路を見いだす

完膚（かんぷ）なきまでに叩きのめされるようなショッキングな出来事が起こることを、心のどこかで望んでいる節（ふし）があります。どん底に落ちれば、あとは覚悟を決めて上を目指すだけです。一度すべてをリセットして、ゼロからやり直すという道もあるでしょう。どんな経験も学びになります。

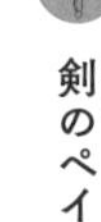

剣（ソード）のペイジ

新しい風を巻き起こしたい

損得勘定から解放されて、これまでにない斬新でおもしろいアイデアを生み出したいと思っています。そのためには、もっと直感力を磨いて、ルールにとらわれず、違う世代や他の分野の人たちとも交流することが必要です。若々しい心を保つことで、活動の幅も広がるでしょう。

剣（ソード）のナイト

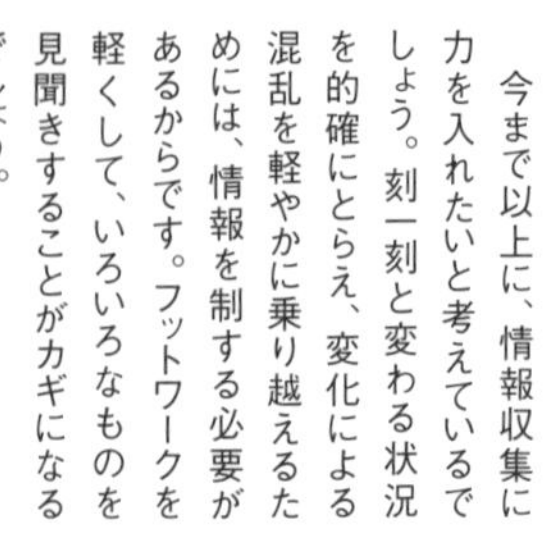

情報を味方につけ臨機応変に動く

今まで以上に、情報収集に力を入れたいと考えているでしょう。刻一刻と変わる状況を的確にとらえ、変化による混乱を軽やかに乗り越えるためには、情報を制する必要があるからです。フットワークを軽くして、いろいろなものを見聞きすることがカギになるでしょう。

剣（ソード）のクイーン

大事な場面で冷静に対応する

感情に揺さぶられず、冷静な判断を下せるようになりたいと考えています。まず、毅然とした態度で物事に当たることの大切さを、過去の経験から学んだようです。傷つきながら乗り越えてきたことが、あなたの理性を育んだのでしょう。厳しくても、そこには愛があります。

剣（ソード）のキング

人を引きつける理想の自分へ

心が強い人への憧れがあります。すばやく決断し、自信をもって行動できる自分になりたいと切実に願っているでしょう。そのために論理的な思考力を身につけてきたのです。そんなあなただからこそ、自分に厳しくすることと、他者へのやさしい視線を両立できるのでしょう。

金貨（ペンタクル）のエース

自分が望む新しい人生を

あたためてきた計画を実行すべく、具体的な一歩を踏み出そうとしています。たとえば投資や事業の立ち上げ、人との新たな関係構築など、新しい生き方を模索する意欲に満ちているでしょう。あなたが望めば、これまでとはまったく異なるキャリアを積んでいくことも、夢ではありません。

金貨（ペンタクル）の2

楽しみながら新たな興味を探す

すでに進めている物事を大切にしながらも、新たに興味をもてるものを探している様子。そのために、たくさんの人たちと交流しているようです。情報収集にも余念がないでしょう。そのために、時間のやりくりを上手にしています。そんな忙しい日々を楽しみながら過ごしているでしょう。

金貨（ペンタクル）の3

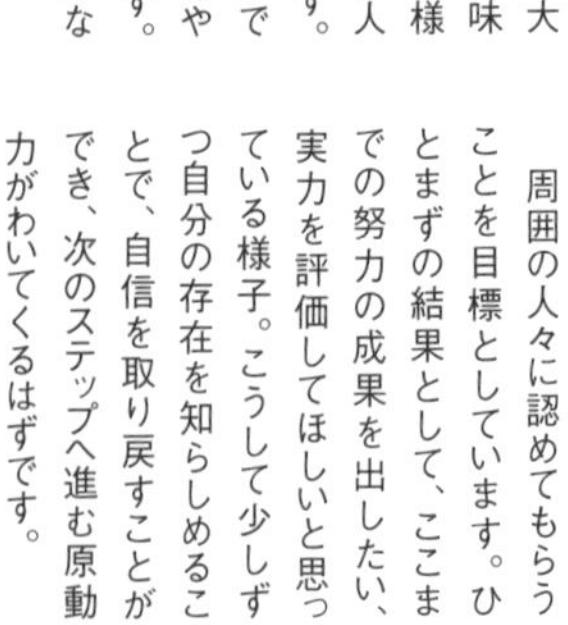

認められて自信を得たい

周囲の人々に認めてもらうことを目標としています。ひとまずの結果として、ここまでの努力の成果を出したい、実力を評価してほしいと思っている様子。こうして少しずつ自分の存在を知らしめることで、自信を取り戻すことができ、次のステップへ進む原動力がわいてくるはずです。

金貨（ペンタクル）の4

安定への執着が臆病さの要因に

守りの姿勢を固めて、安定した生活を維持したいようです。いつまでも変わらないことを内心では望んでいるでしょう。積極的に動くことや変化に対して、少々臆病になっている可能性があります。普段よりも所有欲が増していて、お金を貯蓄したいという気持ちも強くなっているでしょう。

金貨（ペンタクル）の5

悲観的な考えは劣等感の表れ

目標を達成するためには、何らかの犠牲が必要だと考えている節（ふし）があります。痛みを伴う損失を覚悟しているでしょう。これから自信を失ったり、生きがいをなくしたりするのではないか、という恐れを抱いているかもしれません。そうした将来の不安に打ち勝つことも目標の1つです。

金貨（ペンタクル）の6

助け合う中に豊かさを見いだす

自分がもっているものを周囲と分かち合い、共有したいという気持ちが増しているようです。自分から人に頼ることにも挑戦しようと思っているかもしれません。助け合いながら生きることに豊かさを見いだしている様子。それはきっと、人生のステージが変わったことを意味しているでしょう。

金貨（ペンタクル）の7

マイペースに取り組みたい

これまで少し駆け足をしすぎたのかもしれません。一度立ち止まり、これまでのやり方を見直したいと思っているでしょう。周囲の動きに惑わされず、マイペースで取り組むことを目標としているようです。答えはすぐに出さなくてもかまいません。自分の中でじっくりと考えをめぐらせましょう。

金貨（ペンタクル）の8

才能を開花させてステップアップ

自分にしかできないことをして、現状よりステップアップすることを目標としています。仕事でも趣味でも、何かに没頭してスキルを磨きたいと思っているでしょう。そのためにも、メンターとなる存在が必要かもしれません。きっと、あなた自身も気づいていない才能を見いだしてくれるでしょう。

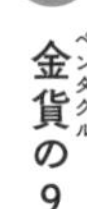

金貨（ペンタクル）の9

心地よい環境で穏やかな暮らしを

自宅にせよ職場にせよ、身を置く場所をよい環境にして、穏やかに暮らしたいと願っているでしょう。経済的に自立して一人暮らしをしたいとか、引っ越しをしたいという気持ちもありそうです。それは、自由を求める気持ちの表れとも言えます。余裕のある生活を実現したいという目標も。

金貨（ペンタクル）の10

伝統を受け継ぎ未来につなげる

過去から未来へ、古きよきものを受け継いでいきたいという意識があります。それは遺産や財産といった目に見えるものだけでなく、伝統や家族との絆、価値観や考え方などもあるでしょう。そうしたものに対するあなたの責任感がどんどん強まっているのかもしれません。

金貨（ペンタクル）のペイジ

チャンスを生かし力を発揮したい

重要な場面でチャンスを生かせるようになりたいと思っているでしょう。フットワークが軽く、やるべきことに対し全力で取り組み、いざという時は周囲に頼られる。そんな存在になることを目指しているようです。心を込めて取り組むその姿は、周囲の人まで前向きにするでしょう。

金貨（ペンタクル）のナイト

KNIGHT of PENTACLES

地道な努力で着実に成果を出す

コツコツと忍耐強く続ける努力が結果につながることをあなたは知っています。占ったテーマに関して、決して失敗したくない、必ずモノにしたいと思っているのでしょう。そのため一足飛びに結果を求めるのではなく、着実に駒を進めていくことを目標としているようです。

金貨（ペンタクル）のクイーン

豊かに健やかに進められる人生

穏やかに愛情深く振る舞おうと努力しているでしょう。安定した心をもつことで、健やかな人間関係を維持できます。あなたが達成したい目標へ向かっていく時に、協力を得やすくなるでしょう。損得勘定で考える必要はありませんが、人生をスムーズに進めるためには大事なことです。

金貨（ペンタクル）のキング

成功とともに責任も引き受ける

「地位も名誉も手に入れて、成功者と呼ばれる存在になりたい」なんて、覚悟がないと明言できないもの。「権力」なんて大げさに聞こえるかもしれませんが、あらゆる力には責任が伴います。その責任も含めた幸せを引き受ける器が、あなたにはあるはずです。自信をもってください。

COLUMN❸

「逆位置」をどう解釈するか

タロット初心者からよく聞くのが、「逆位置」の解釈の仕方が難しいという声です。

占っている人から見てカードの絵柄が上下正しい向きに出ている状態を「正位置」、絵柄が上下逆向きに出ている状態を「逆位置」と呼びます。そして、正位置と逆位置でカードの意味が違ってくる、と書かれているタロット占いの本が多いのです。

しかし、逆位置は正位置とまったく反対の意味になるのか？　それとも、意味のとらえ方に正位置とは違うひねりが必要なのか？　それとも……と、真面目に考えれば考えるほど、悩んでしまう人もいるでしょう。

本書では基本的に、正位置と逆位置の区別はしません。カードの向きよりも、そのカード自体から喚起されるインスピレーションの方が重要だと思うからです。大事なのは、カードが語りかけてくる声をよく聞き、その意味を受け取る感覚を研ぎ澄ますことです。だから、あなたが正位置と逆位置を区別した方が意味を取りやすいというのであれば、もちろんそうしてかまいません。タロットは自由なのです。

ちなみに、タロットの歴史を遡（さかのぼ）ると、正位置と逆位置の意味を区別するようになったのは、カードの枚数が今よりも少なかった時代に、その少ない枚数からさまざまな意味を読み取るためだったと考えられます。制限のある中で想像力やイメージを広げるために、必要があって逆位置を取っていたんですね。それならば、現代に生きる私たちも、自分がよりよいリーディングをするために、正位置と逆位置を区別するか、しないかを選択したらいいのではないでしょうか。あなたのインスピレーションを豊かに膨らませることが、充実したタロット・リーディングにつながるのです。

POSITION

4

原因

4
原因のポジションが表すもの

3 目標
10 結果
9 将来の気持ち
6 未来
2 試練
5 過去
1 現状
8 周囲
4 原因
7 本音

Hint 1

今抱えている問題の原因

そもそもあなたがどうしてこの悩みを抱くようになったのか……その原因を読み解くのが、このポジションです。そのカードが象徴するような出来事や体験が、悩みを抱えることになったきっかけになっているかもしれません。よくない意味をもつカードが出た場合は読み解きやすいですが、よい意味のカードが出た場合は、それが裏目に出ている、慢心している、と解釈するケースもあります。

Hint 2

問題の深奥にある思考のクセを表すことも

「この問題について悩んでいる」という自覚があっても、「どうしてその問題に足を取られているのか」は、なかなか自分ではわからないもの。長い時間をかけて形成された思考パターンや価値観、依存など、悩みの根本にはもっと深い問題が隠れている可能性もあります。〈④原因〉のポジションに出たカードでそれを解き明かせば、現状を打開するカギを見つけ出せるはずです。

Hint 3

原因の読み解きのコツ

このポジションは、〈③目標〉とセットとなっています。〈③目標〉に出たカードがこれからあなたが進んでいく方向を示しているのだとすれば、〈④原因〉に出たカードはあなたが今までやってきたことや歩んできた道を示すものです。あなたはどこから来て、どこへ向かおうとしているのかが、この2枚から見えてくるはず。一見、関係性のないカードだったとしても、何か気づきを得られるでしょう。

④

原因に出たのが…

今の悩みを抱えることになった
原因には
実は表面的に意識している悩みより
深いものが隠されているのかも
知らず知らずのうちに
しがらみという名の見えない糸に
とらわれている可能性があります
あなたの頭を悩ませる
本当の原因はなんなのか
明らかにしていきましょう

MAJOR ARCANA

0 愚者

根拠のない自信と無計画な行動

「そのうちなんとかなるだろう」という根拠のない自信を抱いているようです。そのため、考えがまとまる前に行動を起こしたり、緻密(ちみつ)な計画も立てないで見切り発車したりすることが多くなっているでしょう。子どもっぽいスタンスへのこだわりが今の状況につながっている可能性が。

1 魔術師

突拍子のない行動に走りそう

とても器用で、アイデアに満ちています。過去には成功したこともあるでしょう。ただ、同じパターンがずっとうまくいくとは限りません。そのアイデアを現状に応用するにはどうすればいいかを考えることも必要。あなた自身のスキルや器用さの功罪を考えるべき時でしょう。

2 女教皇

問題の原因から目を背けている

あなたは今、何が悪いのか気づいているはずです。「このせいだろう」と頭では理解しているのでしょう。けれど、それを決して外には明かしません。胸に秘めたままにしておかないと、自分が傷つくことを知っているからです。そのため、問題そのものから目を背け、考えないようにしているのでしょう。

3 女帝

心地よい状態から抜け出したくない

現在の状況は、多少の問題こそあるものの、とても心地よい状態。無意識に「ずっとこのままがいい」と願っており、抜け出せなくなっているのでしょう。また、そんなあなたを甘やかすような環境が整ってもいます。問題の解決を願いながらも、何かが変わってしまうことを拒んでいるのでしょう。

4 皇帝

実権を握りすべて決めたい

自分が実権を握り、物事の中心となってすべてを決めたいという気持ちが非常に強まっているでしょう。そのため、周囲の言葉にも耳を貸さず、何でもワンマンになっているのです。また、「自分にはそれが許される」「まとめあげられるだけの実力がある」という自負もあるのでしょう。

5 教皇

自分の決断に不安を覚える

あなたは今、他人から与えられた助言を忠実に守ろうとしているようです。その助言は過去の事例にならったものであり、必ずしもあなたの現状と一致しているわけではありません。けれど、あなたは前例がないことに不安を覚え、誰かがすでにやっていなければ、行動を起こせないのです。

6 恋人

2つの答えで迷っている

2つの選択肢が与えられていたようです。ただ、願いを叶えるためには、必ずどちらか一方を捨てなければならなかったのかもしれません。そのため、どちらも失いたくないあなたは、選びきれずに悩んでいるのです。可能なら、両方とも手に入れたいという気持ちがあるのでしょう。

7 戦車

とにかく早く状況を進めたい

スピード感を重視したい気持ちが強まっていたのでしょう。早くしないとすべてが台無しになるような気がして、大変な焦りを感じているはずです。とにかく今の状況を動かしたい、進めたい。それ以外、考えられなくなっているでしょう。邪魔をする者は、蹴散らしてしまいたいくらいなのです。

8 力

本心を抑え込み無理をしている

本当の気持ちを抑え込み、無理をしているかもしれません。「本当はこうしたいのに」という気持ちから目をそらし、やむなく行動しているようです。強い意志と理性の力で、本能をコントロールしている状態なのでしょう。今はまだ精神的な余裕がありますが、いつ爆発してしまうかわかりません。

9 隠者

頭の中の答えに従おうとしている

あなたは今、頭の中にもう答えを用意しているようです。その答えにこだわるあまり、それ以外の可能性は考えようとしていないでしょう。自分のことを分別がある人間だと思っているため、周囲からの意見には耳を貸しません。じっくり考え、自分で納得のいく答えを見つけるつもりでしょう。

10 運命の輪

幸運が向こうから来るのを待つ

偶然のチャンスに、この問題の運命を託そうとしているようです。待っているだけで幸運が訪れる、今の状況を変えてくれる。そんな展開を望んでいるでしょう。けれど、現実はあなたの思い通りには動いてくれません。そのためあなたは、ひたすら幸運の到来を待ち続けることになるのです。

11 正義

損か得かを考え冷徹な判断を下す

あらゆるもののバランスを取ろうとしているでしょう。自分にとってメリットがあるならやろう、ないならやめておこうという感覚です。不公平な結果になりそうな場合、行動を起こす価値はない、とあなたは考えているでしょう。時には冷徹なまでの判断を下すこともあるかもしれません。

12 吊られた男

何もできず我慢するだけ

現状から脱出しようと、もがいている状態です。実際には何もできず、自分の無力さをひしひしと感じているかもしれません。あるいは自分を犠牲にしてきたという気持ちが今の状況につながっていることも。「これだけしてあげたのだから」という気持ちもくすぶっているのでは？

13 死神

捨てる覚悟終わらせる覚悟

今の状況の遠因になっているのは、過去の「終わらせた」経験です。つらい喪失の経験をあなたはどのように乗り切ったのでしょう。あるいは乗り切れずに引きずっているのでしょうか。人生における1つの大きな句読点をもう一度、見つめ直す時が来ているのかもしれません。

14 節制

TEMPERANCE.

感情を抑え妥協している

受け入れがたいことも、無理やり納得して受け入れている状態でしょう。仕方ないという意識と、嫌だという感情がせめぎ合っているようです。あなたにとって今の状況は、妥協の産物かもしれません。今の状況は、あなたが妥協したその絶妙なバランスの上に成り立っているのかもしれません。

15 悪魔

THE DEVIL.

自己否定と逃避への誘惑

原因になっているのはあなたの自分の「影」の面との向き合い方です。自分の見たくない面ときちんと向き合っていますか？　何かと理由をつけて責任転嫁しようとしていませんか？　誰の心にも「悪魔」は存在するもの。その悪魔をいかに友にし、共存できるかがカギになります。

16 塔

THE TOWER.

予想を超えて状況が悪化

思惑が大きく外れるなど、否応なく起きたアクシデントやハプニングが過去にあったはずです。あまりに唐突に起こったために、強い衝撃を残したでしょう。ハシゴを外されてしまったがゆえの、動揺が今でも残っているのかも。しかしそれだけ今のあなたは自由になっているのです。

17 星

THE STAR.

あなただけの高い理想を追いかける

問題の原因になっているのは、高く純粋な理想。妥協したほうが早いのかもしれませんが、初心はやはり大事なものです。このテーマに関してあなたが最初に抱いた心の中の純粋なキラメキをどんなふうに今に、そしてこれからのあなたにつなげていくかが大きなテーマとなるでしょう。

18 月

非現実的な 妄想が心を支配

この問題に関して、あなたは思い込みが強い傾向があるようです。非現実的な願いを叶えようとしたり、到底手に入らないものを求めたりしているでしょう。そして、物事がうまくいかなくなるたび不安になることをくり返しているのかもしれません。悪い妄想に支配されがちな面も。

19 太陽

エネルギー充満 成功を渇望

過去にスポットライトを浴びたことがある、もしくは表舞台に立ちたいと願っていたことが、悩みの遠因になっています。過去の栄光を取り戻そうとするのか、未知のステージを求めるのか。その思いをどのように意識化していくかがテーマ。また子どもの頃の出来事が原因かもしれません。

20 審判

あなたに呼びかけた インスピレーション

かつて心に強いインスピレーションが響いたことがあったのでしょう。理屈抜きに「これが私のやるべきことだ」「今こそがその時だ」という直感、その声が今のあなたを導いています。あるいはこれまでに何度か経験した再起や再生の体験が心の支えになっていることもありそうです。

21 世界

満ち足りていて 動かない状態

「もう十分だ」という思いをしてきたのかもしれません。曲がりなりにも満足できる状況を経験したのでしょう。それを再度、経験したいのか、あるいは今の状況を壊してまで次に進みたくないのか。いずれにせよ、現状へのこだわりと固着がこの問題の根本につながっているようです。

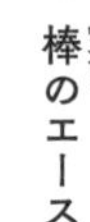

棒（ワンド）のエース

熱い衝動を抑えられない

やる気に満ちあふれています。何かに挑戦したくて、うずうずしていたのでしょう。スタミナも申し分なく、情熱は高まるばかり。そんなあなたを止められる人は存在しません。あなた自身、熱くこみあげるものをコントロールできないのでは？　心の奥底にあるマグマがテーマです。

棒（ワンド）の2

どう動くべきか様子見をしている

周囲の出方を用心深くうかがっています。自分はどう動くべきか、様子見をしている状態。思い切って一歩を踏み出すには、まだためらいがあるのでしょう。このまま状況が変化するのを待つか、とりあえず行動を起こすかという迷いと、他人がなんとかしてくれるかも、という淡い期待も問題の遠因。

棒（ワンド）の3

大きな成功を手に入れたい

まずまず物事がうまくいき、一段落したような気分でしょう。けれど、あなたの目は、もっと先を見ています。これからいっそう事態がよくなるのを、期待しているはず。そのためにあなたが起こした行動、新しいものを手に入れるための野心が、よくも悪くも問題の原因のようです。

棒（ワンド）の4

小さな幸せに安定を求めている

何か行動を起こしたい、変化を求めたいと考えていても、あるいは今の自分を変えなければいけない状況でさえ、あなたは実は今の状況に安住したいと思っているでしょう。今の小さな幸福に、実は満足しているのかもしれませんね。今の居心地のよさとその限界が今の問題の1つの原因です。

棒（ワンド）の5

うまくいかず　周囲に八つ当たり

努力の成果が現れず、憤りを感じているでしょう。こんなに頑張っているのになぜ、という考えで、頭の中はいっぱい。怒りのあまり我を忘れ、周囲に八つ当たりしてしまうこともあるようです。それが原因で、ますます事態をこじらせているでしょう。それが今のあなたにつながっています。

棒（ワンド）の6

人から認められ　成功を得たい

あなたは今、満足感に浸っているでしょう。称賛を受け、表彰され、手の届かない人を手に入れたあなた。それは目に見える形の、たしかな成功です。きちんと人々に認められた過去の経験や、あるいはそれを再び強く求める気持ちが、実は今の状況の深いところでつながっているようです。

棒（ワンド）の7

現状維持のため　競争もやむなし

現状を維持するために、必死で努力を続けています。あなたには、どうしてもこの場所に踏みとどまらなければならない理由があるのでしょう。今の立場や地位を守るためなら、ライバルと競争を繰り広げるのもやむなし、と考えてきたのでは？　その姿勢は今の問題につながっています。

棒（ワンド）の8

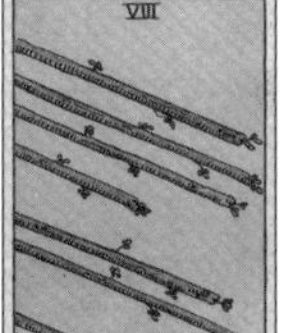

急展開を迎え　落ち着きがない

物事が急展開を迎え、すぐに決断をするよう迫られています。問題を長引かせたくないのなら、この流れはありがたいでしょう。しかし、あなたはじっくり考えたいのに状況がそれを許してくれず、苦しい状態に陥っているようです。その一方で、早く決着をつけたい気持ちもあるでしょう。

棒(ワンド)の9

腹をくくり最終段階を迎える

疑い深くなっています。ゴールまでの道筋は見えているものの、「本当にこれでいいのか?」と慎重になっているのでしょう。また、もう腹をくくり、やり遂げてみせるという覚悟も決まりつつあるはず。今はまだ緊張状態です。よくも悪くもその張り詰めた状態が今に影響を与えています。

棒(ワンド)の10

限界を迎えているつらい状況

あなたの心と体は想像以上の重圧に悲鳴を上げているようです。その問題は、今のあなたの手には負えないものでしょう。そのことを認めたくないあなたは、無理な努力を重ね、自分を追い込んでいるのです。その疲労が今この問題を抱えるに至った原因の1つとなっています。

棒(ワンド)のペイジ

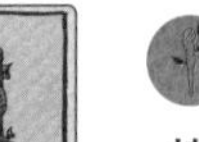

初めての出会いに期待を寄せている

新たな出会いがあったり、最新の情報が耳に入ってきたりして、胸のときめきを感じていたことが問題の背後にあります。「この変化こそ、現状打破のきっかけになる」と感じたのかも。そうした新たな展開への期待感が今の問題とどこかでリンクしているよう。それはどんなときめきでしたか?

棒(ワンド)のナイト

パワーをもてあまし勢い任せになる

体中からエネルギーがあふれ、行動せずにはいられないようです。今のあなたに、怖いものなどありません。思うままに振る舞い、突き進んでいるでしょう。そういったあなたのパワフルな行動が、問題に変化を引き起こしてきたのです。勢いで解決してしまおうというスタンスも問題と直結しています。

棒（ワンド）のクイーン

まわりの人に愛情深く接する

周囲に対して、惜しみなく愛情を注いでいるでしょう。ただ、いろいろな人に世話を焼き、面倒を見ている結果、自分のことが後回しになっているようです。また、プライドの高さから周囲の手を借りにくい状況も問題につながっていました。ありのままの自分をさらけ出すことも大切です。

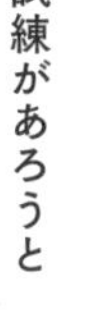

棒（ワンド）のキング

KING of WANDS

試練があろうと負ける気はしない

自信に満ちあふれ、どんな試練に直面しようとする人物がいたのかも。むしろ、状況が不利になるほど、チャレンジ精神を燃やすことも。あえて自分を苦境に置き、自分の力を試そうとしているでしょう。その強いエネルギーが今の状況の支え（あるいは問題）になっているのかもしれません。

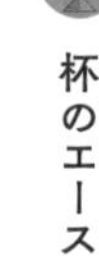

杯（カップ）のエース

抑えきれない強い思いを抱く

気になる人物や心を動かされる存在と出会い、夢中になっています。心の中であなたは、寝ても覚めてもそのことばかり考えているのかも。そのため、問題の解決については二の次になっているのです。また、「この出会いをきっかけに状況が好転するのでは?」という期待もしているでしょう。

杯（カップ）の2

パートナーとの良好な関係

仕事や趣味の仲間、あるいは恋人と対等な関係を築けているようです。心と心が通じ合い、力を合わせればどんな困難でも乗り越えられるような気持ちになっているでしょう。その一方で、「絶対に裏切ってはいけない」「期待に応えなければ」というプレッシャーも感じているようです。

杯（カップ）の3

心が1つになり意見がまとまる

問題に対して進むべき方向が決まったり、相手との話がまとまったりと、周囲との足並みが揃いつつあります。協力関係が整い、壁にぶつかっても1人ではないという安心感があなたを包むでしょう。逆にいえば、自分の独断で物事を決められないことにやや不満を感じているようです。

杯（カップ）の4

惰性の日々無気力状態に

無気力、無関心になっているでしょう。惰性（だせい）で物事に取り組み、やっつけ仕事のようにこなすだけになっているようです。どんなものを見ても魅力を感じず、モチベーションは下がるばかり。完全に燃え尽きてしまったのかもしれません。これが気づかぬうち今の問題の遠因の1つに。

杯(カップ)の5

失敗よりも今に続く可能性に目を向けて

その問題に関して、深い失望を経験したかもしれません。何をやってもうまくいかないという悲観にとらわれている可能性も。過去の失望、幻滅にフォーカスしないこと。その経験があなたのプラスにつながってきた側面もあります。まだこぼれていない水もあるはずなのです。

杯(カップ)の6

現実を見ず夢ばかり追う

現実逃避をするクセはありませんか。到底叶(かな)わないような夢を追いかけ、目の前の問題から逃げていたのかも。また、終わったことに未練があり、過去を振り返るクセも。つい現実とは異なる夢の世界に浸ってしまうことが今の問題の原因になっていないか、自問してみることも必要です。

杯(カップ)の7

多すぎる選択肢に迷いが生じる

複数の選択肢があるように見えて、実はそのどれも現実性からは遠かった、ということがありそうです。プランA、B、Cとあるように見えて、どれともきちんと向き合うことがなかったのかも。現実的なことへコミットをしなかったことが今の問題につながっているようです。

杯(カップ)の8

手放した束縛や執着から学ぶこと

問題の原因になっているのは、大切な縁やものを手放したか、あるいは手放すことに大きな抵抗があったか、そのどちらかでしょう。逃した魚は大きかったと考えるのか、あるいはそれは必要な「卒業」だったと考えるのかによってその経験の意味は大きく変わってきます。

杯（カップ）の9

欲しいものを手に入れている

あなたは今、念願が叶（かな）って欲しいものを手に入れているでしょう。物事が計画通りに運び、目標を達成しているはずです。ただ、そんな現状に満足してしまい、さらに成長しようという気持ちは失せてしまった様子。そのため、今抱えている問題をなかなか解決できずにいるのでしょう。

杯（カップ）の10

満ち足りた幸せな日々

今のあなたは幸運の波に乗っています。一応、望んでいたことは手にしているのではありませんか？　精神的にも満たされ、何の不満もないはずです。しかし、それが逆に「この幸せはいつまで続くんだろう？」「何かにだまされているのでは？」という不安を呼んでいるのかもしれません。

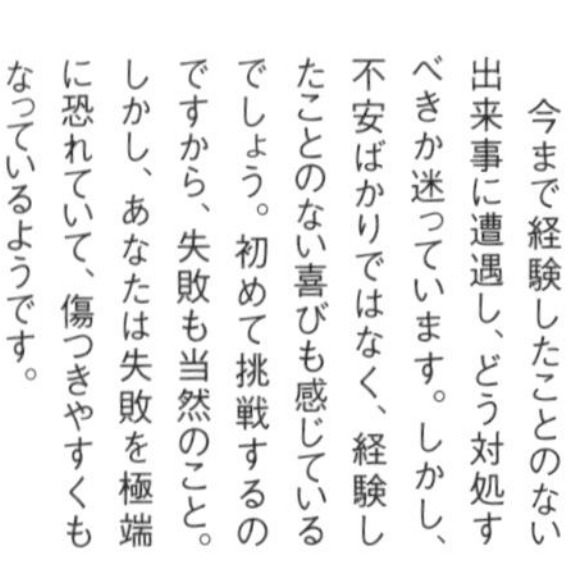

杯（カップ）のペイジ

初めての出来事にドキドキ気分

今まで経験したことのない出来事に遭遇し、どう対処すべきか迷っています。しかし、不安ばかりではなく、経験したことのない喜びも感じているでしょう。初めて挑戦するのですから、失敗も当然のこと。しかし、あなたは失敗を極端に恐れていて、傷つきやすくもなっているようです。

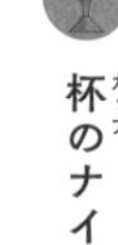

杯（カップ）のナイト

ロマンチックな展開を望む

よくできた小説のような、ロマンチックな展開を思い描いています。しかし、夢を見ているばかりであまり具体的なアクションは起こせていないでしょう。空想にのめりこみ、あまり現実が見えていないようです。また、相手から働きかけてくれるだろう、という淡い期待も今の問題に響いています。

杯（カップ）のクイーン

精神的な支えになっている人

今の問題の背後には、心優しく、包容力に満ちた女性的な人物の影響が。あなたはその人の温かさに包まれて、安心してくつろぐことができたはず。一方で新しい状況に1人で立ち向かう勇気を削（そ）ぐというマイナス面も。あなたの場合には、このカードがどう現れているでしょうか?

杯（カップ）のキング

愛のある指導が道を切り開く

あなたは寛大でありながら、厳しさもある人から助けてもらったことがあるのでは? その人から大きな影響を受け、あなたは「これまでのやり方でよかったのかな?」と考え直すチャンスを得ていたのかもしれません。それと同時に相手への依存心が強くなりすぎていたことも問題に。

剣（ソード）のエース

大きな力と向き合い わたり合う経験

巨大な力と向き合い、屈しかけた、あるいは屈してしまったことがあるのかもしれません。その原体験が現状とつながっていませんか？　しかし、同じような強い力はあなた自身の内にもあるのです。強い力と向き合った人は、それと同じような強さを身につけていることに自信をもって。

剣（ソード）の2

真実に対して 見て見ぬふり

あなたは板挟みになっていて、決断ができないでいるようです。本当の気持ちを隠し、真実に対して見て見ぬふりをしているのかも。表面的には、解決しようと努力しているように見えるかもしれません。けれど、実態は明らかに矛盾をはらんでいます。問題の1つの原因はここにありそう。

剣（ソード）の3

避けられない 別れによる悲しみ

人生につらく悲しい出来事はあるもの。別離や裏切りによりハートが引き裂かれるのを感じたことがない人はいません。今のあなたには、その時の悲しみが何かのかたちで現状に強い影響を与えています。その悲しみとどう向き合うか、受け入れるかがカギになってくるでしょう。

剣（ソード）の4

心の安らぎが 次の可能性につながる

忙しく回転する頭脳の働きをいったん止めて、心の平安を得る機会があったはず。その安らぎをもう一度取り戻そうとしている、あるいは忙しさから少し距離を置こうとしているのかも。あなたの心には「内なる平和」が存在します。それをもう一度見つめ直すことが必要です。

剣(ソード)の5

傲慢(ごうまん)さが人を傷つけている

あなたは今、知らず知らずのうちに傲慢になっているようです。そのため他者を傷つけていることに、気づいていません。あなたの間違ったプライドも、逆恨み(さかうら)されたり、敵意をもたれたりする原因に。また、勝利を確信するのはまだ早いでしょう。内在する攻撃性が問題に影響を与えています。

剣(ソード)の6

つらい現状から逃げ出したい

今のあなたは面倒事から逃げ出したい、邪魔者は消えてほしいと願っているでしょう。あなた自身に立ち向かう気はなく、それが問題の解決を遅らせています。あなたにとってはストレスから解放されることが最優先なのかも。そのためには現在の居場所も捨ててかまわないと思っている可能性も。

剣(ソード)の7

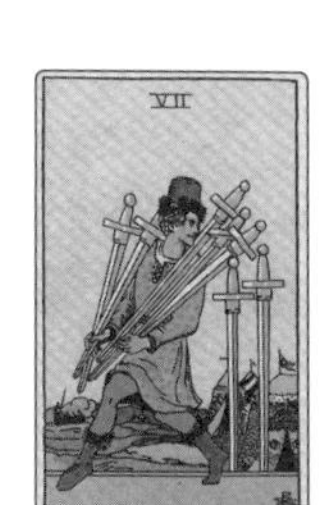

ひそかに動き出し抜きたい

バレないようにうまく立ち回り、相手を出し抜こうとした結果が、今の状況を生み出しているのでしょう。陰の努力と言えば聞こえはいいですが、その結果あまり人に相談できず、1人で問題を抱え込むことになっているようです。裏表のある人だと周囲から思われているかもしれません。

剣(ソード)の8

罠にはまり孤立している

「まわりが敵だらけだ」と感じているかもしれません。出口が見えない状況のなか、人の意見に耳を貸さず、自分の考えにこだわっているのでしょう。「罠(わな)にはめられた」「自分は悪くない」という気持ちでいっぱいになっています。自分で自分を偽っていないか、もう一度、見つめ直してみましょう。

剣（ソード）の9

罪悪感と不安感にうなされている

過去の悪夢から解放されていないことが、今の状況を生み出した原因です。自分がやったことへの罪悪感がよぎったり、今回も失敗するのではないかという不安におびえたりしているでしょう。そんな自分自身に対して、「なんてかわいそうなのだろう」と、あわれみも感じているようです。

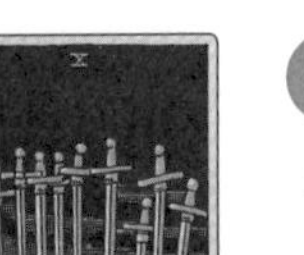
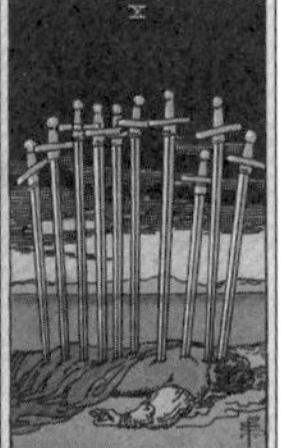

剣（ソード）の10

完全な終わりを実感している

あなたは心の底で1つの終わりを感じているでしょう。完全な敗北により、自分が今どん底にいるのだと実感しているはずです。すでに終わったこと、潔く散ろう、そう考えているでしょう。けれど、この災厄は、あなたが生まれ変わるために必要だったのです。ここから、状況は変化するでしょう。

剣（ソード）のペイジ

斬新なアイデアを思い浮かぶ

心の底で次から次へと新しいアイデアを思い浮かべているようです。それは従来の考え方を打ち破るような、斬新な内容でしょう。そのため、あなた自身はこれから状況は有利になりそうという期待を抱いているはずです。その期待や慢心が今の問題とどこかでつながっています。

剣（ソード）のナイト

突然の出来事に混乱している

予想外の展開が起きて、あなたを混乱させているのでしょう。早く対応しなければ、すぐに動かなければと焦っているはずです。今、何が起きているのかを把握するために、とにかく情報収集をしてきたのかも。そのせわしない知性の動きが、今の問題の背後に控えています。

剣（ソード）のクイーン

悲しみを乗り越え成長する時

冷徹なまでに客観的な人物がいそうです。それはあなた自身？　あるいは周囲の誰か？　その人の言動が今の問題につながっているよう。状況を変えるにはその冷静さが必要なのです。そこに罪悪感や恨みを抱かないで。誰かが非情さという剣を抜く必要があるのですから。

剣（ソード）のキング

正論だという確信を抱いている

あなたは今、「これは正論だ」と確信を抱いているはずです。そのため、周囲に対して自分の意見を強く主張しているでしょう。また、有無を言わさず決断したことを実行しようとしているようです。あなたの意見は論理的で隙（すき）がありません。「自分が正解」だという自信が問題の根本に。

金貨(ペンタクル)のエース

経済や物質が問題の根底にあるかも

今の問題の原因の1つが経済面や物質的な状況。夢や計画を叶(かな)えるための資本やリソースが十分に足りていないのかもしれません。状況は悪くはないですが、まだ目に見えるかたちで安心感が得られていないのでしょう。ただし、この計画に将来性はあり。急がず着実に進めば大丈夫。

金貨(ペンタクル)の2

限られた時間とお金のやりくり

時間やお金に余裕がないことが問題の背後にあります。物事がスタートし、軌道に乗っているからこそ、時間もお金もかかるのです。いったん走り出したからには、もう止めることはできません。そのため、時間とお金のやりくりが大変で、綱渡りの状態が続いているのが原因の1つ。

金貨(ペンタクル)の3

成果が出たが問題はここから

周囲から望んだ評価を得られるようになってきています。これまで真面目に努力してきたことで、目標に近づいてきたのでしょう。しかし、第1関門を突破したのみで、まだまだ問題は山積みであることも自覚。この苦境を乗り越えるために力が欲しいと強く望んでいるのが問題の1つの要因です。

金貨(ペンタクル)の4

安定した状況を動かしたくない

今抱えている問題に対して、深くかかわることをためらっているのでしょう。多少の不安要素はありつつも、安定している現状を動かしたくないのです。また、下手に攻めると自分が損をする予感も感じている様子。成功には多少の犠牲はつきものです。冒険を恐れる心が問題のベースに。

金貨（ペンタクル）の5

密やかに抱く
物質的な欠乏感

これまでに何かを失ったり、金銭や時間がなくて何かを諦めたことがあったよう。その経験が今の状況に影を落としています。しかし、過去は過去、今は今。今できること、可能なこと、今手にしていることに焦点を当て、新たな視点で見ていくことで先に進めるようになります。

金貨（ペンタクル）の6

誰かのために
援助したい

かつて誰かに受けた親切、あるいは誰かにした親切が今の問題のベースにあるのかもしれません。誰かのためにしたことが巡り巡って戻ってきている可能性が。「恩」と「愛」がどんなふうにあなたをとりまく回路になっているかを考え直してみると、問題をもう1つ別の角度から見るヒントに。

金貨（ペンタクル）の7

向上心が
失われつつある

スランプを迎えているようです。何もかもが小休止。このまま留まるか、それとも進むべきなのか迷っているのでしょう。また、今自分が置かれている現状に満足してしまっている部分もある様子。「いつも通りの結果でいいや」という気持ちが、現在の停滞期を生み出してしまった原因のようです。

金貨（ペンタクル）の8

やりがいを感じ
さらに成長したい

才能を周囲に認められ、やりがいを深く感じています。もっと努力を積み重ねスキルアップしていきたいと考えているでしょう。ただ、「これは自分にしかできないことだ」と背負い込みすぎている部分があるようです。もちろんあなたは必要とされていますが、無理をする必要はありません。

金貨(ペンタクル)の9

1人の時間を楽しんでいる

あなたは今、精神的にも物質的にも余裕があるようです。そして1人で過ごす時間を楽しんでいるでしょう。そのため、抱えている問題を早期解決する必要性を感じていません。その心の安定が今の状況のベースにあり、ともすると慢心を抱くことにつながり、問題に影響を与えています。

金貨(ペンタクル)の10

大切な何かを受け継いでいる

自分の家族や、ゆかりのある人から何かを譲り受けます。それは、共通の財産であり、生きてきた証しとなる大切なもの。それを受け取れてうれしい反面、どう取り扱うべきか、本当に自分でいいのか迷いがあるのです。あなたが手にした有形無形の財が、この問題のカギを握っているようです。

金貨(ペンタクル)のペイジ

オファーを受け全力で取り組む

重要なチャンスを目前に控えている状態です。「ぜひあなたにやってほしい」と声をかけられ、心を込めて取り組もうと決意を新たにしているでしょう。しかしあなたは、自分の能力や魅力がまだ十分ではないことにも気づいています。丁寧に進めなければ……と慎重に考えているでしょう。

金貨(ペンタクル)のナイト

忍耐強く好機を待っている

忍耐の時期を迎えています。すぐに結果が出るだろうと思っていたことが、予想以上に時間がかかっているのでしょう。しかし、それだけ努力をする時間があるともいえます。一歩一歩着実に進むことで、ゴールへと着実に近づいていけるでしょう。とはいえ、体力的に無理をするのは禁物です。

金貨（ペンタクル）のクイーン

準備不足が停滞の原因に

思いつきの行動や奇抜なアイデアでは、現状を打破できないところまできています。しっかりと準備を整え、必要な蓄えを用意しましょう。また、どんな問題を目の前にしても、まずは自分自身が健康でなければ乗り越えられません。体のメンテナンスも大切にしてください。

金貨（ペンタクル）のキング

立場が変化し責任がのしかかる

これまでとはあなたの立ち位置が変化し、背負う責任も周囲からの期待も大きくなっているのでしょう。しかし、あなたはこれまでのスタイルをあまり変えずに対応しているようです。その結果、今まで なら解決できていたことができなくなり、現在の状況に陥ってしまったのでしょう。

COLUMN❹

ケルト十字法スプレッドが難しいと感じる時は?

カードを丁寧に読み解いてみたいものの、いきなり10枚もリーディングするのは難しい……。そう感じるあなたには、まずはカード2枚で占う「シンプルクロス・スプレッド」に挑戦してみるのがおすすめ。シンプルクロス・スプレッドはケルト十字法スプレッドを限界までスリムダウンさせたものです。非常にシンプルですが、その分余計な情報に惑わされずハッキリと問題の答えを導き出せるでしょう。また、カードの枚数が少ないからこそあなたの想像力が何よりも重要になるスプレッドでもあります。いきなりケルト十字法スプレッドで占うのはハードルが高いと感じるのなら、まずこれで練習をしてみては?　きっと、コツがつかめるはずです。

【シンプルクロス・スプレッドの展開位置が示すもの】

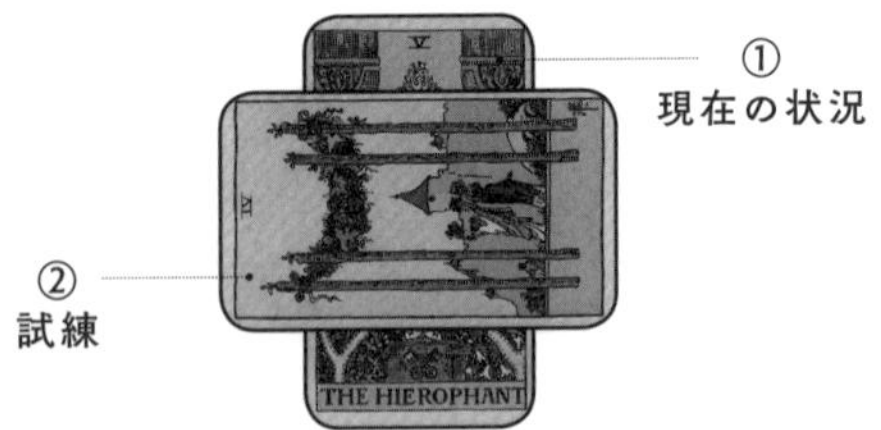

① 現在の状況

あなたが現在置かれている状況を表しています。あなたの身に起きていることや心理状態、問題の状況などを暗示するポジションです。

② 試練

①で出たあなたの現状を邪魔するもの、行く手を阻んでいるものを表しています。このポジションから何があなたの足を止めているのか、あるいはあなたが乗り越えるべきものは何かを読み解くことができるでしょう。

POSITION

5

過去

5 過去のポジションが表すもの

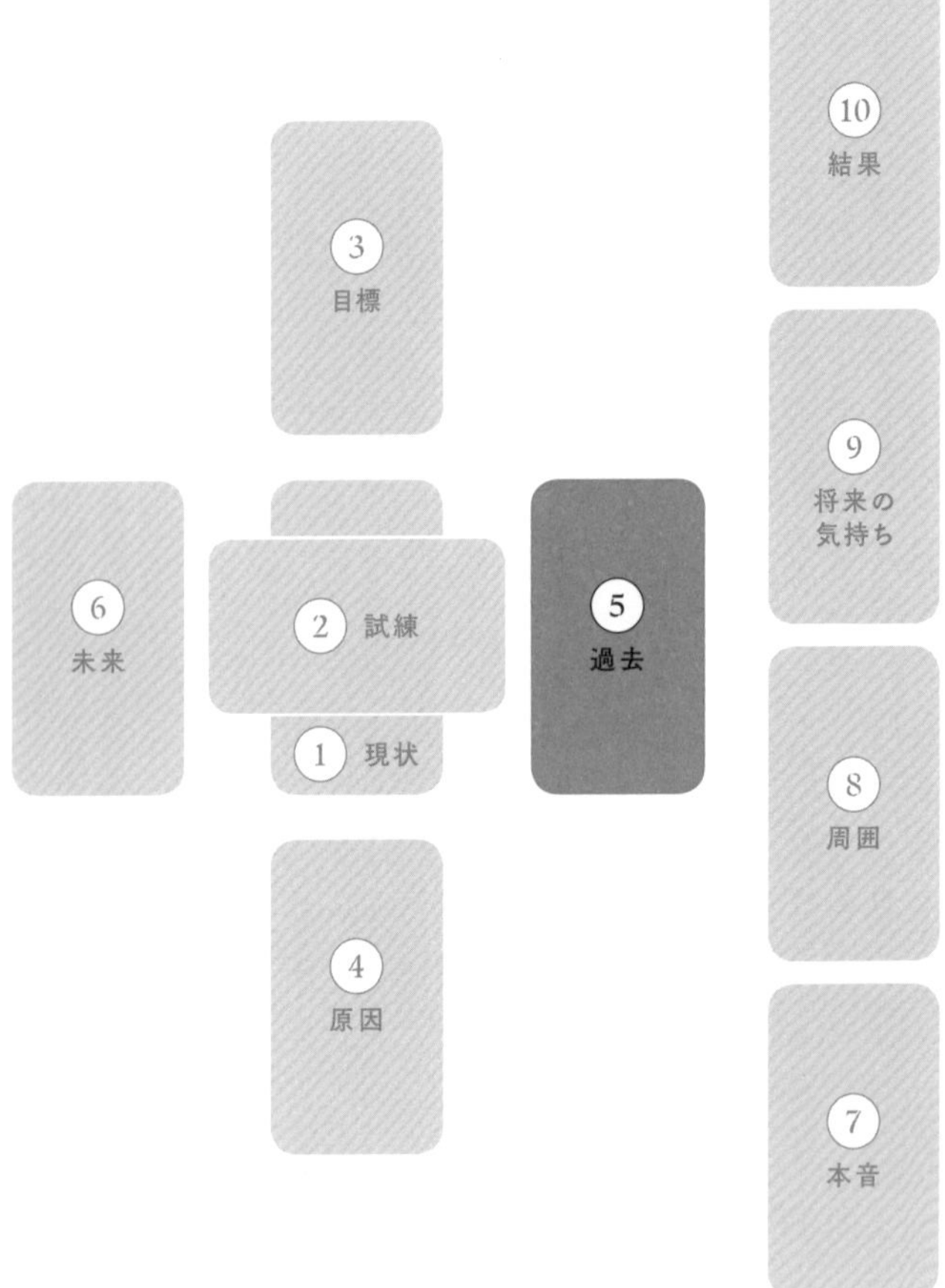

Hint 1

少し前に起こった出来事

このポジションに出たカードで、少し前に起こった、問題のキーとなる出来事を読み解きます。過去に何か選択をした際は何も感じなかったかもしれません。しかしそれが、バタフライエフェクト（ささいな出来事が巡り巡って大きな動きとなること）として影響を与えていることもあります。その問題の起点となった出来事が何かをカードから読み解きましょう。

Hint 2

これまでをイメージし直すことでわかること

これまでに何が起こってきたのか、あなたの中で思い描いている物語を別の視点からイメージし直し、今に至るまでの道筋に光をもう一度当ててみることが、このポジションから得られる最大の洞察です。すでに起きていることを読み解く必要があるのかと疑問に思うかもしれません。しかし、過去の中にこそ、求めていることのヒントが隠されていることがよくあります。

Hint 3

過去の読み解きのコツ

〈⑤過去〉に出たカードは、〈⑥未来〉に出たカードと密接にリンクしています。少なからず、人は過去の経験をもとに未来を選択するもの。過去と未来、この2つのポジションに出たカードの共通点を探すと、自分の行動パターンや陥りやすい傾向などが見えてくるかもしれません。注意深く、観察してみましょう。また、〈④原因〉ともかかわりやすいので、ぜひつながりを探してみて。

⑤

過去に出たのが…

過去にあなたが体験したことの
積み重ねが「今」です
あなたの身の回りで起きる
すべての出会いや別れ
成功や失敗には
無意味なことなど
ないのかもしれません
うれしいことも、悲しいことも
すべて未来の糧になるのです

MAJOR ARCANA

0 愚者

無からのスタートを切る

今思えば怖いもの知らずで何も恐れることがなかった過去のあなた。真っ白な心で一歩を踏み出したのかもしれません。計画も整った環境もなく、それでも何かが始まったことを体験したでしょう。何にも縛られないあなたの行先には無限の可能性が広がっていました。

1 魔術師

今までとは違うやり方を試した

試行錯誤をくり返した結果、こうすればうまくいく、という法則を発見したようです。ようやくコツをつかみ、状況に応じたやり方を学んだあなたは行動を起こしたことでしょう。そして、チャンスや成功の可能性を得たあなたは、今までとは違うやり方でいいのだ、と確信を抱いたのです。

2 女教皇

隠された真実が あなたの前に

直感で、問題の根底に隠されていた真実に気づいたはずです。誰も教えてくれなかった秘密が、ようやく姿を現しました。けれど、あなたはそのまま真実にフタをし、再び隠してしまいたいという気持ちに襲われたかもしれません。なぜなら、あなたが望んでいたこととは、違っていたのですから。

3 女帝

恵まれた環境で 満ち足りた状態

過去のあなたは恵まれた環境に身を置き、満ち足りた気分でした。物質的にも精神的にも豊かで、大切な人にも囲まれて何の不満もなかったはずです。また、これまでの頑張りが無事に報われてホッと一息ついていたことでしょう。相応の対価を手にして、安心しきっていたのです。

4 皇帝

自分の力を 誇示し満足

望みを叶（かな）えるため、あなたは実力行使に動いたようです。そして、ある程度は理想の結果が得られ、満足できたのかも。「周囲の声に左右されなくてよかった」「意見を曲げなくて正解だった」と思ったことでしょう。過去に強いリーダーシップを発揮するチャンスがあったようです。

5 教皇

信頼できる人が 道を示してくれた

頼りになる人物が現れて、とても安心しているのでは? その人の助言に従えば大丈夫と感じたはずで、その人に対する信頼は絶大なものに。実際の人物に限らず、歴史上の人物、あるいは作品の登場人物かもしれません。あなたを精神的に支える「哲学」を与えてくれる存在は何ですか?

6 恋人

あなたを導いた「好き」の力

人生は合理的な判断だけでは進まないもの。理屈のない「好き」という気持ち（エロス）こそが人生の原動力になります。難しい選択を目の前にした時に、計算ではなく「好き」を基準にしたことがあったのでは？　人やものを愛し、恋した経験が今のあなたにつながっているようです。

7 戦車

すばやい行動により有利な状況に

すばやい行動によって、有利な立場を勝ち取りましたか？　モタモタしていたら、その場の雰囲気に流されるだけだったはずです。考えるより先に体が動き、気がつけばそうなっていた、という状態です。過去、そんな経験があったのでは？　あるいは旅行や移動といった暗示もあります。

8 力

静かに、でもたしかに重ねてきた努力

これまでも平静を装いながら静かに努力を重ねてきたようです。あなたには強い克己心が働いていました。あるいは周囲の面倒な人や状況をうまく手なずけているということもあったのかもしれません。自分で思うよりもずっと、強い意志の力で、この現実と向き合ってきたのです。

9 隠者

THE HERMIT.

考え抜いて自分なりの正解が

落ち着いて問題にじっくり向き合えたはず。考え抜いた結果、納得のいく答えを導き出せたことでしょう。周囲からちょっと浮いたり孤立したりしたこともあったかもしれません。あえて周囲の雑音を遮断することも？　その「1人」の時間からあなたは何を学びましたか？

10 運命の輪

チャンスが到来し身辺が激変

チャンスが到来し、あなたの周りの状況が、目まぐるしく移り変わっていきます。あなたが望んでいない変化もあったかもしれません。それすらも幸運に思えるほど、大きく現状を変えてくれたのです。あなたはその大きな変化をどのように受け止め、対応してきたのでしょうか？

11 正義

不公平さを正す勇気ある行動

感情に流されることなく冷静な判断を下したあなたは、周囲からの信頼を勝ち取ったことでしょう。勇気を出して相手に意見を述べ、「それはおかしい」とハッキリ告げたあなたの足は震えていたかもしれません。しかし物事は予想通りに進み、自分の正義を貫く大切さに気づいたはずです。

12 吊られた男

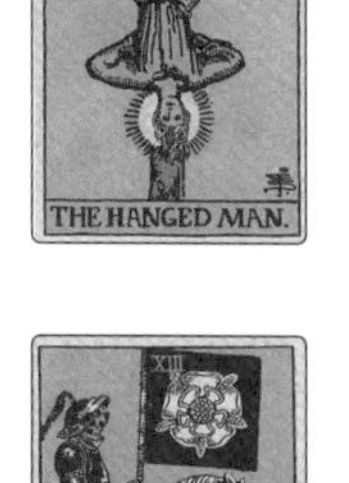

宙ぶらりんで動けない状況

あちらを立てればこちらが立たず、二律背反的な状況に陥っていた可能性があります。動こうとしてもどちらに行っていいのか方向性が見えない。あるいは自己犠牲を強いられているように感じていたことも。そのつらく苦しい状況をあなたはどのようにくぐり抜けてきましたか？

13 死神

1つのサイクルが終焉を迎える

仕事で一定の結果を出した、恋人と別れたなど、1つのサイクルが終わりを迎えたようです。これまで情熱を注いでいたものがなくなり、抜け殻のような気分になっていたかもしれません。その一方で、過去の思い出と決別し、新たな一歩を踏み出そうと気持ちを新たにしているはずです。

14 節制

対立が解消し物事が潤滑に

対立していた人と和解できたり、2つのものを1つにまとめられたりして、あなたの身辺が整理整頓されました。その結果、滞りなく物事が進むようになったはず。また、あなたは自分の感情をコントロールする術を学び、どんな場所でもうまく立ち回れるようになった様子です。

15 悪魔

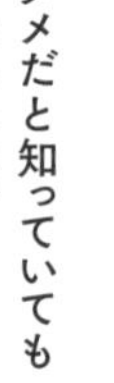

ダメだと知っていてもやめられない

悪いことだとわかっているのに、どうしてもやめられないことはありませんか？　あなたの周りには誘惑が多く、つい楽な方に流れていたのでしょう。そして、ふと我に返っては自己嫌悪に陥っていた様子。また、人や物への執着を断ち切れず、そんな状況から逃れたいと心から願っているのでしょう。

16 塔

アクシデントで足元が崩れ去った

突然のアクシデントが起こり、あなたを足元から揺るがします。信じていた人の裏切りや、万全だと思っていたことの崩壊に、大きなショックを受けたはずです。これまで無自覚に支えにしていた考え方の枠組みが崩壊してしまったかも。しかしそれは、土台から再建するチャンスです。

17 星

新しい希望の星が見え始めた

こうしたい、こうなりたいというビジョンが、より明確になっています。当初はおぼろげで不確かなものだったかもしれません。しかしそれでもそれは一筋の希望の光でした。もしくはこれまでの誰かに対するわだかまりが溶け、何かが「浄化」されたように感じることもあったかもしれません。

18 月

不安に襲われて迷いが生じる

妄想に取りつかれ、現実的な判断ができなくなっていたようです。自分に対する自信のなさから、「きっとうまくいかない」「誰かに裏切られるに違いない」とネガティブな考えばかりがあなたの脳内を駆け巡っていたのかも。実際には、それほど悪いことは起こっていないかもしれないのに、です。

19 太陽

生きる幸せを感じた日々

願いが叶い、大きな成功を収めたはずです。あなたの実力や才能を誰もが認め、一目置かれる存在になったでしょう。そのため、自信をもつことができ、生きることのすばらしさや喜びを、十分に感じたようです。あるいは誰かまぶしい人の存在を強く感じていた可能性もあります。

20 審判

やり直しと復活のチャンス到来

過去の失敗をやり直すチャンスが訪れています。古い自分や忘れたい過去を捨て、生まれ変わるための転機だったよう。心に受けた傷も回復し、再チャレンジする機会。また強いインスピレーションを受ける、目からウロコが落ちるような目覚めを経験した、といった意味もあります。

21 世界

理想が叶い幸せな気分に

進行中だったことが、理想の形で完成したようです。そのためあなたも満足し、これ以上の結果は望めないと思ったことでしょう。それくらい、その時のあなたは幸せな気持ちに包まれたのです。上を目指す気は薄れ、「もう努力するのはいいかな」と少し手を緩めてしまった部分もあるはず。

POSITION 1 2 3 4 5 6 7 8 9 10

棒(ワンド)のエース

現状打破のチャンスを待っていた

何か新しいことがやってくると心待ちにしていたことはありませんか？　その前からの状況を変えてくれる何かを待っていた、あるいはそれまで進めていた計画をさらに成長させてくれる何かを待っていたのかもしれません。さまざまな意味で野心を抱いた状況だったのでしょう。

棒(ワンド)の2

動くに動けず待ちの状態

今後についての期待と不安があり、動くに動けなかったのでは？　あなたはとりあえずは様子を見ようとしたはず。野心や強い願望はあるものの、それに向けてどんなふうに踏み出せばいいか考えあぐねていたかもしれません。大胆な攻めに出るか、守りに徹するか選択を迫られるようです。

棒(ワンド)の3

この結果では満足できない

頭を悩ませていたことが解決し、幸先(さいさき)がいいと感じたはずです。これからどんどん状況がよくなると、期待感に包まれていたことでしょう。というのも、その結果では十分満足できなかったからです。むしろ、さらに大きな成功が欲しい、もっと飛躍したいとの願望がふくらんだのかもしれません。

棒(ワンド)の4

大事な用を控えしばしの休息

これまでの努力が実を結び、ホッと一息つけましたか？　次にやるべきことは控えているものの、今は休みたい、楽しみたいという気持ちがあったはず。安らぎを感じられる人と喜びを分かち合い、手を取り合うこともできたかもしれません。家族や親しい人たちとの穏やかなひと時です。

棒（ワンド）の5

闘争状態は変化を生み出す熱源

面倒な周囲の人々の争いに巻き込まれていたことが、今のあなたに影響しています。あるいはその戦いはあなた自身の心の葛藤やまとまらない考えというかたちだったかも。しかし、混乱や衝突は新しいものを生み出すために必要な、化学反応を引き起こす熱源でもあったのでしょう。

棒（ワンド）の6

納得のできる成功の体験

誰もが認める成功を収め、周りの人から称賛されたことでしょう。予想を超える成果を上げることができたはず。あなたの努力や行動を人々が認めています。やってきたことが受け入れられて、あなた自身もその成果に納得できたよう。それは密かな自信につながっているはずです。

棒（ワンド）の7

手にした成功を守ろうと努力

過去の成功によって手にしたものを失わないために、あなたは努力を重ねたことでしょう。時には横取りしようとするライバルと争い、必死に守ったはずです。そして、成功した状態をこれから先もずっと維持するためには、かなりの努力を必要とするのだとあらためて実感したことでしょう。

棒（ワンド）の8

突然の進展が状況を激変させた

滞っていた状況が、にわかに動き出しました。そのスピードは速く、息をつく間もなくどんどん状況が変わっていったはず。突然の知らせが入り、驚く場面があったかもしれません。急展開していく変化の速度にどう対応してきたのでしょうか。その経験はあなたに何を残しましたか?

棒（ワンド）の9

最後のステップに足をかけた状態

抱えていた問題が、とうとう最終段階に入ったようです。あなたは覚悟を決め、問題に対して望む結果が出るまで向き合おうと決心したことでしょう。もう準備はできていたため、迷いはなかったはず。そこには、「同じ失敗を絶対にくり返すものか」という強い気持ちがあったようです。

棒（ワンド）の10

力を過信して追い込まれる

あなたは荷が重い問題を1人で抱えこみ、それでも頑張ってきました。ひょっとしたら、何とかなるかもしれないという、淡い期待を抱きながら。けれど、その問題はあなたの能力を超えていたのです。これまで無理を重ねたあなたは、過労とストレスで倒れそうになっています。

棒（ワンド）のペイジ

ニュースが入り状況が変化

新しいニュースや情報が入ってきて、状況が変化した暗示が。あるいはあなた自身がメッセンジャーとなり、何かを伝える役目を果たしたのかもしれません。飛び交う言葉やメッセージは、あなたにどんな刺激と変化をもたらしたでしょうか？　そしてあなたはどう反応しましたか？

棒（ワンド）のナイト

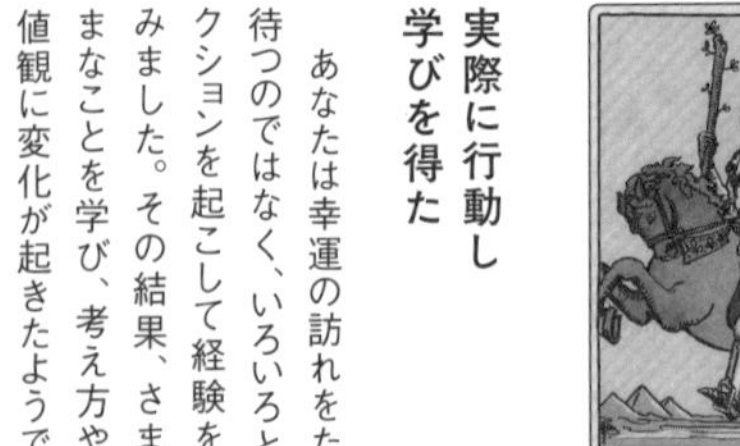

実際に行動し学びを得た

あなたは幸運の訪れをただ待つのではなく、いろいろとアクションを起こして経験を積みました。その結果、さまざまなことを学び、考え方や価値観に変化が起きたようです。さらには、どんな状況に陥っても恐れず、自分を信じて行動する強さも過去の体験から得られたはずです。

棒（ワンド）のクイーン

愛と情熱を注ぎ込んだ経験

愛と情熱によって誰かを支え、勇気づけた経験を示します。その人、あるいはその対象にわき上がる愛は尽きることがありません。一見、穏やかでもあなたの中には静かな情熱が燃えていたはず。あなたに強い影響を与え勇気づけてくれた女性、あるいは女性的な存在の暗示も。

棒（ワンド）のキング

実力で試練を乗り越えた

あなたはこれまで、大きな試練に直面していたようです。ほかの人なら「もうダメだ」とあきらめるところを、果敢（かかん）に挑んでいったのでは？　あるいは、実力と情熱を兼ね備えた存在が影響を与えていた可能性があります。頼りになるその人物はあなたにとって誰だったのでしょうか？

杯(カップ)のエース

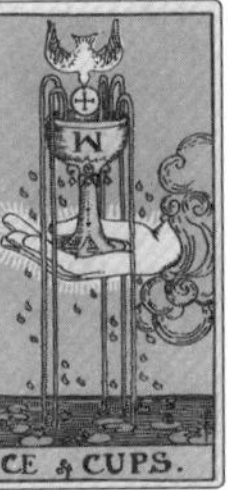
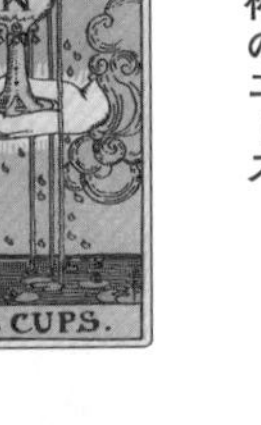

新たな関係が環境を変化させる

新たな出会いに恵まれ、あなたの心は大きく動いたようです。あなたの中に愛情がわき上がり、その衝動に突き動かされるようにアクションを起こしたことでしょう。あなたが一方的に愛するのではなく、相手からも何らかのサポートがあったはず。かけがえのない絆を得ています。

杯(カップ)の2

思いが伝わり相思相愛に

あなたの熱い思いが伝わった結果、相手との関係に進展があったのでは？　互いを思い合う対等な関係を築くことができ、「何があってもこの人となら大丈夫」と安心感を得られたはずです。また、よき理解者の存在は、あなたにとってとても頼もしい心の支えになったことでしょう。

杯(カップ)の3

方向が定まりスタートを切る

やっと進むべき方向が決まり、ゴタゴタしていたものが一段落ついたのではないでしょうか。周りの人とも意見が衝突せずにすみ、あなたはホッと一息つけたはずです。ようやく新しい生活の一歩を踏み出しました。その時、あなたは調和の感覚を得て、最初の段階の満足感を味わえたはずです。

杯(カップ)の4

ダラダラと流されるまま

何を見てもつまらない、魅力を感じないという無気力状態に陥っていませんか？　意欲もわかないので、与えられたことを惰性(だせい)でこなすだけ。空っぽで退屈な毎日をダラダラと過ごし、周囲に流されるままに生きていたことでしょう。気分がふさぎ、やる気が出ないことも多かったようです。

杯（カップ）の5

悲しい出来事で心に傷を負う

幻滅するようなことが起き、心にぽっかりと穴が開いてしまっていませんか。ひょっとしたらうまくいくかもという期待も外れてしまい、落胆したのかも。終わってしまったことを後悔したり、悲しんだりしているうち、どんどん考え方が悲観的に。ただし、すべての希望が失われたわけではありません。

杯（カップ）の6

叶（かな）わぬ夢に思いを馳（は）せている

終わってしまったことや、叶いそうもない夢にこだわり、現実から目を背けていたようです。美しい思い出や過去の栄光にいつまでも浸っていたい、夢の世界から出たくないという思いが強かった様子。本当は現実を見なければならないのに、そうしたくないという気持ちもあったかもしれません。

杯（カップ）の7

迷った結果何も得られず

複数の対象を追いかけ、結局はすべて手に入れられなかったのでは？　また、責任を取りたくないからといって人任せにし、話がまとまらなかったこともあるようです。いずれの場合も、あなたの優柔不断さが招いた結果。それでもあなたは、なかなか腹をくくることができなかったようです。

杯（カップ）の8

すべてを捨て次のステージへ

新しい道を探すため、大切な人と別れたり、これまで身を置いていた環境から抜け出したりしたはずです。忘れがたい過去の思い出もあったでしょうが。そうやって慣れ親しんだものを捨てたことは、あなたにとって、次のステージに向かうのに必要な、卒業の儀式だったのです。

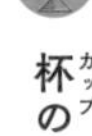

杯(カップ)の9

夢を叶(かな)え 心の支えを得た

計画通りに物事が進み、無事に目標を達成できたのではないですか？　あなたの願いは見事に成就(じょうじゅ)したのです。スケールの大小はあれ、一応の満足を得る状況まで来ました。そこに留まってよしとするか、さらに上を目指すかは、あなた次第ですが、あと少しやり残したことがあるのでは？

杯(カップ)の10

愛に包まれて 満たされた暮らし

愛情面でも物質面でも満たされ、生活に余裕もできたでしょう。血を分けた人や愛する人、気の合う仲間たちが集まり、絆が深まって、円満な関係になったはずです。ゆとりのある暮らしは、あなたの心にも余裕を与え、幸せは当たり前の日々の中にあると気づかせてくれたことでしょう。

杯(カップ)のペイジ

純粋な気持ちを 受け取っていた

打算のない、純粋な好意を向けられたあなたは、とてもうれしかったはずです。相手からの愛情に感激し、心が浄化されるような気持ちになったのでは？　初々しく、どこか傷つきやすそうなその相手は、あなたに初めて感じる喜びと、少しばかりの驚きをプレゼントしてくれます。

杯(カップ)のナイト

理想的な相手と 新鮮な体験

実はロマンチストで感性豊かな一面をもつあなたの前に、理想的な相手が表れたはずです。そして、あなたにこれまで感じたことのない、新しいときめきを経験させてくれたことでしょう。あるいはあなたに新しい感受性のアンテナが生まれ、才能が芽吹いてきた可能性もあったようです。

杯(カップ)のクイーン

やさしさに心が救われた

いつもやさしく、思いやりをもつ人のおかげで、心の傷が癒(い)やされていたのでは。話を聞き、むき出しの心をしっかりと受け止めてくれたその人。あなたは、その人の包容力とセラピー的な才能に救われたはずです。また、その人自身もあなたの存在に救済された可能性があるのです。

杯(カップ)のキング

深くあなたを受け止める人の出現

あなたの心を深いところで理解してくれる人がいたかもしれません。あなたが意識的にアピールしない部分までしっかり見てくれる包容力と理解力のある人。その人に応えようとする気持ちもあったかも。あるいはあなたが寛大さと愛で誰かを受け止める役回りを演じていたようです。

剣（ソード）のエース

実力行使で
新しい可能性が

自分が正しいと思う方法で、かなり大胆な改革を行いましたか？　それは、新しい可能性を見つけるため。かなりの痛みを伴いましたが、その時のあなたが欲しい結果を手に入れるためには、実力行使をするしかなかったのです。おかげであなたは波乱から抜け出し、迷いを断ち切ったのかも。

剣（ソード）の2

見ないことによる
絶妙なバランス

「目をつぶる」という慣用表現があるように、すべてを可視化して言い立てることが常に賢明とは限りません。これまであなたは何かにあえて「目をつぶり」、バランスをとってきたのでは？　それが今後も続くのか、あるいは何らかの変化があるのかは、残りのカード配置次第です。

剣（ソード）の3

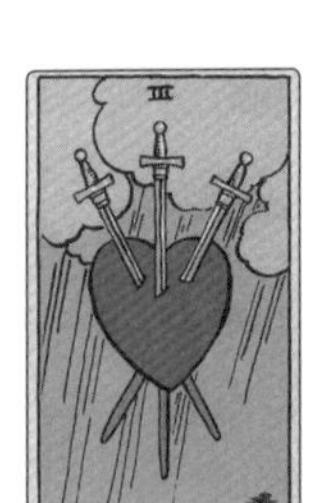
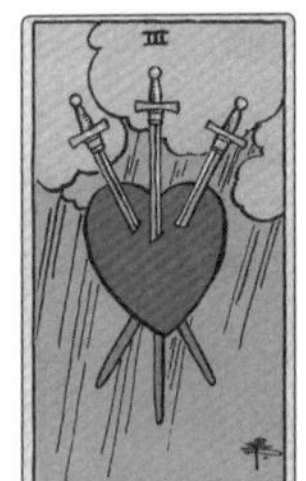

つらい現実と
向き合う羽目に

身を切るような別れを経験したり、大切なものを失ったかもしれません。そのため、あなたは罪悪感や悲しみを覚えたはず。また、信じていた人の裏切り、争いが発生し、孤立したかもしれません。しかし、不和があるのも人生。その痛みもきっと今後の大切な糧となっていくでしょう。

剣（ソード）の4

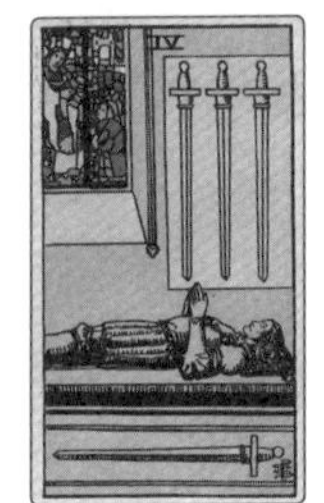

問題から逃れ
心身ともに休む

あなたは考えることをやめ、一時的に問題から逃れることを選択したことでしょう。そのため、ゆっくり休むことができ、疲れも回復したはずです。静かな空間と穏やかな時間は、あなたの心を落ち着かせました。たとえ問題が解決していなくても、この休息は必要なことだったのです。

剣（ソード）の5

過去の禍根（かこん）を見つめ直す

誰かに出し抜かれたり、マウントをとられたり、敗北感を味わったかもしれません。もしくはあなたが誰かを利用してしまったなど、後味の悪い出来事があったでしょう。ただ、つらくてもその経験は直視する必要があります。互いに禍根を長く残さないためにも自分を見つめ直して。

剣（ソード）の6

問題から逃げて解放感を得る

問題が解決に向かい、つらい状況から抜け出せたことでしょう。障害は消え、あなたの不安は解消されたのです。ようやく心が和（やす）らぎ、ストレスもなくなったでしょう。あなたが問題から逃げ出したのは、正解だったのです。なぜならそのおかげで、新たな目標と向き合う決心がついたのですから。

剣（ソード）の7

人間の狡猾（こうかつ）さを目の当たりにする

水面下で策略を巡らせて動き回り、まんまと相手を出し抜いたのでは？　表の顔と裏の顔を使い分け、相手を手のひらで転がしたあなた。あるいは誰かがあなたの目を盗み、何かを奪っていった可能性もあります。この社会の「狡猾さ」を何らかのかたちで表れたようです。

剣（ソード）の8

自分を縛っていたものを見抜いて

逃げ道のない、つらい状況にいたと感じているかもしれません。あなたを縛っていたものは何だったのでしょう？　具体的な条件、あるいはあなた自身が心に取り込んでしまった常識や価値観、もしくは誰かとの関係性でしょうか。まずはその正体を見抜くことが必要になりそうです。

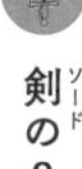

剣（ソード）の9

不安な夜をどう過ごしましたか?

不安と恐怖に襲われ、心の休まらない毎日を過ごしていたのかもしれません。過去の失敗や罪による、自信喪失と罪悪感が、あなたを苦しめていたようです。自分の考えすぎ、心配しすぎだとわかってはいても、なかなか不安を拭（ぬぐ）うことはできず、負のループにはまっていたのでは?

剣（ソード）の10

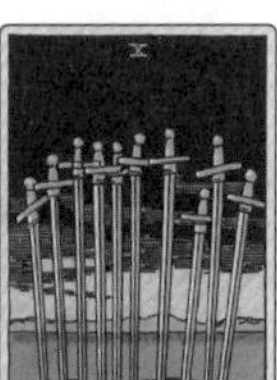
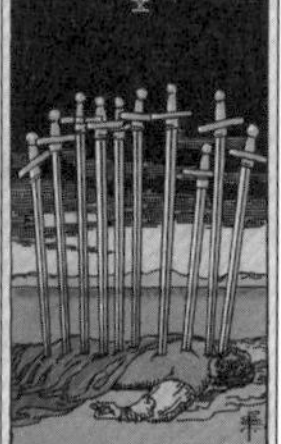
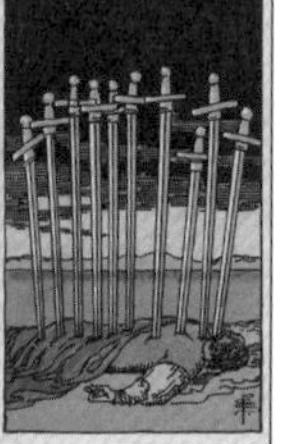

言い訳のできない完全敗北

言い逃れのしようがない、完全な敗北を味わったようです。そのため、一度は精神状態がどん底まで落ちたかもしれません。しかし、その一方で気持ちが吹っ切れた部分もあったはず。潔く負けを認めたうえで、これからは態度を改めて成長していくしかないと覚悟を決めるチャンスです。

剣（ソード）のペイジ

型破りなアイデアとのつき合い方

常識破りの斬新なアイデアが浮かんできたかもしれません。あるいはそうしたアイデアを出す人や、奔放な行動をする人が周囲にいて翻弄されることもあったかも。すぐには現実的な成果に結びつかなかったかもしれませんが、少なくとも固まった状況に風穴は開けられたはず。

剣（ソード）のナイト

すばやく動いた結果幸運を手にする

思いがけない事件が起きて、この問題は一時、混乱状態になったことでしょう。その場その場の対応をすることで精一杯だったかもしれませんが、臨機応変な対応ができて想定していた以上に、いい結果になったのでは?　ワイルドな状況の中でこそ引き出される行動もあるはずです。

剣（ソード）のクイーン

1人で問題を解決しようとした

客観的な視点に立ち、冷静に判断を下したあなた。私情をはさまない判断は、周りの人からすると非情とも映ったかもしれません。けれど、それはあなたが悲しみを乗り越え、強くなった証拠なのです。誰にも頼ることなく、あなたは自分だけの力で問題を解決しようとしたのかも。

剣（ソード）のキング

カリスマ性を存分に発揮

強硬な態度により、あなたは主張を押し通したことでしょう。公平で客観的なあなたの言葉は、正論として認められたはずです。そのため、誰もがあなたの言葉を正しいと確信。あなた自身も、自分の決断は絶対だという強い自信を抱くことになり、カリスマ性が高まったのです。

金貨(ペンタクル)のエース

夢のためなら投資もいとわない

自分のためにお金や時間をかけて、計画を実行したことでしょう。事業を立ち上げたり、キャリアのために投資したりしたはず。出だしは上々で、幸先(さいさき)のいいスタートに。潤沢な利益にはすぐにつながらなくても、あなたが蒔(ま)いた種子は今後大きく育っていく可能性に満ちています。

金貨(ペンタクル)の2

順調だからこそ忙しい毎日に

物事が動き始め、リズムに乗り始めました。時間やお金のやりくりが必要になり、綱渡りの毎日になったかもしれません。けれど、もう止まることはできないし、止まる気もなかったはず。リズミカルに循環していく情報やお金、人間関係のサイクルにあなたはどう乗っていくのでしょうか。

金貨(ペンタクル)の3

努力が認められ小さな自信に

力を磨き、真面目に努力してきたことが認められ、喜びに包まれたことでしょう。プロとしての一定の成果が得られました。けれど、これはまだ第一関門を突破したに過ぎないという気持ちも抱いたはずです。その小さくても確かな手応えを次のステップへどう生かしていくのでしょうか?

金貨(ペンタクル)の4

執着心が強まり守りの姿勢に

安定した状況を動かしたくない、と守りの姿勢に入っていませんか? 手元にあるものを1つでも失うのは怖いという思いがあったようです。抱え込んでいるだけでは進展はありません。ものや時間はあなたが管理するべきで、あなたが支配されたのでは本末転倒。自由になる時が来ています。

金貨（ペンタクル）の5

欲しいものが手に入らなかった

大切なものを失い、気力も自信もなくしてしまっていませんか。そのため、物質的にも精神的にも困り果てた状態に陥ったようです。いくら欲しいと望んでも、手に入れることができないという思いが募っていたのではありませんか？　あなたが手に入らないと思ったものは何だったでしょうか。

金貨（ペンタクル）の6

援助をして成長を見守る

誰かに有形無形の援助をしたり、ほかの人から援助を受けたりしたかもしれません。損得を抜きにしても誰かのために手を差し伸べた、あるいは手を差し伸べられることがあったのでしょう。しかしこの世はもちつもたれつ。これからはどのように「フェア」でいられるかがカギになります。

金貨（ペンタクル）の7

いつもなあなあですませていた？

なれ合いになってしまった関係や、いつも変わらない成果に不満を抱いていませんか。けれど、今の場所に止まるべきか、進むべきなのか、その時のあなたには決断ができなかったようです。ある程度の結果は出たけれど、もうひと工夫できたのに、という漠然とした不完全燃焼感があったのかも。

金貨（ペンタクル）の8

やりたいことをするための基礎訓練

「訓練」「修行」の期間だったのかもしれません。本当にやりたいことをするための基礎トレーニングに時間を費やすことが大事だったのです。その努力が後の成功の礎（いしずえ）に。手を抜かず、丁寧に取り組んできたことがあなたの財産になっています。または堅実な人物との出会いから得たものも。

金貨（ペンタクル）の9

1人の時間を自分にプレゼント

経済的にも精神的にも自立を果たし、あなたは誰の手も借りずに生きていくことができるのです。そして、1人の時間を自由気ままに楽しんでいたはず。もっともその安定した状況は永遠に続かないとあなたは知っていたよう。来るべき時のために心の準備をしていました。

金貨（ペンタクル）の10

今のあなたを支えてくれる安定感

物質や金銭を象徴する金貨が「10」という最高段階に。自分のもてるものを近しい人々と分かち合えるほどになっていたのかも。あるいは誰かの庇護（ひご）を受けて安定していたのでしょう。その安心感が自信を育んでいます。また過去に触れたものがあなたのセンスを高めているのです。

金貨（ペンタクル）のペイジ

丁寧な仕事でチャンスをゲット

人から頼まれて、その期待に応えようと一生懸命取り組んだことでしょう。完成度は今一つだったとしても、それはあなたにとって、その時点でベストを尽くした結果。あるいはそばに、未熟だけれど誠意ある人物がいたのかもしれません。その人をとても大切にしていくべきです。

金貨（ペンタクル）のナイト

長い時間をかけ一途に努力

長い時間をかけて、粘り強く努力を続けてきましたね。これだけやればいい、という範疇（はんちゅう）を超えて頑張ったはずです。あなたの能力と忍耐強さは、長期にわたる物事で、特に高く発揮されたはず。あるいは誠実で堅実な人物との出会いが今のあなたに強い影響を与えているようです。

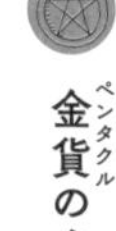

金貨(ペンタクル)のクイーン

今もあなたを支える堅実な常識

実はあなたは知らないうちに誰かを支え、サポートしていたのかもしれません。もしくはとても信頼していた誰かがいたのかも。いずれにしろ過去に経験した、穏やかで安定した時間が、今後長きにわたってあなたの理想や指針になっていくでしょう。迷った時はそれを思い出して。

金貨(ペンタクル)のキング

学ぶべきことの多い人生の先達(せんだつ)

このキングはあなたにとって誰でしょう？　経済力も権力もあるあの人？　あるいはそのような組織？　もしかしたらあなたの中にいるもう1人のあなた自身かもしれません。その人物像をもう一度イメージすると、これから身につけるべきマネジメント力のモデルになるかもしれません。

COLUMN⑤

タロットに絶対的なルールはない

タロットというと、オカルティックな道具であり厳密なルールや儀式、作法にのっとって占わなければならないと思っている人もいるようですが、そんなことはありません。その時の気分や状況に合わせて、自由に楽しんでいいのです。そもそも、タロットはルネサンスの貴族たちが使うゲーム用カードから発展してきたという歴史があります。もともとが楽しむためのカードだったのですから、「こうしなければならない」と堅苦しく考えるのではなく、軽やかな気持ちで取り組んでみましょう。

その楽しみ方も、人それぞれです。たとえば、タロットの神秘的なイメージに引かれる人なら、そのイメージをさらに深めていくことにワクワクするかもしれません。誰にも邪魔されない静かな場所で、テーブルの上にクロスなどを敷き、キャンドルの光のもとでリーディングをする……というようにに雰囲気を重視することで、タロットの世界にスムーズに入ることができ、日常とは違う意識で占いたいテーマと向き合える場合もあるでしょう。逆に、飲み会の席などで仲間たちと談笑しながら気軽に取り組むのも楽しいものです。普段はなかなか言えないお互いの悩みや問題も、タロットというツールを間に置くことで、あれこれと語り合えるかもしれません。

さらに、タロット上級者の中には、自分でオリジナルのスプレッドをつくってリーディングをしている人もいます。その場合は、「どのポジションで何を占うか」というポジションの定義を自分で決めることになるでしょう。つまり、占い方も自由なのです。

こんなに自由なタロットの世界を、たくさんの人に楽しんでほしいと思います。「タロットに興味はあるけれど、難しく考えすぎてカードから遠のいてしまう」というくらいなら、まずは遊び感覚で親しんでみてはいかがでしょうか。

POSITION

6

未来

6
未来のポジションが表すもの

Hint 1

近い未来に何が起こるのか

そう遠くない未来に、何が起こるのか。それを読み解くのが、〈⑥未来〉のポジションです。とはいえ、これはどうあがいても逃れられない宿命を表しているわけではありません。現状のまま突き進んでいった場合、どんなことが起こる可能性があるのかを示しているのです。ここで望まない意味のカードが出たとしても悲観せず、まずは「このままだと危険なんだな」と冷静に受け止めましょう。

Hint 2

望む未来をつかむためのヒントも

明るい未来を示すようなカードが出た場合には、その未来をより盤石（ばんじゃく）にするためにはどうしたらいいのか、そのヒントを他のカードから読み解くこともできます。未来はまだ不確定で、ささいなことで変わってしまうもの。いいカードが出たからといってそこで満足してはもったいない。現状のままでいいのか、何かを変えるべきなのかを深く読みたい時にも、ポイントになるポジションです。

Hint 3

未来の読み解きのコツ

このポジションの解釈に困ったら、〈⑤過去〉に出たカードにも注目してみてください。過去を積み重ねた先に未来があるのですから、リンクさせて物語のように解釈してみましょう。また、〈③目標〉のカードと見比べてみるのもあり。この2つのポジションに出たカードの意味があまりにかけ離れている場合には、〈④原因〉や〈⑦本音〉にあるカードがヒントに。

―⑥―

未来

に出たのが…

それほど遠くない未来
あなたにどんなことが
起こるのでしょうか
いいことでも、悪いことでも
出たカードに一喜一憂するのではなく
心構えをきちんとしておきたいもの
そのためにも、カードと向き合い
そのなかに隠された意味を
より深く読み取っていきましょう

MAJOR ARCANA

0 愚者

THE FOOL.

心のままに行動し 予想外の展開に

周囲のアドバイスや忠告を聞き入れず、心のおもむくままに行動したところ、物事が予想外の方向に進みそうです。ただし、どんなことが起こるかは予想がつきません。はっきりしているのは無限の可能性が広がっていること。常識や固定観念にとらわれず、自由な心を大切にすることがカギ。

1 魔術師

I
THE MAGICIAN.

新しい道を見つけ 思い切ってスタート

独自の考えに基づいて、物事をスタートさせることでしょう。これまでしっかり準備をしてきたことが、生かされる時を迎えるのです。身につけた知識や技術によって、どんな状況にも適応できるはず。未熟だった自分に別れを告げて、新しい道を進んでいくための出発点に立つのです。

2 女教皇

事実を受け入れ一皮むけることに

鋭い分析で、これがこの問題の答えだったのだ、とわかるはずです。明らかになった事実が理想と違っていた場合、受け入れがたいかもしれません。けれど、重要なのは目には見えない本当の価値を重視すること。目先の利益や損得で物事をとらえていたのでは、求めていることには手が届かないでしょう。

3 女帝

心地よい環境で至福の時を

あなたにとって、もっとも心地よさを感じる環境になっていきます。不安も恐れもなく、ただ恵みを受け取るだけでよいのです。また、周囲に惜しみなく愛情を注ぐことによって、あなた自身の心が豊かになるはず。愛する人もやさしくあたたかい思いを向けてくれ、歓喜に包まれるでしょう。

4 皇帝

野心を叶(かな)えて自信を深める

あなたはどうしてもその願いを叶えようとするでしょう。そのため、あなたの考えに反対する者を排除することもありそうです。そうして力を自分に集中させた結果、見事やり遂げ、念願だったものを手に入れるはずです。この先の未来には自信にあふれたあなたの姿が見えます。

5 教皇

アドバイスで現状を打開

悩んでいたあなたに、救いの手が差し伸べられるでしょう。頼りになる人物が現れ、有益なアドバイスをくれるはずです。あなたが謙虚にその言葉を受け入れて従った結果、ようやく状況が落ち着いていきます。その後、あなたはその人物を心から頼りにするようになりそうです。

6 恋人

THE LOVERS.

正しい答えを選択できる

あなたの前に、2つの選択肢が用意されるでしょう。どちらにすべきか悩みますが、直感と好みで選んだ答えが正解となるのです。葛藤を乗り越えたあなたは好きなように動き出せるはず。すると、自然と迷いはなくなり、自分の信じる道をどんどん突き進んでいけるようになるのです。

7 戦車

勝利を確信しアクティブに

自分に勝ち目があると確信し、あなたはすぐさまアクションを起こします。そのため、かなり短い期間で、成功を収めるはず。たとえ反対する者がいても、粘り強く説き伏せ、賛同させるでしょう。納得のいく結果を手にしたあなたは、しばらくの間、勝利の余韻（よいん）に浸れるはずです。

8 力

STRENGTH.

固い信念のもと望む結果を出す

固い決意のもと、あなたは努力するでしょう。苦労は伴いますが、それでも我慢を続けた結果、あなたは望みのものを手に入れるのです。あなたに妥協はありません。こうしたい、こうなりたいという欲求に従い、たゆまぬ努力を続ける姿が見えます。その結果は、当然受け取るべきものです。

9 隠者

THE HERMIT.

しばらくは休みその間に考えて

しばらくは、動きのない時期が続くでしょう。けれど、その休止期間こそ、じっくり問題と向き合うチャンスなのです。これまでの経過を、この機会に振り返ってみましょう。そして、本当は何を求めているのかを自分の心に問いかければ、おのずと何が正解なのかわかってくるはずです。

10 運命の輪

思いがけない チャンスをつかむ

転機が訪れ、あっという間に状況が変わるでしょう。変化のスピードは速く、あなたはついていくのがやっとかもしれません。それでもなんとか変化に対応し、チャンスをつかむはずです。一か八かの賭けになる可能性もありますが、あなたはその現実と向き合うことになるでしょう。

11 正義

不利な状況を脱し 相手を正しく評価

あなたを不利な状況に追い込んでいた人やものに対して、その理不尽さを突きつけるはず。そして、相手の間違いを認めさせるでしょう。こうしてあなたは、正しいポジションに立つことができるのです。また、感情に振り回されない冷静かつ客観的な視点で相手を評価できるように。

12 吊られた男

停滞期に突入 希望を失わないで

せっかく進展していたことがストップし、しばらくの間は動きがないでしょう。行き詰まりを感じたあなたは、なんとかしようともがきますが、どうにもなりません。それでも希望を失わずに、再び動き出す時を待つしかなさそうです。今は精神を整え、自分を再調整する期間だと考えましょう。

13 死神

過去と決別 復活の第一歩が

あなたにとって価値がないもの、無駄なものとの縁が切れ、状況が一変するでしょう。あなたに不運をもたらした人との関係も終わりを告げ、次の縁が結ばれるはずです。過去への別れと同じくして、新しいあなたへと生まれ変わります。それは、復活への第一歩となるのです。

14 節制

TEMPERANCE.

穏やかで平和な時間が訪れる

ゆっくりとですが、相反する人とも和解でき、物事があるべきところに収まるでしょう。そして、穏やかで平和な時間が訪れるはずです。あなたの心の中にくすぶっていたネガティブな感情も、少しずつ浄化されていくでしょう。穏やかでホッとする日々が、ようやく訪れようとしています。

15 悪魔

THE DEVIL.

執着心が強まり悪い心が芽生える

心の中の「シャドウ」と向き合うべき時がくるようです。うまくいかないと感じることがありそうですが、その根本的な原因はあなた自身の執着や弱さかもしれません。自分自身を縛っている目には見えない鎖を外すことを考えてみましょう。誘惑には負けないように強い意思をもって。

16 塔

THE TOWER.

すべてが崩れ去り後戻りできない

あなたをガッカリさせるような出来事が起き、希望を見失ってしまいそうです。何もかもが信じられなくなり、呆然とするでしょう。そんなあなたのスキを狙って、とって代わろうとする人物が現れるかもしれません。そして、まったく新しい予想外の道が開け、後戻りできなくなりそうです。

17 星

THE STAR.

なりたい自分を信じて進む

あなたの頭上には、希望の星が輝き、導いてくれるでしょう。夢を叶(かな)えるためのアイデアが次から次へと浮かび、希望がふくらむでしょう。自分はこうなりたいという意欲を燃やして、あなたは信じる道を進み始めます。過去を忘れ、新鮮な気持ちで問題に向き合えるはずです。

18 月

不安な気持ちを振り払うことが大切

不透明で先が見通せない状況です。得体のしれない不安が、あなたの心に暗い霧（きり）のように立ち込めているでしょう。悲観的な想像にとらわれてしまうかもしれません。しかし、客観的な視点を忘れなければ、心配事のほとんどは起こらないもの。一方、アートやスピリチュアルなことには吉。

19 太陽

大きな成功が満足をもたらす

目に見える成果が現れ、やがて成功を収めるでしょう。自分でも納得できる成功に、あなたは喜びを隠せません。そんなあなたのことを、周囲の人たちは祝福するでしょう。あなたの成功は、誰が見ても正当なこと。自信をもって。満ち足りた日々の始まりです。「子ども」にも縁が？

20 審判

やり直すチャンス古い自分と決別を

大きな決断の場面を迎えるでしょう。過去に失敗したこと、後悔していることをやり直すチャンスが訪れるのです。ただし、そのためには古い自分を捨てなければなりません。過去にとらわれず、新しい自分へと脱皮する覚悟を決めましょう。もう、後ろを振り返ってはいけないのです。

21 世界

願いが成就（じょうじゅ）し理想が手に入る

これまで続けてきたことが、ようやくゴールに到達するでしょう。これまでの努力が最高の形で実り、あなたは大満足するはずです。不安も不満もない日々が、ここから始まるでしょう。その一方で、これまで情熱を向けていたものが完成してしまい、やや退屈するかもしれません。

棒（ワンド）のエース

激しい衝動に突き動かされる

「これをやりたい」「あれをしてみたい」という意欲が満ちあふれてくるでしょう。というのも、自分なら絶対に成し遂げられる能力があると思うからです。力強く、激しいエネルギーが体の奥からわき上がり、あなたを燃え立たせるでしょう。そのパワーは、周囲を圧倒するほど強大なものです。

棒（ワンド）の2

幸運を待たず動いてみることに

待っていても仕方がないので、とりあえず動いてみようとすることでしょう。初めは恐る恐るで、時間がかかるかもしれません。葛藤に満ちた気分になることも。また大事な知らせが舞い込んでくる可能性もあります。そのニュースは状況を大きく変えていくことになりそうです。

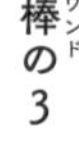

棒（ワンド）の3

いいことが続くが油断は禁物

小さな幸せが、あなたのもとにいくつも転がり込んできます。時には、周囲からの助けも得られるでしょう。そのためあなたは、より大きなものを求めるように。少し欲張りになり、ある程度の成功では満足できなくなりそうです。ただし、うまくいっている時ほど油断しないように。

棒（ワンド）の4

序章が終わりしばし休める時

これまでの努力が実って、休息の時間が訪れるでしょう。ただし、それは最初の段階が終わったにすぎず、完全に問題から解放されたというわけではありません。次にやるべきことが、すぐ後に控えています。それでも今は休むのだとばかりに、仲間とともに楽しい時間を過ごすでしょう。

棒（ワンド）の5

嵐の予感。争いに巻き込まれないで

あなたを取り巻く状況で何らかの争いが生じそう。意見の対立や利害の不一致から面倒事が生まれるかも。あなた自身の心模様もちょっと荒れてきそうです。その嵐に巻き込まれず、何が起こっているのかを冷静に見つめる視点を失わないようにして。混乱はしばらく静観を。

棒（ワンド）の6

一歩あなたがリードできそう

この問題に関してあなたが一歩リードし、余裕を取り戻すことができそうです。周囲に混乱や足踏みが生じるためか、あなたが頭1つ抜け出せそう。焦らず状況を見れば、悪くないということがわかるはず。自分のしてきたことを適正に評価し、それを周囲にも理解してもらうことが大切です。

棒（ワンド）の7

成功を果たし状態を維持する

あなたは成功し、欲しかったものを手に入れることができるでしょう。けれど、それを手放さないためには努力が必要だということを、間もなく知るはずです。慢心せずにモチベーションを維持し続けるのは、かなり大変なこと。それができるという自信と、底力が必要になりそうです。

棒（ワンド）の8

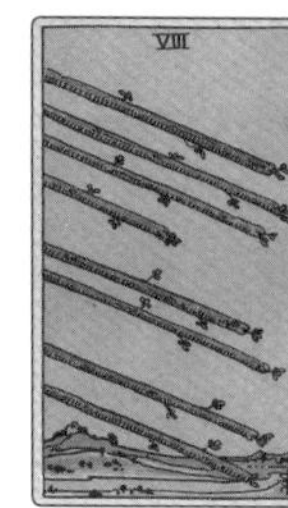

状況が急変し問題も突然解決

急速に事態が進展し、やらなければならないことがたくさん出てきます。取り巻く状況が、激しく移り変わるでしょう。しかし、そのおかげで時間がかかると思っていた問題も、スピーディーに解決します。しばらくは落ち着きませんが、その間にあなたはいくつもの決断を下すでしょう。

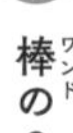

棒（ワンド）の9

準備を整えて やり遂げる

あなたは腹をくくり、目の前の問題と真剣に向き合います。その問題は最終段階へと進み、あとは結末を見届けるだけの状態になります。あなたが出す答えは、すでに決まっているでしょう。準備はできているので、迷う必要がないのです。そしてあなたは、きっとそれをやり遂げるでしょう。

棒（ワンド）の10

重すぎる荷を 負わないで

つらい状況がこの先も続きます。もしかしたら実力以上のことを抱え込んでいるのではありませんか？　または問題を無理に解決しようとしていたり？　でも物理的に不可能なことはあるものです。あなたの抱えたその重荷をどう扱うかがこの先のテーマになりそうです。

棒（ワンド）のペイジ

新鮮な気分で 日々を過ごす

気になる相手と出会ったり、うれしい知らせを受けたり、新鮮な気分で毎日を送ることができるでしょう。未来への期待が高まり、夢がふくらみます。自分自身の新たな才能を発見する場面もあるはずです。体中から、エネルギーがあふれてくるような日々をエンジョイできそうです。

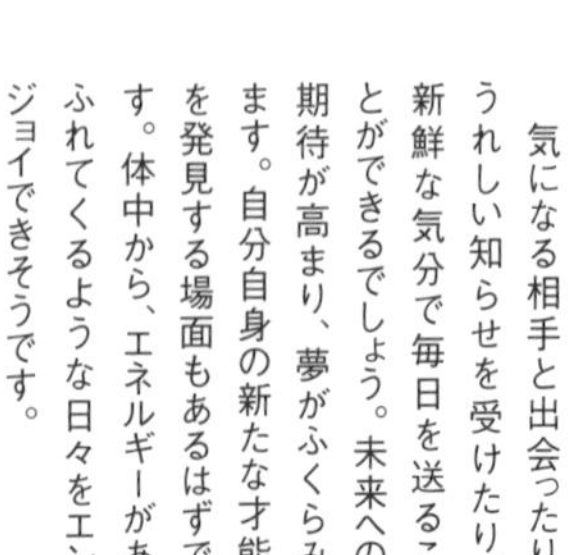

棒（ワンド）のナイト

思うまま行動し 状況を変化させる

あなたは、パワフルに動き出すはずです。というのも、体中にエネルギーがみなぎり、ジッとしていられなくなるから。誰にも遠慮せず、思うままに行動した結果、目の前の問題にもいい変化が訪れるでしょう。あるいは、若い男性が現れて、事態を動かしてくれるかもしれません。

棒（ワンド）のクイーン

しなやかにリードしていく

がむしゃらに押すのではなく、時には状況に合わせてしなやかに対応し、周りの面倒を見ながら仲間をまとめていくでしょう。あなたには、それを可能にするだけのパワーや魅力が備わっているのです。そして、その内なる力をうまく行使できた時、あなたはかけがえのない仲間を得るのです。

棒（ワンド）のキング

勝ち気で臨めば目標を達成

これから未来に向かって高い目標を掲げ、自信たっぷりに進んでいくでしょう。あなたにはそれだけの実力が備わっているのです。さらに運を味方につけるには、勝ち気で臨むこと。そんな頼もしいあなたを、周囲の人たちは喜んで支援してくれて、どんなことも達成できるでしょう。

杯(カップ)のエース

大切な存在が あなたのパワーに

新たな人間関係が構築されます。そのなかには、あなたを献身的にサポートしてくれる人もいるでしょう。その支えのおかげで、迷うことなく夢に向かって突き進んでいけるのです。また、その人の存在自体があなたの心の支えとなり、一緒にいるだけでパワーをもらえるかもしれません。

杯(カップ)の2

同じように愛情を 注ぎ合う関係に

誰かとすばらしい関係が築かれます。お互いに思いやり、常に相手を気づかうことでしょう。やがてあなたも相手も同じように愛情を注ぎ、対等な立場に。相思相愛の2人は、真のパートナーとなるでしょう。人間関係に限らず、あなたの大切なものや対象とのつながりが深まる暗示です。

杯(カップ)の3

望む未来へと 進み出す

周囲と衝突せずに話をまとめられたり、問題の解決に向けて方向性が定まったりするでしょう。すべてがいい結果につながりそうで、あなたは安堵(あんど)するはずです。万事、調和がとれていくなかで、歓喜に包まれるでしょう。心機一転、環境を変えて再スタートすることもありそうです。

杯(カップ)の4

モチベーションの 低下が心配

次第にモチベーションが低下し、何もする気が起きなくなります。やらなければならないことがあっても、ダラダラこなすだけ。大切な人との関係も、惰性(だせい)で続けるように。何を見ても興味がわかず、魅力も感じないでしょう。毎日が退屈でゆううつなものに思えてしまいそうです。

杯（カップ）の5

失ったものへの悲しみが続く

あなたの期待は、残念ながら外れてしまうようです。終わりを感じ、悲しみに包まれるでしょう。失ってしまったものへの後悔は、しばらく続きそうです。傷ついたあなたは、ネガティブなことばかり考えるように。ただ、実際にはすべてを失くしたわけではないはず。悲観しすぎないように。

杯（カップ）の6

夢の世界から逃れられなくなる

到底、叶（かな）わないような夢を追いかけ、現実を受け入れなくなりそうです。また、思い出に浸り、前を向けなくなるかもしれません。一度、夢や過去にとらわれると、幻想の世界からなかなか逃れられなくなるでしょう。そこから抜け出すためには、何らかの方法で目を覚ます必要があります。

杯（カップ）の7

妄想の世界で迷路にはまりそう

あなたの思考は現実から遊離してしまいそうです。あなたが見ていると思っているものは客観的な事実ではなく、勝手にイメージしているだけのものかもしれません。正しい判断をするには、一度冷静になってみることが大事です。風呂敷を広げすぎないように目標を絞ることがカギ。

杯（カップ）の8

しがらみから解放される

今いる環境を離れる時がやってきます。古い人間関係から解放され、要らないものは捨てることになるでしょう。執着していたものから解き放たれたあなたは、今が旅立ちのタイミングなのだと覚悟を決めて、次のステージへと上がるはずです。自分の進むべき新たな道を探すでしょう。

杯(カップ)の9

望みが叶(かな)うことを示すカード

『杯の9』は「ウィッシュ・カード」という別名でも知られ、願いが叶うことを示します。トントン拍子に物事がうまく進み、愛情もお金も成功も、欲しかったものは望みのままに手に入るはず。一方、その幸福をいかに保ち、次の段階へとアップデートできるかが大切になるでしょう。

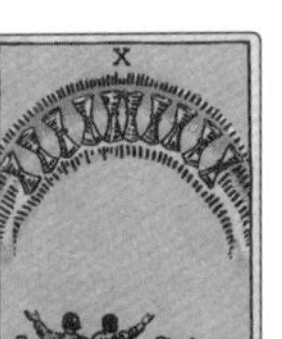

杯(カップ)の10

心も体も満ち足りた状態に

愛情面でも物質面でも満たされた、幸せな日々が訪れます。人間関係は円満になり、家族や気の合う仲間との絆も強まるでしょう。生活に余裕が生まれたことにより、より周囲に対してやさしくできるように。すべてが満ち足りた状態。感謝とともにその幸せを受け止めて。

杯(カップ)のペイジ

初々しい気持ちで物事と向き合う

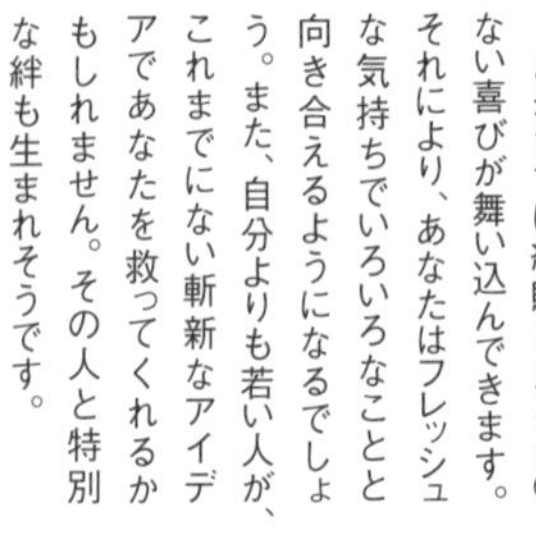

これまでに経験したことのない喜びが舞い込んできます。それにより、あなたはフレッシュな気持ちでいろいろなことと向き合えるようになるでしょう。また、自分よりも若い人が、これまでにない斬新なアイデアであなたを救ってくれるかもしれません。その人と特別な絆も生まれそうです。

杯(カップ)のナイト

ヒーローが現れピンチを脱する

理想的な人物がさっそうと現れ、あなたを見事に窮地から救ってくれるでしょう。その人は、あなたが今まで経験したことのない、さまざまな世界へと誘ってくれるはずです。また、最初は「自分でなんとかしよう」と思っていたとしても、その人の頼もしさについ甘えてしまうことも。

杯（カップ）のクイーン

豊かな包容力で周囲を包み込む

話を聞いてもらいたい、心のケアをしてほしいという人たちがあなたのもとに集まります。そして、その人たちの不安や悩みを受け止め癒（い）やすことで、自分の存在意義を見いだすことになるでしょう。もしくは、あなたを包み込んでくれる人が現れて、心の傷を癒やしてくれる可能性もあります。

杯（カップ）のキング

精神的指導者と深く関わる

あなたの心に深い影響を与える人物が現れるようです。その人は、あたたかさと厳しさを兼ね備えた、先生のようなタイプです。相手の悩みを解決し、導くことを使命だと思っているでしょう。その人とのかかわりが深まるにしたがって、あなたは強い共感を覚えるようになりそうです。

剣（ソード）のエース

痛みを伴う正義の戦い

大きな力を使うことにより、迷いが断ち切られ、混乱した状態から抜け出せるでしょう。場合によっては、法律を使って解決させるかもしれません。相応の痛みを伴いますが、あなたが当然の権利を手に入れるためには、避けられない戦いです。正義と知性の刃を、あなたは振るうでしょう。

剣（ソード）の2

すべてにおいて完璧なものなどない

「板挟み」の状況に陥りそうです。こちらを立てればあちらが立たず、帯に短したすきに長し、という状態に。今は冷静になって、矛盾した状況をどのように乗り越えるかを考えること。すべてを手に入れようとするのは難しいでしょう。どんなことであれ「完璧」なものはないのですから。

剣（ソード）の3

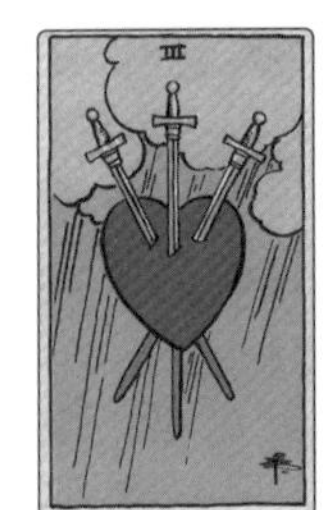

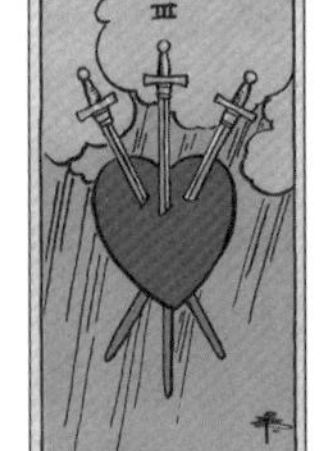

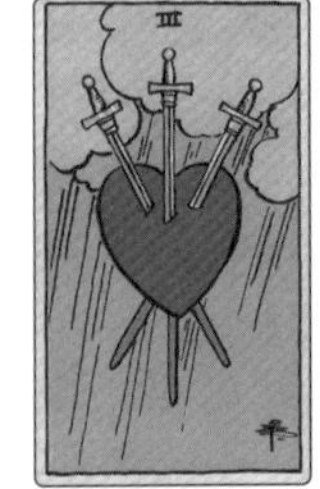

心に剣が刺さったような悲しみ

失恋や別離といった出来事が待っています。あなたは、深い悲しみに包まれ、罪悪感や孤独を覚えるかもしれません。けれど、正面から向き合わなければならないのです。逃れることはできないですが、心についた傷はいずれあなたの個性となり、かけがえのない一部になるでしょう。

剣（ソード）の4

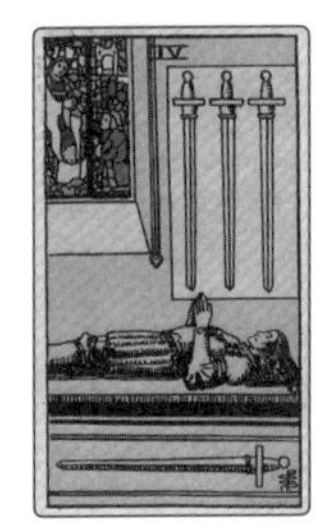

嵐が来る前の一時的な静けさ

静かで、穏やかな時間が訪れます。何も考えずにゆっくり休むことができ、疲れていた心も体も回復するでしょう。ただし、この静けさは大きな嵐が訪れる前の一時的なものです。問題はいまだに解決しておらず、いずれ対峙（たいじ）しなければならないでしょう。パワーを蓄える時期なのです。

剣(ソード)の5

能力を超えた不相応なプライド

自分の能力を過信し、不相応なプライドをもつようになるでしょう。何かがとっくに限界を超えているのに気づかず、勝利を早合点してしまいそうです。他人を利用すると、敵意をもたれるので要注意。自分の力が届く範囲をきちんと見極めておくことがカギになりそうです。

剣(ソード)の6

逃げ出すことで解放される

何かが動き始めています。あなたが乗っているのは小さな舟ですが、行きづまった状況からは確実に離れることができそう。逃げる決断もありです。すべてを持ち出せなくても、少なくとも守るべきものを守ることはできそう。本当に大切なものを見極め、変化を恐れないで。

剣(ソード)の7

社会というゲームを遊ぶ

今後あなたは水面下で策略を練ることになるかもしれません。その「ズルさ」も知恵であり、悪いことではありません。一方で周囲の誰かも奸智(かんち)を行使しようとしているかも。情報を精査し、周囲には目を光らせて注意を怠らないこと。「社会」というゲームを上手に遊ぶ意識で。

剣(ソード)の8

思い込みによって孤立していく

あなたの中に、ある思い込みが生まれます。自分は悪くないのに、誰も助けてくれないといった考えに支配され、冷静な判断ができなくなるようです。被害者意識が強まっていませんか？　あるいは他の妄想に取り憑(つ)かれたり。自身の悲観的な思い込みに縛られていないか、冷静に見極めて。

剣（ソード）の9

失敗への不安と罪悪感に苦しむ

絶対に失敗したくない、けれどその自信がないという気持ちが芽生える出来事が。そのため、不安や恐怖を感じるように。また、なんらかの罪悪感に苛（さいな）まれることもあるかもしれません。ネガティブな気持ちは消そうとせず、ただ受け入れることが乗り越える近道になるでしょう。

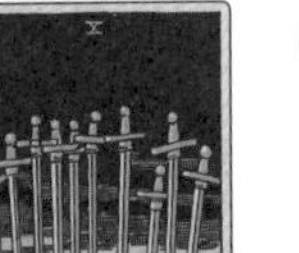

剣（ソード）の10

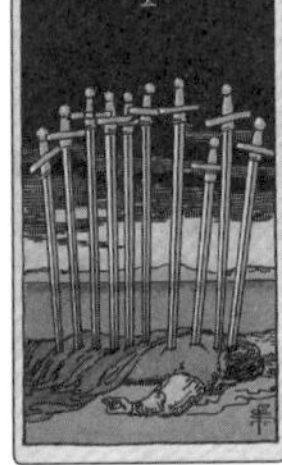
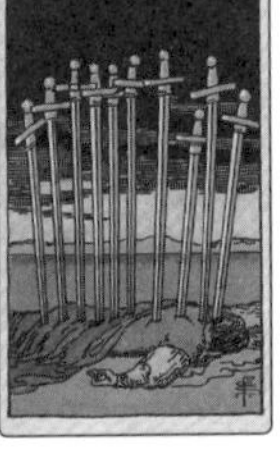

敗北を受け止め生まれ変わる

完全に負けたこと、すべてが終わってしまったことを認めざるを得なくなりそうです。しかし敗北を受け止めたあなたは、精神的に成長するでしょう。どん底からはい上がり、あとは浮上していくだけ。あなたはそう覚悟を決めるでしょう。そして、新しい自分へと生まれ変わるのです。

剣（ソード）のペイジ

斬新なアイデアで現状を突破したい

なんとか目標を達成しようと、あなたはいろいろなアイデアを提案していきます。しかし、そのアイデアは常識の枠に収まらないかも。あまり建設的ではありません。そんな案は通用しない、と保守的な人から皮肉を言われることも。けれど、現場に新しい風が吹くことは間違いないでしょう。

剣（ソード）のナイト

混乱に乗じて勝利を手に

予想外の事件が混乱を引き起こし、あなたはあちこち走り回るでしょう。その際、意外な情報も入ってくるはずです。それを利用し先を読んで行動することで、念願のものを手にできるでしょう。何も準備できないまま、その場で決断しなければならない場面も、何度か迎えそうです。

剣（ソード）のクイーン

強くなり悲しみを乗り越える

誰にも頼ることなく、自分だけの力で問題解決を図るでしょう。感情に振り回されず、私情も挟まない冷静な判断は、周囲からすると非情に見えるかもしれません。けれど、あなたの下す判断はすべて、正解といえます。精神的に強くなったあなたは、悲しみを乗り越えることに。

剣（ソード）のキング

誰もがあなたの言葉に従う

公正さと客観性に裏打ちされたあなたの言葉は絶対的な力をもち始め、誰もが正しいと確信するようになります。そのためあなたは、時には強硬な態度で要求を押し通すかもしれません。周囲の人たちはそんなあなたにだんだん従い始め、素直に耳を傾けるようになっていくでしょう。

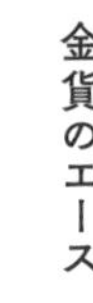

金貨（ペンタクル）のエース

物質的な面での成長への期待

今あなたが占ったテーマは、物質的な面での発展が大いに期待できます。精神的な満足だけではなく、目に見える形での成果が出てくるでしょう。最初は小さなものかもしれませんが、将来的には大きな実りにつながっていきます。地に足のついた努力を続けていきましょう。

金貨（ペンタクル）の2

忙しく慌ただしい日々を過ごす

計画が軌道に乗り、忙しくなります。そして新しいチャンスも訪れるでしょう。状況は流動的で、目まぐるしく変わるはずです。そんな多忙な中、限られた時間やお金のやりくりが必要になるでしょう。けれど、もうあなたは走り出してしまったので、今さら計画を止めることはできないのです。

金貨（ペンタクル）の3

実力が認められ成果を手にする

第一段階ではありますが、何らかの収穫の時期を迎えるでしょう。あなたの努力と技術が周囲に認められて、高い評価を手にすることができるはずです。最初の段階をクリアしたあなたは、次のステップに向けて進み始めるでしょう。小さいながらたしかな手応えにつながります。

金貨（ペンタクル）の4

所有物が増えすべてをキープ

どんどん執着心が強まり、何も手放したくないと思うでしょう。現状を変えるのも怖くなり、積極的に問題とかかわるのを避けるように。そうやってジッとしている間に、エネルギーがため込まれ、所有物が増えて身動きが取れなくなります。時には捨てて、空きスペースをつくることも必要。

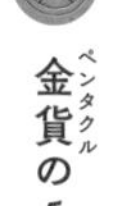

金貨（ペンタクル）の5

喪失の悲しみが心を支配する

必要なもの、欲しいものが手に入らないようです。さらに、所有しているものさえすべて手放さなければならないかもしれません。失ったものへの深い悲しみが、あなたの心に刺さるかも。ただ、その喪失感はこれからのあなたの糧となり、深みのある人格をつくることになるでしょう。

金貨（ペンタクル）の6

公平な考えのもと他人に投資をする

あなたは、とある人を支援しようと決意するでしょう。なぜなら、その人には投資するだけの才能や魅力があると思うから。そのため、いくら援助をしても構わない、いつか必ず報われるだろう、と確信しているのです。いずれ、お互いの存在が精神的な支えになっていくでしょう。

金貨（ペンタクル）の7

なれ合いの関係が継続していく

スランプを迎えそうです。努力をしているのに何も変化が起きない、進歩がない状況に不満を抱くでしょう。現状にとどまるか、進むかの決断を迫られるはずです。急いで決断を下す必要はありません。今あなたが手にしていることと、これからのことをじっくり検討してみましょう。

金貨（ペンタクル）の8

地道な努力が実り独自の才能発揮

新しいことが始まるでしょう。そこでは、地道な努力で磨いてきた、あなた独自の才能が発揮されるはずです。そしてあなたは成果を上げ、周りの人から高い評価を受けるでしょう。その結果、手がけたことにやりがいを感じ、ますます意欲を燃やすことに。長年のアプローチが実ることも。

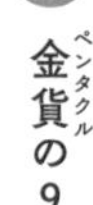

金貨（ペンタクル）の9

独り立ちをして自由に生活をするように

誰にも頼らず、1人で何でもできるようになりそうです。自立したあなたは、居心地のよい場所と、穏やかで余裕のある暮らしを手に入れるでしょう。気持ちにもゆとりが生まれるので、周囲にも優しくなれそうです。そんなあなたは周りから羨望の的になりそうです。

金貨（ペンタクル）の10

財産を受け取り一員となる

縁のある人たちと財産を分け合うでしょう。その財産とは、これまでの人生を総括するようなもの。受け取った以上、あなたもまた一員として、責任を果たさなければなりません。有形無形のものを受け継ぎ、それを次の世代へとつなげてゆく充実感を味わうことになりそうです。

金貨（ペンタクル）のペイジ

大事なことを頼まれそう

あなたは着実に歩みを進めています。最初は自分のことを不器用だと感じてしまい、取りこぼしていることが多いと思ったとしても、ちゃんと成長しているでしょう。特に現実的な対応がきちんとできるようになっているはずです。責任ある行動を心がければ必ず、成功へとつながっていくでしょう。

金貨（ペンタクル）のナイト

時間のかかる計画がスタート

長期にわたる努力を、始めることになるでしょう。あなたの忍耐強さが必要とされるはずです。さらに、周囲の期待にしっかり応えられる、高い実務能力も求められるようになるでしょう。時間はかかっても、一歩一歩着実に進んでいくことで、大事な人との関係も深まりそうです。

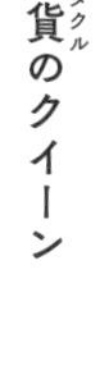

金貨（ペンタクル）のクイーン

人に提供するほど豊かな蓄えが

物心ともに余裕が生まれてくるかもしれません。あなただけではなく、他人のことをサポートできるほどの余裕も出てくる暗示です。贅沢ではなくても手づくりの食事やもの、あるいは人脈なども人と分かち合えそう。あなたが人からそうしたかたちの優しさを受け取る可能性も。

金貨（ペンタクル）のキング

権力によって解決に向かう

現実的な力をもった人物によって、問題は解決に向かうでしょう。特に、経済観念の発達した人が、あなたを助けてくれるはずです。その人物とは、もしかするとあなた自身かもしれません。ここまでに力をつけてきたあなたは、問題を上手にコントロールしながら、状況を解決へと導くのです。

COLUMN❻

どのようにタロットに訊ねるべきか

「占い」は英語では「Divination」と言います。この言葉は「Divine」つまり「神的な」という言葉とつながっていて、元来は自分が抱えている問題に対して神意を伺うということだったのです。当たる当たらないだけの吉凶判断（これは英語では「Fortune Telling」）に留まらず、自分が本当になすべきことを天に問いかけるというのが本来の姿なのですね。

それを考えると、いかに問いかけるか、ということが占いでは大変重要になってきます。

単に受け身に結果のみを求めるのではなく、「私はこのように望んでいますが、それはどのようにすべきでしょうか。そのためには何が必要でしょうか」というふうに問いかけるのが望ましい姿だと言えそうです。

本書で詳しくご紹介している「ケルト十字法」は、10枚のカードを展開してさまざまな角度からあなたの問題に光を当てていきます。そこでまずあなたに必要なことは、できる限りあなた自身で問題の所在を明確にしておくこと。

とはいえ、自力で問いを完成し、そしてそれに答えることができるのであれば、「占い」など必要ないでしょう。あなたが解決できないこと、あるいはいまだ見えていないことがきっとその中にはあるのです。

質問の中に曖昧なことがあっても、大丈夫。そこはカードを信頼して、問いかけましょう。きっとカード自身が大切な、これまで盲点になっていたようなことを教えてくれるはずですから。

一方でタブーなのは、同じ問題を何度も繰り返して占ったり、「試しにやってみよう」と遊び半分に向き合うこと。思っている以上にカード占いの結果があなたや相談者の心に影響を与えてしまい、かえって迷いや悩みを深める恐れもありますから。

POSITION

7

本音

7
本音のポジションが表すもの

10 結果

3 目標

9 将来の気持ち

6 未来

2 試練

5 過去

1 現状

8 周囲

4 原因

7 本音

Hint 1

あなた自身も気づいていない本音

このポジションには、あなたもしくは相談者自身も気づいていない本音や本心が示されています。無意識に望んでいることであったり、意図的に隠そうとしていたりするものである場合も。また、一見すると占う内容とは直接関係ないようなカードが出ることがあります。これは、今はその意味がわからなくても「一度考えておくべき要因」として、注目して読み解いてみましょう。

Hint 2

無意識や隠された気持ちの動き

無意識的なものを表すポジションです。占ったテーマに対するモチベーションや望み、気がかりなどもここから判断することができます。たとえば、表向きは問題解決に前向きになっているけれど、実は現状を変えることを望んでいないケースもあるでしょう。占う内容に対して、潜在的にこんな思いを持っているので、〈②試練〉が生じる……といった流れで答えを出すことも可能です。

Hint 3

本音の読み解きのコツ

〈①現状〉から順にここまでカードを読み解いたら、一度最初に立ち戻ってみるとより明確な本心を導きだせるでしょう。特にかかわりが深いのは〈⑨将来の気持ち〉のカードです。本音が将来につながっていくこともありますし、将来の姿があなたの無意識の心の動きの影響を受けている場合もあるのです。気持ちの流れに注意し、カードを見比べてみてください。

⑦

本音

――に出たのが…

「こうなりたい」という願いが
あなたのなかにはあるはずです
しかし、その願いすら
周りからの意見や
環境の影響を受け
知らず知らずのうちに
本当の気持ちと
かけ離れていったかもしれません
今こそ、あなたのなかにある
本当の気持ちを
解き明かすべき時なのです

MAJOR ARCANA

0 愚者

常識にとらわれず前進していきたい

今のあなたは常識を重んじ、逸脱したことはしない、そんな人物かもしれません。あえて危険に飛び込む、馬鹿なまねもしないはずです。しかし、それは「本当のあなた」なのでしょうか。『愚者』のカードは、後先を考えずに進みたいと願い、解放を望むあなたの心の代弁者のようです。

1 魔術師

才能や知識に加え心の準備も万全

あなたには、わかっているはずです。自分の中に、すでに問題を解決できるだけのテクニックや知識が備わっていることを。それに加えて、才能や斬新な視点をもち合わせている自覚もあるはず。自分がスタートラインに立っているのだということにも、すでに気づいているようです。

2 女教皇

理屈に縛られず直感を信じたい

理屈や誰かのアドバイスではなく、あなたの中にあるものを大切にしたい。そう考えているのではありませんか?あなたの無意識は、自分自身の優れた直感を信じています。それは、言葉ではうまく表現できない感覚かもしれませんが、淡いビジョンとして自分の中に確実にあるものです。

3 女帝

本当に欲しいのは心を満たす何か

あなたの本音は今、生きている幸福感を得たいということのようです。たとえばそれは、人を愛したい、自然に触れたい、クリエイティブな環境に身を置きたい、金銭的な満足を得たい、といったさまざまな欲求です。心を豊かにする何かの獲得を、一番に考えているのでしょう。

4 皇帝

胸にわき上がる責任感と覚悟

私情に流されない、揺るぎない決断をしたい。いや、するべきである。『皇帝』は、そう考えるあなたの心を鼓舞しているようです。そんなことは無理だとか、厳しすぎるといった声に惑わされない、強いハートがあなたの中にはもうあるはず。すでに責任を負う覚悟はできています。

5 教皇

胸の内にあるのは確固たる価値観

あなたはすでに、これしかないという答えをもっているようです。たとえばそれは、この状況さえ乗り越えればとか、これさえなくなれば……といったこと。そのため、手軽に周囲の声を聞くのに抵抗があるでしょう。確固たる価値観は、容易にシフトできるものではないようです。

6 恋人

好きか嫌いか答えはシンプル

人の気持ちを察する、利害関係を見極める、などという言葉は今のあなたにとって単なる建前なのかもしれません。「好き」なことを突き詰めたいという気持ちや、好き嫌いで物事を判断したい、好きなものは好きと心のままに言いたい、といったことが、本音のようです。

7 戦車

障害に負けない実行力を抱く

すぐにでも実行に移したい、前を見据えて強くそう思っているようです。今のあなたはやる気に満ちあふれており、早急にそれをスタートさせる力をもち合わせています。たとえ障害やライバルの存在があったとしても、あなたにとって、それは大きな問題ではないと考えているのでしょう。

8 力

何事にも屈さぬ心思う以上の強さ

一見、あなたは悩みごとに押しつぶされているようです。あなた自身も、そう思い込んでいるのかもしれません。しかし『力』のカードは、本当のあなたはそうではないと教えてくれています。心の奥にある我慢強さや揺るぎない精神力は、決して何事にも屈してはいないようです。

9 隠者

道を照らす光を自己に見いだす

外界をすべてシャットアウトしたいというのが、正直なところかもしれません。自分の内側にこもって休息し、内省することで、問題解決の糸口を探せると考えています。自分自身と向き合う時間を大切にしてじっくり考えれば、進むべき道は開けるはずだとわかっているのでしょう。

10 運命の輪

魂は運命にゆだね 導かれるがままに

あらがえない何か。必然であり偶然。『運命の輪』が展開するのは、そんな大きな流れです。人間の知恵や小細工ではどうしようもない事象だといえるでしょう。あなたの心には大きな変化が起こりつつあります。あなた自身の思惑を超えた何かに動かされているようです。

11 正義

公正を司る女神は あなたの中にいる

物事は平等であるべきだ。ひいきはよくないし、偏ったものの見方はやめなくてはならない。あなたの本心はそう叫んでいるのでしょう。一時的な感情に心を揺さぶられながらも、本当はこうするのがいいとわかっているようです。冷静で第三者的な目をもつ存在は、あなたの中にいます。

12 吊られた男

目指すべきものの 再設定が必要

中途半端な状態だったり、行き場がなかったり。苦しい状況下で、あなたはこう考えているのかもしれません。「今こそ、執着していた目標を再設定するべきではないか」と。今のままではどうにもならない様子。違う視点で見れば、スランプを脱する術はあると考えているようです。

13 死神

無意識の心は 終焉を受け入れる

終わらせなければならない。今はもう、終焉を迎える時がきているということを、あなたは重々承知しているようです。ただ、意識の中の自分はそれを恐れ、認めたくないのでしょう。清算するのがよいとわかっていても、自己の価値観や構築してきたものの瓦解がつらく恐ろしいのです。

14 節制

願うのは穏やかで ゆるやかな変化

これまでとは違う何かが、音も立てず動き始める。それは、気づかないほどのとても小さな変化です。あなたの本音は、意識と無意識の間を行ったり来たりしながら、少しずつ変容してきているのかもしれません。そしてその変化は争いのない、穏やかなものがいいと思っているでしょう。

15 悪魔

甘い囁(ささや)きに誘われ 欲求に溺れたい

あなたの心は今、如何(いかん)ともしがたい欲求に飲み込まれているようです。悪魔はあなたの耳元で、こう囁きます。「他のことなど、どうでもいい」「本能のままに行動せよ」と。理性やルールといったものからの解放は、とても甘美であらがいがたいものであり、あなたは揺らいでいる様子です。

16 塔

心の奥にしまった 破壊衝動の出現

「何もかも、ぶち壊したい」「もう、どうなってもいい」。そんな魂の叫びが聞こえてきます。何かを変えたり成したりするには荒療治も必要だということが、心の奥底ではわかっているのかもしれません。抑圧されたその衝動は大きく膨らみ、やがて崩壊する予感を秘めているといえます。

17 星

心にはアイデアと 穢(けが)れなき向上心

自分の心の中をのぞいてみてください。そこにはすばらしいインスピレーションや、アイデアが見えるはずです。純粋な希望に満ちたそれが表立って出てこないのは、何かに押し込められているせいなのかもしれません。あなたが心に抱いているのは、穢れなき向上心と理想のかたちです。

18 月

心の中は恐れで飽和状態に

今のあなたは、得体のしれない恐れに包まれているようです。『月』のカードは、あなたの心が疑心暗鬼でいっぱいになっていることを示しています。向き合うべきは、この非合理的な心の動きなのです。とくに、現実的に物事を解決したい人にとっては、非常につらい精神状態でしょう。

19 太陽

純粋な瞳で願う人々の称賛

周囲に認められたい、称賛を受けたいといった気持ちが強くあるようです。あなたは内心、自己表現による成功を切に願っているのでしょう。それは野心から出たものではなく、とても純粋な感情だといえます。あなたの瞳は一点のくもりもなく、子どものように無垢に輝いています。

20 審判

過ぎ去ったものの復活を切望

あなたの本心は、一度終わったものの復活ではないでしょうか。それは以前に終焉を迎えたものだったり、長い間ペンディング状態だったものだったりする様子。とはいえあなたが望むのは、過去の遺物ではなく、今の自分の視点で再構築できるものへの復活ということなのでしょう。

21 世界

ピークに達したその先を見つめる

あなたは心の奥底で、自分が何かしらのピークに達していることに気づいているのでしょう。たとえば、すごろくの頂点はゴールで、そこで終了。しかし人生は違います。そこから先に進む必要があることを、今のあなたは強く感じているようです。本当はその先に進みたいのです。

棒（ワンド）のエース

まずは始めたい　走りだしたい

あなたの本音は、とにかく始めてしまいたいということではないでしょうか。具体的な策はないし、根回しもしていないけれど、今すぐにでも走りだしたい。そう思っているようです。当たって砕けろといった勢いのある思考が、頭の中にわいてきているのでしょう。熱意を持ち、動きたいのです。

棒（ワンド）の2

行くか戻るか　心の奥の葛藤

今、あなたの本心は2つの選択の間で、大きく揺れ動いているようです。行くべきか、行かざるべきか。動かなければ安全だけれど、行動しなければつかめないものもある。危険を伴う道に対する不安や恐れ。それとは正反対の憧れにも似た感情や希望が、相まっている状態でしょう。

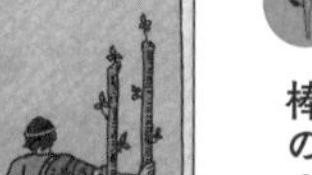

棒（ワンド）の3

大きな目標の前の　初めての成果

あなたは内心、初めての手応えを感じ、それに満足しているようです。その成功はとても小さく、目標までの道のりの途上にあるものだけれど、あなたにとっては、大きな意味をなすものでしょう。努力をしたかいがあった。まずはここから、と思っているようです。第一歩の成功です。

棒（ワンド）の4

よろこびを分かち合う　誰かを欲する

自分のよろこびを、他の人と分かち合いたい気持ちが強いようです。自己完結する成功ではなく、他者からの祝福があってこそ成功の価値があると考えている様子。たとえるなら「1人でつくった作品は人に見てもらい、好意的な評価を得てこそ意味がある」というのが本心でしょう。

棒(ワンド)の5

安定した場所か次の段階に進むか

あなたの心の中は今、混乱をきたしています。本音を言うと、現状には満足できない。けれど、次の段階に足を踏み入れるべきか？　といった思考が戦っているところでしょう。安定してはいるものの、発展途上の場所に立ち続けていることに、このままでいいか疑問がわいてきているようです。

棒(ワンド)の6

人より優位に立つという願いと自負

抜きん出た存在になりたいという思いが、あなたの心を埋めています。それが恋でも仕事でも、とにかくずば抜けた位置にありたいと思っているようです。実際、自分は人よりも一段、突出したところにいるのだと自負しているかもしれません。やる気にあふれ心は自信に満ちています。

棒(ワンド)の7

足元を固めて意欲的に前進

ただ前だけを見て突き進む、悩むだけで動かない、そういったことではいけない。「この先に行くには、まずは地固めが必要」と考えているようです。現在の立ち位置を確認した上で、意欲的に行動するという覚悟があります。心を決めてから進むことを、よしとしているのでしょう。

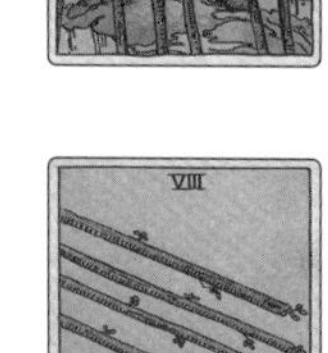
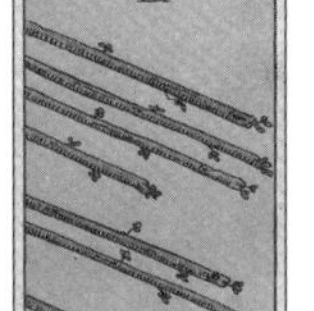

棒(ワンド)の8

急激な変化に対応しきれない

正直なところ、急激な変化にはついていけないと考えているでしょう。自分が行動する、しないにかかわらず、めまぐるしく変わっていく状況に、対応しきれないと思っているようです。また、その思い通りにいかない流れに、苛立(いらだ)ちを覚えていると考えられそうです。戸惑(とまど)いもあるのでしょう。

棒（ワンド）の9

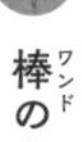

準備は万端
ついに勝負の時

「いよいよ、決着の時がきた」「勝負は目前だ」、心の奥で、あなたはそう思っているようです。これまでコツコツと強化してきた防具は、装着済みで闘志も気力も万全。すべては今、自分の中にある。あとは、これを一気に解放するだけだと、感じているのでしょう。心の準備が整っています。

棒（ワンド）の10

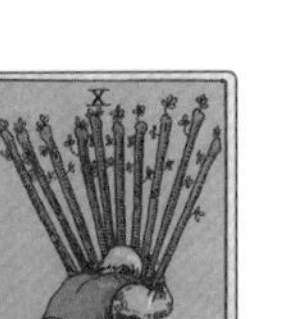

強い意志をもち
ゴールを信じる

この山さえ越えられれば大丈夫だという、確信と期待感があるようです。現在は苦しい状況かもしれません。しかしあなたは、その先にあるすばらしいゴールを心底、信じているのでしょう。強い意志をもち、諦めずに進めばきっといいことがある。そんな信念がしっかりと感じられます。

棒（ワンド）のペイジ

やる気と情熱が
次々とわき起こる

本来のあなたは「とにかく行動したい！　やってみないと始まらない！」といった勢いにあふれているようです。次々とわき起こる情熱に、居ても立ってもいられません。準備や根回しなんてことには頭が回らないし、取るに足らないこととしか思えないでしょう。初々しい衝動です。

棒（ワンド）のナイト

確かな力が
身についた実感

実力や魅力が身についてきている手応えがあるでしょう。「自分なんて」といった謙虚さの奥には、しっかりとした理想をもち、実行のための確かな力を感じているはず。また、心の底では友情が愛情に変わったり、相手への気持ちが高め安定で進行中だったりといったこともあるようです。

棒（ワンド）のクイーン

自分に必要なのは強い精神力と決意

今、あなたが向き合うべきは、どんなものにも屈しない、強い精神力と情熱をもつことに他なりません。目標に向かって、脇目も振らず突き進む姿勢。自分がやらねばならないのだという、使命感にも似た決意。どんなことも受け入れる姿勢が必要なのだと、心底考えているようです。

棒（ワンド）のキング

目標に向かって力強く進む

高々と目標の旗を掲げて邁進（まいしん）して行くのが、本来の自分だと思っているでしょう。うじうじと陰に隠れたり、あれこれ思い悩んだりするのは、性に合わないと思っています。未知の分野に手を出したい、行動範囲を大きく広げたいとも考えているようです。そこには覚悟もあるようです。

POSITION 1 2 3 4 5 6 7 8 9 10

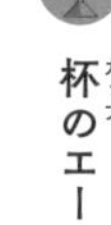

杯(カップ)のエース

すべての根源は純粋でやさしい心

今のあなたが大切に思っているのは、ピュアな感情です。突き詰めれば、すべては純粋な気持ちがあってこそだと考えているのでしょう。行動する動機には、必ず誠意や純粋なエネルギーがあるべきだと思っているはず。その根底にあるのはやさしさを重視する気持ちです。

杯(カップ)の2

心引かれつつも張り詰める緊張感

平静を装いながらも、強烈な何かに心引かれているようです。その感情の流れはゆるやかではなく、ピンと張られた糸のよう。ことによると、気にかかる対象と自分を比較しているのかもしれません。しかしあなたはその心の動きを抑圧し、気づいていないものとしているようです。

杯(カップ)の3

大切なのは誰もが認めるもの

ふわふわとつかみどころのない状況やポジションは嫌。もっとしっかりとした関係性を築いた方がいい。周囲の人からの承認や祝福など、たしかなものを心から求めているはずです。表向きは曖昧(あいまい)な物言いをしつつ、本心では人に誇れる確固たるものが大切だと思っているのでしょう。

杯(カップ)の4

情熱がなくなりやる気も停滞

本音を言うと、今のあなたは「もういいや」といった心境なのでしょう。これまで心血を注いでやってきたことに対して、向き合う気力がなくなってしまったのか。あるいはもう、単純に飽きたのか、疲れを感じています。心も体も何かだるいような、スッキリしない気分でいるようです。

杯(カップ)の5

心の奥にあるのは喪失感と絶望

今、あなたの心は「自分にはもう、何もない」とか「すべてを失ってしまった」といった悲しみに満ちているようです。喪失感や、絶望に打ちひしがれているのです。他人からの「まだそこに希望が残っていますよ」といった指摘やアドバイスは届かないようです。悲しみに浸りたいのでしょう。

杯(カップ)の6

与えるよろこびを大切に思う

人に与えることで得るよろこびが、もっとも尊い。心の底で、あなたはそんなふうに思っているようです。相手が欲しがっている物をプレゼントする、といった即物的なことではなく、目に見えない何かを、相手を思って与える。いつか花開く未来に備えた、そんなやり取りが大切だと考えています。

杯(カップ)の7

状況や自身の客観視が難しい

あなたの思考は今、現実ではなく理想や幻想に傾いています。視界にはぼんやりと霞(かすみ)がかかり、厳しい現実が見えにくい状態に陥ってしまっています。本音では「きっと大変ではない」「案外、いい状況だ」と思っているでしょう。自身に対しても、客観性に欠ける見方をしているようです。

杯(カップ)の8

やり切った感と手放す寂しさ

口では「まだまだやれる」といった言葉が出てくるかもしれませんが、本当は「もうやりきった」「ここが引き際ではないか」と思っているでしょう。これまで執着してきた感情を切り離すのは、どこか寂しく思えます。しかしその足はもう、別の方向へと向いているはずです。転機への希望も。

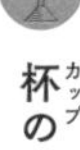

杯（カップ）の9

成功に見えても満足できていない

『杯の9』は満願成就（まんがんじょうじゅ）のよいカードだと言われています。ただ、杯に囲まれた人物は腕組みをして、何かを拒絶しているようにも見えます。一般的に見て、成功していると思われる状況でも、心の満足は十分に得られていない状態なのかも。あと1つ、足りないものはいったい何でしょう？

杯（カップ）の10

心底の喜び深くかみしめる

あなたは精神的に満足しているようです。すべてがうまくいくということはありませんが、しかし、それを含めて、あなたは今あなたが抱えているものを喜んで受け入れているでしょう。深い幸福をかみしめることができるはず。ただし、それを失う恐れの気持ちはあるようです。

杯（カップ）のペイジ

感受性が豊かで思いやりがあふれる

あなたの心はとてもピュアで傷つきやすく、まるで幼い子どものよう。表面的には、ひねくれた考え方を披露したり、尖（とが）った物言いをしたりするかもしれません。しかし本当のあなたは、誰も傷つけたくないと思っているはず。感受性豊かで、他人の心に共感し寄り添える時でしょう。

杯（カップ）のナイト

大切なのは人への精神的アプローチ

実を言うと、この状況をクリアするには、物理的な働きかけだけでは足りない。達成するのは困難だと考えているはずです。どんな物事も、動かしているのは人であり、その人たちにはそれぞれに感情がある。物質面ではなく、精神面からのアプローチが大切なのだと思っているようです。

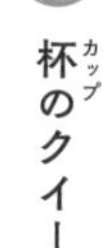

杯（カップ）のクイーン

今、信じたいのは自分の直感

本当のあなたは今、自分の直感を信じなさいと訴えかけているようです。理路整然と正解を導き出すのではなく、心に問いかけて真実にたどり着く。左脳ではなく、右脳を使うべきだと思っているはずです。また、人を思いやる気持ちや包み込む気持ちが大切だとも感じているでしょう。

杯（カップ）のキング

寛大な心で他人を理解できる

正直なところ、あなたは今、とても寛大になっているようです。普段ならば心が大きく乱される事柄なのに、心の奥のあなたは「どうということはない」と思っています。人の心を読み取る力が高まっているため、相手の行動に対して寄り添い、理解を示すことができるのでしょう。

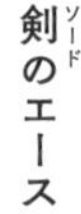

剣（ソード）のエース

客観的な視点で思考し始める

表層のあなたは動揺し、うろたえているかもしれません。しかし心の奥底にいるあなたは、とても客観的で落ち着いています。一時期は自分を見失っていたかもしれませんが、今はクリアな頭脳で考えを巡らせ始めているようです。新しい確信が少しずつ生まれ始めています。

剣（ソード）の2

決断をするのは今ではない

正直なところ、今の自分には判断する力がないと思っているようです。早急に決断しなくてはならないと口に出しつつも、今は無理だと思っているのでしょう。自分の考え方の方向性を明確にしてから決めないと、すぐに行き詰まるに違いないと感じているようです。静かに機会を狙っています。

剣（ソード）の3

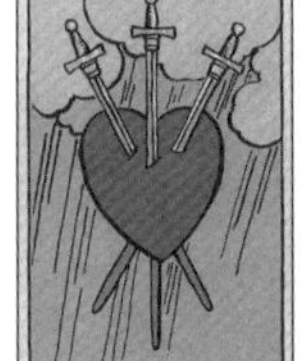

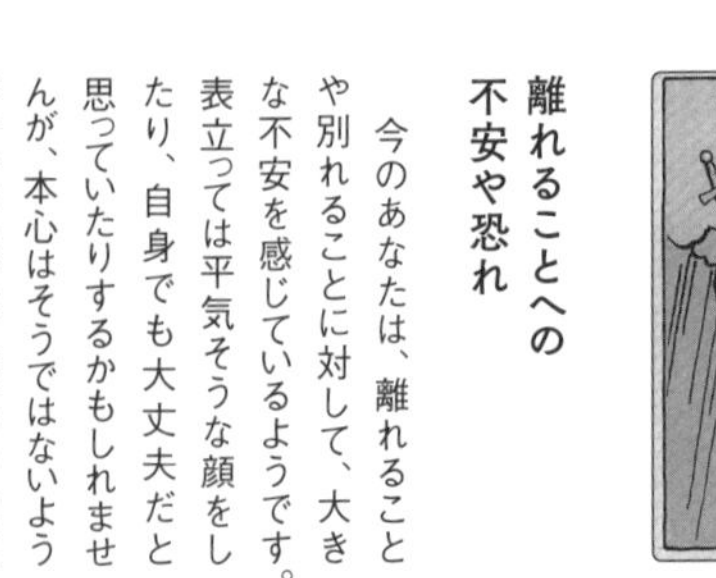

離れることへの不安や恐れ

今のあなたは、離れることや別れることに対して、大きな不安を感じているようです。表立っては平気そうな顔をしたり、自身でも大丈夫だと思っていたりするかもしれませんが、本心はそうではないようです。また、大人になることへの恐怖感や傷つけられる予感があるとも言えます。

剣（ソード）の4

心身ともに息抜きをしたい

「正直、休みたい」という心の声が聞こえてきます。今のあなたは、虚勢を張って努力を続けているのかもしれません。けれどあなたの心はもう、ここにきて悲鳴をあげているようです。立ち止まりたい、1人静かに息抜きをしたいという心の叫びがカードとなり、出てきたのでしょう。

剣（ソード）の5

勝つための手段を手中（しゅちゅう）に収めたい

自分だけが成功したい、人より優位に立ちたい。そういった考えにとらわれているかもしれません。世の中が不平等なら、自分は勝利につながる手段を先に手に入れたい。あなたの本音はそんなところでしょう。ただ一方では、時にはすばやく退くことも大切だと考えているようです。

剣（ソード）の6

自分を超越して新しいステージへ

今のあなたは、古い殻を脱ぎ捨て、新しく生まれ変わりたい。自分はそうなれる人間なのだと考えているようです。成長を求め、今の自分を超越するような思考を、模索中だと言ってもいいでしょう。また、単純に旅をしたいという願望が、カードに表れている場合もあるようです。

剣（ソード）の7

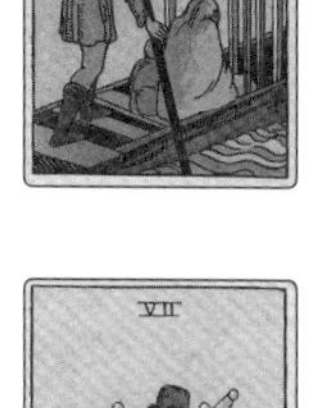

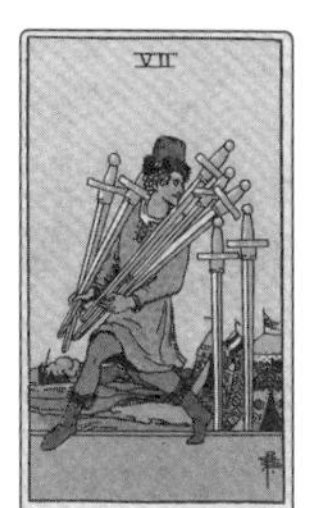

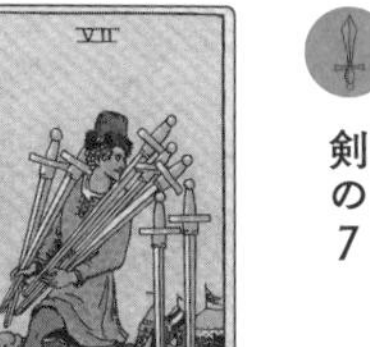

情報や経験を早く取り入れたい

情報や技術、経験や知識といったものを、早急に取り入れたいと考えているようです。そうすることで、現在抱えている問題を乗り越えられると思っているのでしょう。ただ心の隅には、本当にそれで抜かりなくやれるのか？　不足はないか？　という疑問を投げかける自分がいるようです。

剣（ソード）の8

八方塞（はっぽうふさ）がりで壁を感じている

どうにもならない状況に陥った。あなたはそう感じ、精神的に追い詰められています。八方塞がりで、どこにも動きようがないと思っているでしょう。実際は動ける状況にあったとしても、壁があるからだめだとか自分には無理などと、動くことは危険だと思い込んでいるようです。

剣(ソード)の9

膨れ上がる不安で胸がいっぱいに

不安。あなたの本音は、その一言に尽きるでしょう。気力は衰え、些細(ささい)なことで頭がいっぱいになり、何かに追い詰められる感覚に支配されています。夜も眠れず、悪夢のせいで夜中に飛び起きる。暗闇の中でその不安はさらにふくれ上がり、あなたの心を占領していっているようです。

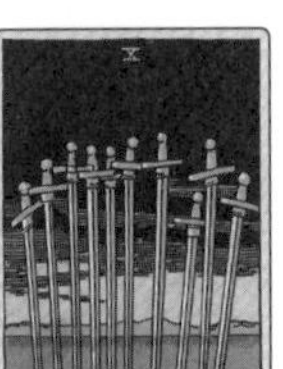

剣(ソード)の10

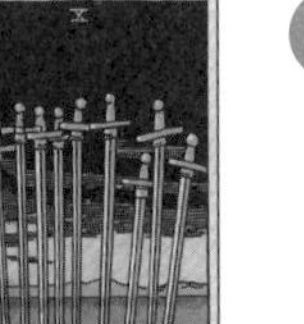
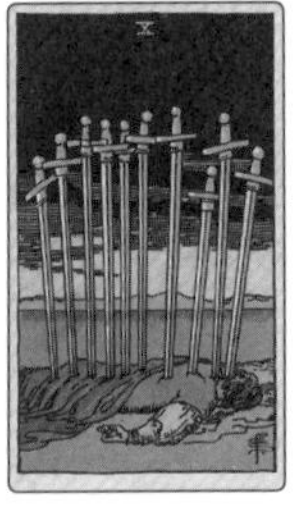

理想と現実の落差に失望する

自分の中にあるすばらしいアイデアは、どうせ実現不可能なのだという諦めのような不満が、心に強く根づいているようです。理想と現実のギャップに失望したり、妙案が凡庸(ぼんよう)な策になったことにガッカリしたり。みじめで悲しくて、腹立たしい。それが気力を奪っているという状態でしょう。

剣(ソード)のペイジ

これまでにない新しいアイデア

あなたの中には、とても斬新なアイデアがあるようです。そして、本心ではそれを発表したいと考えているでしょう。旧態依然とした規則を改定したり、これまでとはまったく異なる手法を取り入れたり。「こうしたい」という思いは熱を帯びて、日に日に強さを増していくようです。

剣(ソード)のナイト

心底、求めるのは情報の速さと量

「よりスピーディーに」「さらに多くの情報を」あなたが心の底で思っているのは、そんなことでしょう。もしかするとそれは、速さが正義だといえるほどの感覚かもしれません。ダブルタスク、トリプルタスクで同時にさまざまな事柄を処理して、成功をつかみたいと考えているのでしょう。

剣（ソード）のクイーン

客観的な視点で冷徹に判断

　あなたの本心は、とてもクールです。物事を客観的に見て、冷静に状況分析をしているでしょう。そして情にほだされず、冷徹に判断するべきだと考えているようです。過去の事例や経験則から導き出した、理論的な最善策を選択するのが平等で正解だと考えているはずです。

剣（ソード）のキング

的確な状況分析と冷厳な判断が必要

　もっとも重要なのは、状況を的確に分析して、論理的な正解を出すこと。求められているのは、冷厳な判断。そんなことを痛感している様子。これまでは、感情で動いていた部分が多かったかもしれません。けれどここにきて、それはもう通用せず、やさしさだけでは限界だと思っているでしょう。

金貨（ペンタクル）のエース

重視しているのは具体的で新しい道

感情論だけでは、どうにもならない。精神的なことだけでは、先に進めない。本当はそう思っているようです。もしもあなたが、気持ちが大事という言葉を口にしているのなら、それは建前かもしれません。あなたの目は、具体的な新しい事柄や解決のための手段に向けられつつあります。

金貨（ペンタクル）の2

心が欲するのは軽やかなやり取り

胸の内であなたは、もっと柔軟で軽やかで、楽しい交流をもちたいと欲しているようです。それは意味のないやりとりや、優先度の低い気軽な人間関係。野球がうまくなるためではなく、純粋に楽しむためのキャッチボール。そんなものが生きる上では大切なのだと思っているのでしょう。

金貨（ペンタクル）の3

わずかな成果をかみ締めている

あなたは今、ちょっとした手応えを感じているようです。口では「まだまだ」「たいしたことはない」と言うかもしれませんが、本心では「やりきった！」と思っているでしょう。自身でもそれが大きな成功だとは思っていませんが、成し遂げたことが今後の心の支えになると感じているようです。

金貨（ペンタクル）の4

何も手放したくないという強い気持ち

実を言うとあなたの心は、これをしたら損をするのでは？といった思考でいっぱいです。種をまかない地面に実りが訪れないことは、もちろんわかっています。ただ、今はそれよりも、自分が何かを手放すのが嫌なのでしょう。抱え込んでしまい、まずは投資するという発想にならないのです。

金貨(ペンタクル)の5

似た境遇の人との支え合いを欲する

これ以上傷つきたくないという強い思いから、自分と似た境遇の人と一緒にいたい、支え合っていたいという本音が見えてきます。ネットのお悩み相談を見ては共感したり、安心したり。似た悲しみに浸りつつ、自分のすべてを肯定してくれる癒(い)やしの存在が欲しいと考えているようです。

金貨(ペンタクル)の6

持てる者は寛大に分け与えるべき

あなたの心の根底には、持てる者は、持たざる者に分け与えなければならないといった教訓が、存在しているようです。寛大さや情け深い心が大切なのだという考え方があるのでしょう。逆に、持たざる者である自分は、持てる者に頭を下げるべきだと思っている場合もありそうです。

金貨(ペンタクル)の7

結果はともかくここで一区切り

あなたは心の中で「まずは、ここで一段落だ」と思っているのでしょう。現在、あなたが手にしている結果が満足のいくものでも、そうでなくても、ここで一区切りだと受け止めているのです。「これまでの過程を振り返り、それを先に生かしていければいい」と考えているようです。

金貨(ペンタクル)の8

大切に思うのは努力と粘り強さ

結局、コツコツやるのが正解。粘り強くやった者勝ち。本心で、あなたはそう思っているようです。やっていることは地味だったり、まだまだ技術が追いついていなかったり。それでも忍耐をもって、進んでいくしかないという気持ちが、あなたの根底にあるのでしょう。努力を積み重ねられます。

金貨(ペンタクル)の9

満ち足りていて心は安定している

内心、あなたは困っていないようです。表層のあなたは焦っていたり、逡巡(しゅんじゅん)していたりするのかもしれません。しかし本心では、それほど悩ましくは思っていないのでしょう。セルフコントロールがうまくできており、安定した精神状態です。本気でなくとも悩んでみるような心の自由もあるようです。

金貨(ペンタクル)の10

確かな幸福感を実感している

本当のことを言うと、あなたは現在の自分の立ち位置に満足しているようです。安定した地位や富に恵まれ、たしかな幸福を実感しているのではないでしょうか。ただ今の幸せをキープするには、決まりごとや忍耐も必要です。それを少し億劫(おっくう)に思う気持ちがあるのは、否めません。

金貨(ペンタクル)のペイジ

初めての報酬で手応えを感じる

本音を言うと、ちょっとした手応えを感じているようです。仕事なら、初めての報酬を手にした状態。恋愛なら、あなたの心づかいに対する、小さなお礼の品を受け取るといったことです。そしてそれを受けて、今の自分にできる最大限の対応をしようと考えているでしょう。

金貨(ペンタクル)のナイト

重要なのは努力の積み重ね

結局のところ、近道なんてない、地道な努力あるのみ。それが、あなたの本音でしょう。一方、これまで努力を積み重ねてきたあなたは、間もなくそれが結実する手応えを感じているはずです。小さなハードルを1つずつ越えていくことが重要なのだと、心底思っているでしょう。

金貨（ペンタクル）のクイーン

地道な努力の繰り返しが大切

天才的なひらめきや、一足飛びに物事をこなす才能に引かれることもありますが、結局は毎日の地道な努力のくり返しこそが、大切なのだと考えているようです。また、子どもを授かる、私財を蓄えるといった現実的な実りを第一に考えている場合もあるでしょう。やや保守的な状態です。

金貨（ペンタクル）のキング

求めているのは社会的な成功

あなたが今、心に抑えつけているのは社会的な成功を手にしたいという強烈な欲求でしょう。確固たる立ち位置が欲しい。経済的な豊かさを得たい、出世したい。そういった欲求は、ともすると俗っぽく感じられるのでしょう。自分自身、その衝動に気づきたくないと思っているようです。

COLUMN ⑦

小アルカナの「スート」が象徴するもの

小アルカナは、4つのスート（記号）と1から10の数字、そしてコートカード（人物札）で構成されています。大アルカナはカードの名前や絵柄から意味が連想しやすいですが、小アルカナから想像力を膨らませるのは最初のうちはなかなか難しいかもしれません。そこで、ここではスートの解釈法をお教えしましょう。

【棒（ワンド）】

「棒」は指揮する道具のイメージもあり、明確な意志をもって発せられるエネルギーを意味します。また、棒に火をともすと松明（たいまつ）になることから、四大エレメントの中で情熱や力などを意味する「火」と結びつけられました。

【杯（カップ）】

西洋の伝統では、イエスの血を受けた「聖杯」を意味します。血の容器である心臓（ハート）と結びつけられ、愛情や感情を表すシンボルとなりました。杯が液体を受ける器であること、感情が液体のように流動的であることから、四大エレメントの「水」に対応します。

【剣（ソード）】

「剣」を正しく振るうためには、冷静さや判断力が求められます。そのため、四大エレメントの中でも知性や思考を意味する「風」が結びつけられました。また、剣の起こす風も「風」との結びつきを暗示します。物事を分断すること、冷たさ、非情さといった意味がクローズアップされる場合も。

【金貨（ペンタクル）】

物質的な豊かさであり、現実を楽しむための対価を表す「金貨」。そのため、四大エレメントで物質、現実、五感（現実を楽しむための感覚）などを意味する「地」に結びつきました。地に足をつけて現実を生きていくために必要なシンボルであり、そうしたものとの関わり方を示します。

なお、現代の魔術的タロットではコインは魔法道具である五芒星（ペンタクル）として解釈されました。

POSITION

周囲

8
周囲のポジションが表すもの

Hint 1

周囲の状況、人々の気持ち

周囲の状況や、あなたを取り巻く人々の気持ちなど、周囲の外的な状況をこのカードは示しています。それと同時に、周囲があなたをどう思っているのかも表します。あなたの心に映し出された周囲の状況と、それに対する応答もここに表れるでしょう。どの判断を採用するかは、その時のあなたのインスピレーションで決めてください。

Hint 2

外的要因があなたに与える影響

このカードはぜひ絵柄に注目してください。たとえば女性や子どもなど、描かれている人物に似た印象の人が深くかかわっていることが多いようです。また「カードが象徴するような環境に置かれている」と判断する場合も。たとえば『悪魔』のカードであれば誘惑される可能性がある、『恋人』のカードであれば情熱的で楽しい人々に囲まれている、といった読み解きもすることができます。

Hint 3

周囲の読み解きのコツ

〈⑧周囲〉ともっともかかわりが深いカードは〈①現状〉です。現在のあなたの状況や立ち位置と、あなたの周囲の様子を指すカードには相関関係があります。また、〈①現状〉で本質的に抱えている問題が見えたとして、その原因が〈⑧周囲〉にも影響していることがあります。単に周囲の人々を映したものと思わずに、原点に立ち戻ってカードの意味を考えてください。

⑧

周囲に出たのが…

人は生きていくうえで、
人間関係や環境など
周囲の影響を
受けずにはいられません
あなたの人生や未来にも
大きくかかわってくるでしょう
だからこそ、
自分を取り巻く環境が
どのような状態にあるのか
詳しく知っておく必要があるのです

愚者

まっさらな状況から始まる新しい動き

周りの人をハラハラさせるような言動の人が近くにいるのかもしれません。あるいは、周囲の人の危機意識の低さがあなたにも影響しており、物事を深刻に考えないようにしているとも考えられます。無知や先入観のない周囲の状況があなたの今後を大きく左右することになりそうです。

1

魔術師

創造的で唯一無二独立心旺盛な存在

創造的で才能やスキルにあふれた魅力的な人が、この問題に影響しているようです。新しいことを始めたがっている人、最近独り立ちした人がキーパーソンかもしれません。また、周囲があなたのことを「自分の力をもう少し信頼すればいいのに……」と評価している場合も考えられます。

2 女教皇

あなたの理解を超えた人を尊敬して

周囲の人々はあなたが考えているより深い思慮に満ちているようです。あなたが気づいていないところまで考えてくれていることも。表面的な言動だけで判断せずに、周囲の状況や声に耳をすませてみて。身近にいる、ややミステリアスな人物がこの問題のカギを握っていることも。

3 女帝

THE EMPRESS.

母性的な優しさのプラス面とマイナス面

あなたが周囲に感じているのは、愛情が深い環境だということです。いつでもやさしく受け入れてくれる安心感があるでしょう。しかし一方では、何をしても許してもらえるといった気持ちを芽生えさせることも。あなたの中に「母性への甘え」の心理があることを意識しておいて。

4 皇帝

力をもったリーダー的な人

あなたの周囲にパワーや強い指導力をもっている人がいそうです。あなたはその「力」に従うことができるでしょうか。あるいはその力に対抗しようとしているのでしょうか。隠されたあなたのライバル心を刺激してくる人物、あるいはその状況をいかに意識化していくかがカギ。

5 教皇

周囲を見れば信頼できる存在が

『教皇』は多くの人に頼られ、敬意をはらわれる存在です。そう聞いて、あなたが一番に思いつくのは誰ですか？　それは親しい人に限りません。あまり交流はないけれど、とても信頼できる人。安心して気持ちを打ち明けられる人。あなた自身が周囲にそう思われているケースも。

6 恋人

友好的な目で見られていそう

あなたとパートナーになりたいと願う人が周囲にいるようです。それは恋愛的な場合もあれば、純粋な友人やチームメイトということも。どうであれ、友好的な感情をもっているのは間違いありません。場合によっては、それは争っていた相手から差し伸べられる手ということもあります。

7 戦車

勢いの激しい状況 手綱を握るのはあなた

周囲の状況はあなたの思惑を超えて、力強く進んでいる様子。その流れに乗るかどうかはあなた次第です。周辺で勢いがある動きが始まっているようですから、そこと同調しつつも、あくまで自分のペースは自分で守る。そのバランスを取ることを意識するとよさそうです。

8 力

あなたという存在を受け止めてくれる誰か

荒ぶるあなたの感情を上手に扱ってくれる人が周囲にいそう。本音をぶつけてごらんなさい。きっと心を落ち着かせて、言葉にならないような思いを巧みに整理してくれるでしょう。そうした周囲からの恩恵を受けるには、あなた自身が頑固にならず、心をオープンに保つことです。

9 隠者

隔絶された状況とその中のルール

今のあなたの環境は、もしかしたら他の社会や世界と距離のある、特殊な共同体なのかもしれません。その社会特有のカラーやカルチャーを大事にしましょう。時間をかけて、あなたを取り巻く世界の価値観を理解するように努めて。影響力のある年長者が現れる可能性も。

10 運命の輪

状況が一変して運命が動き出す

すべての事象が大きく動き出しているようです。あなたを取り巻く人や状況が、一変するでしょう。運命的な出会いがあるかもしれませんし、思いがけない人からサポートを受けることもあるはず。一方で、意外な人に裏切られたり、思わぬところで足をすくわれる場合もあるようです。

11 正義

物事を平等に見る第三者が出現

すべてを公平に見られる、第三者の介入がありそうです。その人物は広い視野で物事を見て、あなたの問題を解決に導くキーパーソンとなる予感も。ただし、その判断は必ずしもあなたに甘いものとは限りません。あくまで公平。自分自身をも客観的に評価する姿勢があれば好転しそう。

12 吊られた男

身動きできない状況での自己犠牲

周囲の動きは止まってしまっているようです。あなたの問題に対してイエスかノーか、その意思表示さえなかなかできない状況かも。ただし、自分を犠牲にしてもあなたにコミットしてくれる人が出てくる可能性も。損得を超えてつながれる人が現れれば、それは最高の協力者に。

13 死神

新世界のための旧世界の終わり

状況が一変します。個人の力を超えたかたちで、あなたを取り巻く環境の何かが「終わり」ます。そして新しいことがスタートするでしょう。これまでのやり方は通用せず、条件も大きく変わるので、変化に対応する心の準備が必要。あるいは身近な人の心や態度の変容があるかも。

14 節制

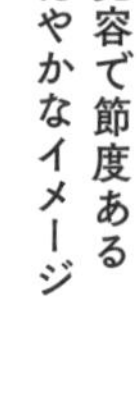

寛容で節度ある穏やかなイメージ

何も起こっていないように見えても周囲の人々の気持ちは通じ合い、また、状況はゆったりと前向きに変化している様子。あなたもその中に自然に順応、適応しているでしょう。ただし穏やかに見えても繊細な変化が生まれています。そのささやかな動きに心のアンテナを向けて。

15 悪魔

欲望に忠実で危険な魅力がある

誘惑に満ちた状況です。危険なほど魅力的な人がいるのでは？　あるいは倫理観が高くない人物かもしれません。その甘い誘惑の声はあなたの心の中の「悪魔」とたやすく共鳴してしまうかも。１００％クリーンでいる必要はありませんが、自分の中の「悪」を意識しておいて。

16 塔

すべての関係がリセットされる時

周囲の状況が、リセットされる時が来たようです。信頼していた人に裏切られたり、予期せぬアクシデントに見舞われたり。ショッキングな出来事が多いかもしれませんが、一方では、すでに腐敗したり、硬直化してしまった状況にブレークスルーが訪れるという暗示でもあります。

17 星

暗闇の中に新しい希望の光が見えてくる

希望に満ちた状況です。周囲の人はあなた、あるいは新しい状況に「希望」を見ているようです。行きづまった状況にあろうとも、次の目標や理想が生まれつつあります。新しい友情やネットワーク、因習的な社会の「立場」から自由になった人間関係がカギ。SNSなども積極的に。

18 月

距離感が不明な曖昧で不安定な状況

周囲の状況は不透明です。信用できない人がいるかもしれません。いまだあなたには見えていない不安材料があるのかも。質問に明確な答えを返さない人に気をつけて。一方でアートや占いなど直感と深く関わる事柄はいい兆候。論理を超えたイマジネーションが働く時です。

19 太陽

生命力が強くて明るく眩しい存在

見通しがいい状況です。自分の本音を堂々と言える、健全な関係を周囲と構築できています。またこれまで見えていなかったことが「陽の光に照らされて」明らかに。周囲があなたを認め、公に応援してくれるようになりそう。さらには子どもがかかわっている状況も暗示しています。

20 審判

過去の関係が掘り出された状態

過ぎ去った関係が再燃してきている状態です。たとえばそれは、一度終わったと思っていた交友関係や、終わらせないままフェードアウトしていた交際が、掘り起こされているということを指すでしょう。それらはただ復活したのではなく、次の段階に移行するために再出発したようです。

21 世界

周囲を見回せば準備は万端

あなたのステップアップに必要な人物の出現が予感されます。その人物は、さらにその先の世界へと導いてくれるはず。また、あなたの手にはすべてのカードが整っていると周囲は感じています。あなた自身が自覚しているかどうかは別として、ゴールに到達するお膳立ては完璧でしょう。

棒（ワンド）のエース

失敗を危惧するも情熱には一目置く

準備不足の傾向はあるものの、何かが力強く動き出そうとしています。新しいプロジェクトがスタートしているなど、周囲は熱意に満ちた状況です。その動きの中にあなたは入っているでしょうか。あるいはあなたの方向性とは異なる「何か」が始まっているのでしょうか?

棒（ワンド）の2

動き出したいのに裏腹な思い

矛盾に満ちた状況です。何かが始まろうとしているのですが、一方ではそれを恐れる人。あなたに「進め」という人と「止まれ」という人が同時に出てきたり、同一人物でありながら「イエス」という意味の「ノー」、もしくは「ノー」という意味の「イエス」を言う人が出てくるかも。

棒（ワンド）の3

努力の結実を称賛してくれる

あなたの努力を信じてくれる人が周囲にいるようです。今はまだ、あなたが大きな成功を収めるとは思っていないかもしれません。ですが、意欲的に動き、小さな成果を積み重ねていける人と思われている様子。その人はあなたの努力が実を結ぶのを喜び、称賛してくれるでしょう。

棒（ワンド）の4

自分の成功を祝福してもらえる

あなたの成功を、我がことのように祝福してくれている人がいるようです。あなたが自分の成功を、自分だけのものにしていないこと。かかわっているすべての人たちと、つかんだものだと思っていること。それらはきちんと伝わっています。他者とともに喜べる幸せな状況です。

棒(ワンド)の5

些細(ささい)なミスで内部分裂の予感

あなたは周囲との間に、トラブルが生じているようです。現状に満足できない人物が出現したことにより、内部分裂のような状況になっているのかもしれません。今の安定を破壊するべきだと、責められている様子がうかがえます。このトラブルは些細(ささい)なミスが発端となることも。

棒(ワンド)の6

自信に満ちた揺るぎない勝者

リーダー的な存在だとか、優位な立場にある人があなたの身近にいるようです。自信満々のその人からは絶対的な勝利の香りが漂っているのでしょう。ですが、その人物のせいで自分が引き立て役にまわされていると、表には出さないものの不満に感じている人もいるようです。

棒(ワンド)の7

積極的かつ油断のない人

周囲と駆け引きしなければいけない状況かもしれません。微妙なかたちでマウンティングが起こる可能性も。ですが、相手の方が地の利、コネなどのせいで一枚上手なのかも。ただ、ここであきらめずにきちんと交渉をしたり、かかわっていくことで状況を好転させることも可能です。

棒(ワンド)の8

新鮮な刺激を受け輝いている印象

周囲がすごい勢いで動いているといった状況です。そこに安定したイメージはありませんし、あなた自身も動かされているといった様子。急速な変化への対応に次々と追われているように見えます。しかし、それは悪いばかりではなく、新しい刺激を受けて、生き生きとしている印象です。

棒(ワンド)の9

パワーみなぎる防御に長(た)けた人

ガードする力が高い人物が近くにいるようです。丸腰でやむなく防御しているのではなく、万全の装備を揃えつつ周囲を固めている、優れた人でしょう。自己エネルギーが強く、内なるパワーは今にも噴出しそうです。ただ、人の意見に耳を貸さないと思われている場合もあるでしょう。

棒(ワンド)の10

つらそうだけれど成功に近い人物

周囲から見たあなたは苦しげで、とても大変そうです。ただ、ゴールに向かって努力するその姿は、きっと大きな成功を収めるに違いないと思われているでしょう。また、困難にもくじけない、強靭(きょうじん)な意志をもつ人物が近くにいて、あなたがその影響を受けているということもあります。

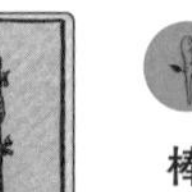

棒(ワンド)のペイジ

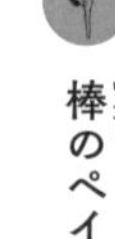

熱意は十分問題は浅い経験

やる気に満ちた、熱意のある人が身近にいるでしょう。自分がやるべきことへの期待と熱量がすごい反面、無知からくるトラブルや、経験の浅さが問題になることも。あなたが周囲にそう見られている可能性もあります。また、何かのメッセージやニュースがやってくる暗示も。

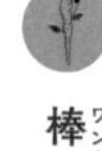

棒(ワンド)のナイト

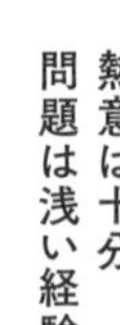

目標に向かい一直線に進む

まっすぐでパワフルな人物が、あなたのキーパーソンになっているようです。なんとなく日々を過ごすとか、目標のないまま物事をこなすといったことには、無縁の人でしょう。状況としては勢いよく物事が進展していく様子です。荒馬を乗りこなすような気分であなたの計画を動かして。

棒（ワンド）のクイーン

ポジティブ思考で柔軟な力をもつ

ねじ伏せるような絶対的な力ではなく、柔軟でやさしい力をもっている、ポジティブ思考で、リーダー気質。今のあなたはそんな魅力を放っていて、周囲の人を引きつけているといえそうです。もしくは、しなやかな力強さをもった落ち着いた女性が、身近に現れることを暗示しています。

棒（ワンド）のキング

自信に満ちた威厳ある先導者

周りを見回してみてください。あなたの近くには、とても頼りになる人物がいませんか？　威厳や自信に満ちていて向上心のあるその人は、迷えるあなたを強力にサポートしてくれたり、先導者のように高みに引き上げたりしてくれるでしょう。年長のたくましい男性であることも。

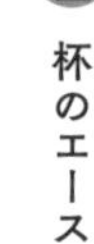

杯（カップ）のエース

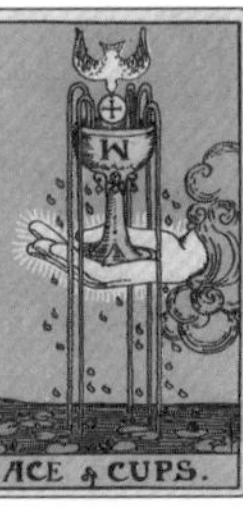

柔らかく誠意ある ピュアな人

愛の始まりを表すカードが、周りがあなたを優しく育もうとしてくれていることを暗示。あなたを中心に新しい人間関係や愛、優しさ、心のつながりが生まれつつあります。素直に胸を開いて、その気持ちに応えて。余計な疑いは必要ありません。ピュアな心を大切にしましょう。

杯（カップ）の2

好意はもちつつ 競い合う関係性

互いに強く引かれ合う人物が現れそうです。しかしその関係性は穏やかではなく、少しピリッとしたスパイスが効いたようなものになるでしょう。あなたとその人物との間には、甘い雰囲気ではなく適度な緊張感も漂うことになりそうです。好意はもちつつも、どこか競い合うはず。

杯（カップ）の3

周囲に祝福されて 小さな幸せをもつ

あなたのことを、周囲の人は大成功を収めているというわけではないけれど、小さな幸せをきちんと手にしている人だと思っています。また、あなたが大切にしているささやかな喜びを、祝福してくれる人が多くいるようです。まさに、それは周囲の人からの愛情でしょう。

杯（カップ）の4

流れが滞り 動きのない印象

動きや鮮烈なひらめきがなく、ただその場に停滞するしかない状況にあなたは置かれています。いっぱいに満たされた水が、どこにも流れていけないイメージでしょう。完成や完結とはまた違う、途中で滞っている状態です。マンネリに悩んでいるような状況なのかもしれません。

杯（カップ）の5

失ったものにしか目がいっていない

周囲から見たあなたは「何をそんなに意気消沈しているのか」といった印象です。失ったものにしか目がいかないあなたに対して「すべてをなくしたわけではないのに」と感じているでしょう。また、あなたの手元にまだ残っているものを指して、教えてくれる人が出てくるかもしれません。

杯（カップ）の6

無垢（むく）か、未熟さか郷愁に支配されないで

楽しげでハッピーに見えますが、過去のノスタルジーに浸っているのかもしれません。社会の変化や自分たちの状況を直視せず、成長を自ら止めているような状態です。悪意とは無縁の平和な環境ですが、現実を生きるには変化が必要。誰かがその責任を負わなければなりません。

杯（カップ）の7

夢心地で、現実が見えていない状況

現在の環境は、あなたの理想を実現するための条件が整っていないかもしれません。埋没していると、あなた自身の可能性も空中楼閣（ろうかく）のままで終わります。周囲の人はその夢や目標にふさわしい能力をもっていますか？　努力を惜しんでいませんか？　厳しく見定めて。

杯（カップ）の8

すべてには終わりが執着を手放す時

今の環境はあなたにとって狭い枠組みになっているかもしれません。どんなに居心地がよくても、あなたという花を大きく育てるにはもう少し大きな鉢に移植する必要がありそう。周囲の人もまた、いつまでも古い環境にあなたを引き留めてはいけないと心配しているかもしれません。

杯(カップ)の9

物質的には万事が整っている

周囲の状況はほぼ満点。あなたをサポートしてくれる人、願い(かな)を叶えるための条件はほとんど整っています。ただ、それに物質面も万全。資金面、精神的な満足がついてくるかといえばまた別。あなたの本当の充足を得るための、もう1つのピースを真剣に探す必要がありそう。

杯(カップ)の10

物心ともに満足できる状況

満ち足りていて、幸福にあふれた状況を示すカードです。これで不平を言ったらバチが当たりそう。もしもそう思えないなら、今の状況のプラスの面を探してみて。意外と現状も悪くないことがわかるはず。それから足りない面を調べていけば、より具体的な解決策が浮かびそう。

杯(カップ)のペイジ

純粋な心をもった傷つきやすい人

繊細で思いやりがある。純粋な心をもち続けている。そんな、やさしくこまやかな人物が周囲にいるでしょう。ただ、その人の心はとても傷つきやすい様子。そのため、周囲の目を気にしすぎて、心を摩耗(まもう)させていると感じる人もいるようです。あなた自身がそう思われている場合も。

杯(カップ)のナイト

感受性豊かなアーティスト

あなたの周囲にはアーティスティックな人がいるでしょう。そしてあなたとその人の感性は深い部分で響き合っています。どんなに苦しい状況でもそうした感受性の触れ合いが光をもたらします。あるいは素敵な恋のパートナーという暗示も。シングルの人は大いに期待を。

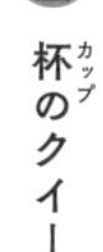

杯（カップ）のクイーン

救ってくれるのは温厚で力ある人

救いの手が差し伸べられそうです。それは、穏やかで善良な女性。もしくは女性的な面をもち合わせた人物です。温厚だけれど芯の強いその人は、傷ついているあなたの心をやさしく包んでくれるはず。また、このカードは周囲への思いやりが大切だということも教えてくれています。

杯（カップ）のキング

厳しさと優しさを兼ね備えた存在

カウンセラーや先生、あるいはそんなイメージの人物が、あなたの周りにいるようです。その人は、厳しさはあるものの、やさしくて愛情の深い人。あなたの感情を受け止め、そっと寄り添ってくれるはずです。もしくは、あなた自身が周囲にそう思われている場合もあるでしょう。

剣(ソード)のエース

クリアな意識で立つべきステージ

さまざまな物事が明確になり、新たな可能性が生まれてくるのを、あなたは驚きとともに眺めているようです。くっきりと描き出された状況は、あなたの意識もクリアにしています。自分が活躍できるステージと、手を出すべきでない領域とを、実はしっかりと区別しているでしょう。

剣(ソード)の2

本音を隠して迷いが深くなる

逡巡(しゅんじゅん)しているあなたを見て、「早く決断すればいいのに」と言う人もいれば、「今は動かなくて正解だ」と思う人もいるでしょう。そんな矛盾した外野の声が、あなたをさらに迷わせているかもしれません。自分の本当の気持ちを隠していると、不要な口出しをされやすくなるのです。

剣(ソード)の3

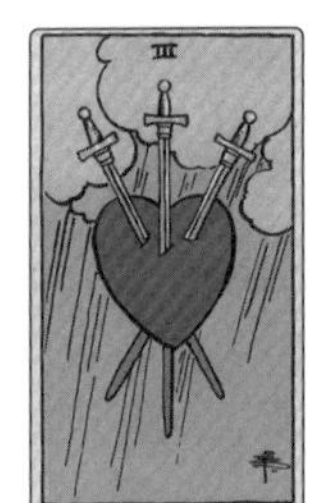
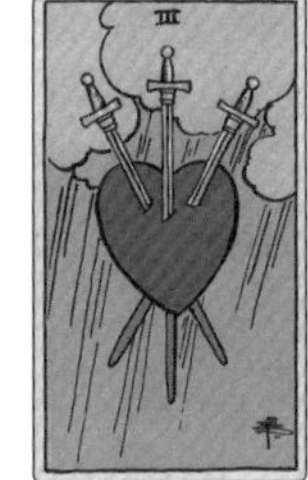

成長に必要な別離の可能性

周りの影響により、あなたには何らかの別離がもたらされるかもしれません。それは具体的な人物がきっかけとなる場合もあるでしょう。あなたの嘆き悲しむ姿は周囲の目に痛々しく映りますが、一部の人には「この痛みは必要なこと」「みんなが経験すること」だと思われるようです。

剣(ソード)の4

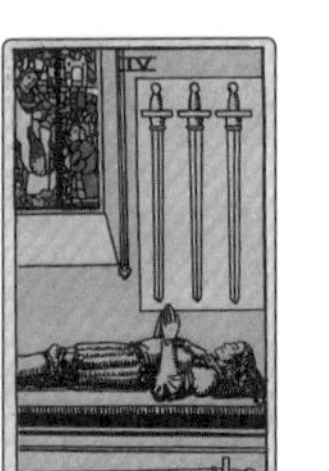

過去から学んで成熟した自分に

争いが起こったり、誰かが孤立していたり……そんな周りの状況に、あなたは胸を痛めているのではないでしょうか。もしかしたら、あなた自身の過去の経験と照らし合わせて、公平な立場から関わろうとしているかもしれません。精神的に大人になった自分を誇りに思ってください。

剣（ソード）の5

自分を知って ベストな選択

歩み寄ることを知らない自己中心的な存在が、あなたの判断力を奪っている様子。逆恨みされる不安もあり、あなたはどう対応したらいいかわからないのかもしれません。こんな時に大切なのは、まず自分を知ること。余計なプライドは捨てて逃げるのが最善ということもあるのです。

剣（ソード）の6

考え方の変化で 深まる関係性

わかり合えなかった人との急接近がありそうです。今までは上手にコミュニケーションが取れなかったようですが、ここにきて相手をよく理解できるようになるでしょう。それは、あなたの他者に対する考え方が深まったり、多角的な視点を手に入れたりしたことの結果かもしれません。

剣（ソード）の7

慌ただしい現代で どう立ち回るか

効率重視で進んでいく周りの状況を、あなたは疑問に感じているのか、それとも受け入れているのか……。どちらにせよ、誰も彼もが生き急いでいるような気がして、自分はどう立ち回るべきかと思案しているでしょう。今の段階では、表と裏の顔を使い分けるのも1つの方法です。

剣（ソード）の8

長い人生には 孤立する時期も

自分の限界を認めざるを得ない状況でも、そこには必ず学びがあります。たとえ周りから孤立したとしても、そんな苦しい場面だからこそ発揮できる力に気づけるはず。もしかしたら、あなたは今、自分だけに集中することが必要なのかも。長い人生には、そんな時期もあるのです。

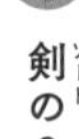

剣（ソード）の9

その恐れは本当に必要か

周囲の環境があなたの不安を掻き立てるため、眠れない夜があるかもしれません。あるいは罪悪感やコンプレックスが刺激され、消えてしまいたくなることも。しかし冷静になれば、そう悪い状況ではないとわかるはず。あなたの恐れこそが、未来を暗くしているということに気づいてください。

剣（ソード）の10

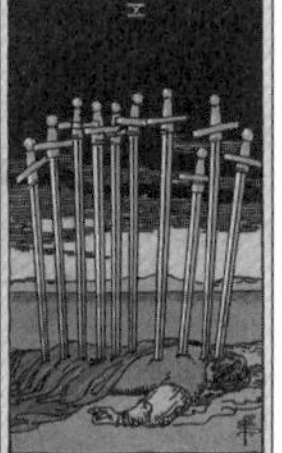

実現不可能でも意味のある学びに

あなたの周りで何かが終わりを迎え、その代わりに新しくスタートするものがありそうです。そのアイデアはすばらしいものですが、あまりにも理想が高すぎて、最終的にはかたちにならない可能性も。しかし、そんな一連の流れを見ているあなたにとっては、大きな学びになるでしょう。

剣（ソード）のペイジ

古いしがらみを断ち切る勇気

ちょっとしたいたずら心であなたの心をかき乱す存在が近くにいるかもしれません。あるいは、斬新で画期的なアイデアを出そうと必死な周りの様子に影響を受け、あなた自身が浮足立っている可能性も。それでも、古いしがらみを断ち切ろうとするのは悪いことではないでしょう。

剣（ソード）のナイト

スリルを楽しんでトラブルにも対応

多くの物事が同時進行で展開するめまぐるしい状況を、あなたは楽しむことができるでしょうか。さまざまな情報が入ってきたら、それをフルスピードで処理しなくてはなりません。予想外のトラブルに対応するのは簡単なことではありませんが、そのスリルはよい刺激にもなります。

剣（ソード）のクイーン

情に流されず適切な判断を

あなたの周りで、誰かの経験や過去のデータから導き出される答えは、信頼性の高いものと言えます。常に適切な判断を下すのは難しいことですが、感情に振り回されない客観的な視点は大切です。そのお手本となるような存在が、あなたに精神的な強さを教えてくれるでしょう。

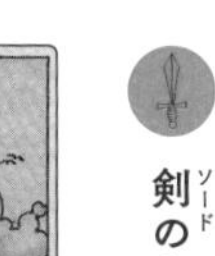

剣（ソード）のキング

大きな心で世の中を見る

周りに対する厳しい見方は、あなた自身にも忍耐を強いるでしょう。不満はあるでしょうが、世の中にはいろんな人がいるのだと割り切ることで、おおらかな気持ちになれるはず。正論ばかり言っていても物事は進みません。あなたの知性と決断力を認めてくれる人はきっと現れます。

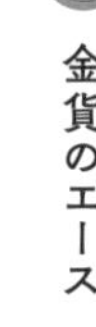

金貨（ペンタクル）のエース

生活自体が変化し始める

あなたを取り巻く物質的、経済的状況が変化しそう。おおむねそれはいい方向。新しい現実とのかかわりが始まります。それを機に新しい仕事がスタートしたり、趣味を始めたりしそう。小さな変化でも、今後長く影響を及ぼし、結果としてあなたの人生に大きな変容をもたらすでしょう。

金貨（ペンタクル）の2

何かを交換して助け合いの関係に

公平なギブアンドテイクが行われています。贈り物をもらったらお礼をするといった物質的な交換はもちろん、親切にしてもらったら相手が困っている時に手を貸してあげる、といった精神的な交換も行われているでしょう。あなたもその輪の中に入り、恩恵を享受しているようです。

金貨（ペンタクル）の3

成功している人を見て自分も決意を新たに

コツコツと努力を積み重ね、成功を手にした人が身近にいるようです。そして、夢をつかんでうれしそうなその人の様子を見て、あなたのやる気もアップ。「自分も頑張ろう！」と決意を新たにしたでしょう。また、実際にあなたの周囲でも努力が実る土壌が整いつつあるようです。

金貨（ペンタクル）の4

リスクを負わず防御の体制に

あなたも周りの人たちも、現在の状況に満足しているでしょう。そして、今手元にあるものを失うくらいならば何もアクションを起こさない方がいい、と守りの体制に入ってしまっています。そのため、あなたの周囲は物質的にも精神的にも進歩しにくい状態に陥っているでしょう。

金貨（ペンタクル）の5

欠乏感とどのように向き合うべきか

「欠乏」を表すカードです。問題を解決するための資金やリソースの不足、あるいは周囲がそのように判断しているのかもしれません。あなたへの支援者もこれ以上はエネルギーを割いてくれないでしょう。縮小傾向にある物質的条件と、どのように向き合うかが課題ただし心は貧しくならないで。

金貨（ペンタクル）の6

「贈与」はこの社会を回す愛の絆

物質的にも精神的にも恵まれている人が困っている人に何かを与える「贈与」のカード。あなたは今、贈与する側、受ける側のどちらでしょう。負い目を感じたり、逆に恩を着せる必要はありません。この社会は持ちつ持たれつ。いわゆる「経済原理」以外の心の交流が生まれているのです。

金貨（ペンタクル）の7

なれ合いの環境が成長を遅らせる

ある程度の実績を積み重ねることができています。しかし、厳しい目を向けてくれる人はおらず、なあなあの状態。「このままではいけないのではないか」「足りないのは何か」という一言を誰もが言えずにいるのかもしれません。さあ、猫に鈴をつけるのは誰でしょう。まだできることはあるはず。

金貨（ペンタクル）の8

自分だけのスキルを磨ける状況に

やりがいのある仕事を任されるなど、自分のもつ才能に気づき、鍛え上げられる環境が整います。また、それを割り振った人は、あなたの能力を高く評価しているのでしょう。その人が引き立ててくれることにより、あなたのもとにさまざまなチャンスが舞い込んでくるようになります。

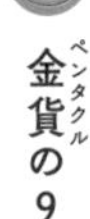

金貨（ペンタクル）の9

安定している環境でゆったりと過ごす

あなたにとって、とても居心地のよい状況になっているでしょう。経済的にも精神的にも余裕があり、自分自身でしっかりとコントロールもできているようです。まだ完璧な状態とまではいかないものの、思い描いていた理想に近い環境の中で問題とじっくり向き合えるでしょう。

金貨（ペンタクル）の10

すべてが整っている豊かな環境

何不自由ない満たされた環境ですが、裏を返せばなんの刺激もない退屈な環境ともいえます。変化にとぼしいために、問題解決の糸口を見つけるのにはかなり苦労するでしょう。あるいは、経済的な基盤が整い、問題と本腰を入れて向き合う環境がいよいよ整ったとも解釈できます。

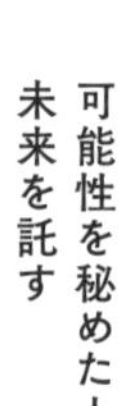

金貨（ペンタクル）のペイジ

可能性を秘めた人物に未来を託す

荒削りですが確かな才能をもっている人物が問題のカギを握っています。その人に思い切って舵取り（かじとり）を任せると、突破口を見出せるでしょう。または、あなた自身が周囲から可能性を秘めた人物だと評価されている可能性も。その場合は、丁寧な仕事で信頼を勝ち取っていく必要があります。

金貨（ペンタクル）のナイト

コツコツと積み重ねた力をアピールできる

忍耐強く取り組んできたことを実現できる環境がいよいよ整ったようです。実力もしっかり備わったあなたなら、この状況をうまく利用して自分の能力を存分に発揮し、根念願のものを手にきるでしょう。ただ、気づかぬうちにキャパオーバーになっている場合もあるので、過労に注意を。

金貨（ペンタクル）のクイーン

成熟した環境で現実と向き合える

安心して問題と向き合える状況が整います。舞い込むかどうかもわからないチャンスに期待するのではなく、地に足の着いた現実的な考え方ができるようになり、あなたにそうアドバイスをしてくれる人も現れるでしょう。長く働ける仕事や貯蓄の目途（めど）も立ち、不安が解消されそうです。

金貨（ペンタクル）のキング

周囲が求めるのはリーダーのあなた

リーダーシップを求められることが増えそうです。自分自身の損得だけではなく、仲間たちにもきちんと目を配る必要が出てくるでしょう。これまで以上の責任を背負うことになる一方で、直感に頼らず思慮深く振る舞うことができれば、あなたの力を周囲に認めてもらえるでしょう。

POSITION 1 2 3 4 5 6 7 8 9 10

COLUMN❽

コートカードを解釈する時のポイント

小アルカナのペイジ、ナイト、クイーン、キングという４種類の人物札を、コートカードと言います。人物の絵柄が強調されたカードですから、占いたいテーマにおける相手の人物像や、自分との関係性といった意味を見いだしやすいでしょう。それ以外にも、たとえば状況やメッセージなどを読み取れるケースもあります。

以下は単純化したイメージですが、基本の人物像としてとらえておいてください。

【ペイジ】
未熟だけれどフレッシュで、無限の可能性を秘めている若者

【ナイト】
タフで行動力があり、勇気をもって賢く立ち回る男性

【クイーン】
穏やかだけれど芯が強く、包容力にあふれた女性

【キング】
心身ともに満たされ、自信をもって周りを導く成熟した男性

実際のタロット・リーディングでは、これらの人物的なイメージに、棒（ワンド）（直感／火）・杯（カップ）（感情／水）・剣（ソード）（思考／風）・金貨（ペンタクル）（感覚／地）のソートをかけ合わせて、コートカードとしての意味を取ります。

また、ここではイメージしやすいように「若者」「男性」「女性」という言葉を使いましたが、これらの肉体的な年齢や性別にとらわれて、リーディングの幅を狭めないように気をつけてください。現実には、女性でもキングのように威厳のある人もいれば、クイーンのようにあたたかく思いやり深い男性もいます。基本的なイメージは踏まえつつ、年齢や性別といった枠を超えて、柔軟にコートカードを読めるようになると、ぐっと深い読み解きができるようになるでしょう。

POSITION

9

将来の気持ち

9 将来の気持ちのポジションが表すもの

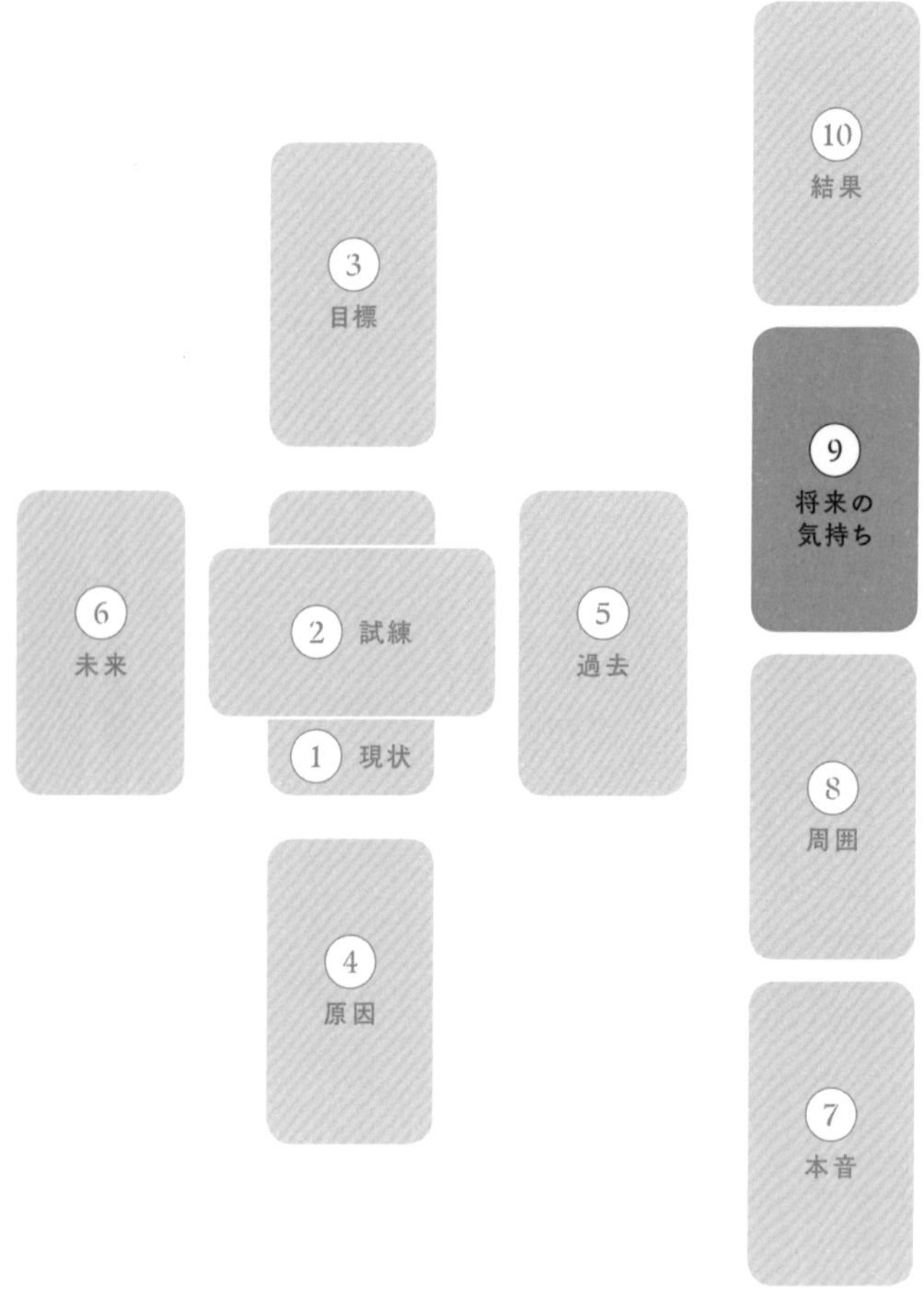

Hint 1

将来に抱く期待や恐れ

ここでは、単純に将来の姿が具体的なかたちとして示されるだけではなく、あなたが未来に対して抱く期待や望み、あるいは恐れの気持ちを読み取ります。また、あなた自身が将来像に対してどんなイメージを思い描いているかが浮かび上がってくることもあります。他のカードとギャップがある場合、思いがけない気持ちの変化を示す可能性もあるようです。

Hint 2

2種類の未来が導きだす姿

〈⑥未来〉は近い未来、それに対して〈⑨将来の気持ち〉は遠い未来ととらえることもできます。〈⑨将来の気持ち〉は〈①現状〉から〈⑧周囲〉に出たカードを踏まえたうえで明確になる未来。そこに描かれた姿をあなたが喜んだり、恐れたり……といったことも暗示します。場合によっては、他者の将来に対しての気持ちやあなた自身のコンディションを読み解くこともあります。

Hint 3

将来の気持ちの読み解きのコツ

このカードとあわせて確認したいのは、〈⑦本音〉のカードです。今抱えている気持ちや深層心理が将来の姿や気持ちに影響を及ぼしている可能性が高いでしょう。どちらもあなたの感情の動きを示す場合がありますから、この2つのカードはひと続きの流れだと思ってもいいかもしれません。また、これまでのカードの流れを踏まえると、将来のあなたの方向性や決断のヒントが見えてきます。

9

将来の気持ち
に出たのが…

未来に対する
「ワクワク感」と「不安感」は
違うようで実は同じもの
見えないものに対して、
期待をするか、
悲観をするかの違いなのです
どうせ同じならば、
明るい未来を
想像してみませんか？

MAJOR ARCANA

0 愚者

無垢な気持ちで前へ歩き出す

あなたは『愚者』のカードを見て、どう思いますか？　危ないと思いつつも、明るく天真爛漫な表情に、心引かれる部分があるのではないでしょうか。時には何も考えず、可能性を信じて突き進んでもいいのではないか。あなたの心は将来、そんな望みをもつようです。素直な姿勢が実ることも。

1 魔術師

THE MAGICIAN.

この道を先に進む術を身につけたい

困難を乗り越えるスキルが欲しい。壁を壊してこの道の先に進みたい。自分は先人がいなくても、何かを始められる。そんなチャレンジ精神が、ふつふつとわいてきそうです。今はまだ思いもよらない、才能の開花や未知の世界に踏み込む勇気が出てくることを望んでいるのでしょう。

2 女教皇

言葉にしなくても理解してほしい

これから起こるであろうことは謎に満ちています。とても繊細で、簡単に描写できないかもしれません。それを無理に言葉にする必要はないのです。ただ、心に起こってくることを胸の内に秘めておくことも大切。さらにスピリチュアルな洞察を得ることも。秘密もキーワード。

3 女帝

あふれる母性で包み込みたい

あなた自身、心が成長して誰かを受け止めたり、育むことができるようになるかもしれません。あるいはあなたの心を満たしてくれるような存在に出会える可能性も。すべてを委(ゆだ)ねることができるような大いなる母性と実りのカードです。また物質的な豊かさを享受(きょうじゅ)することも。

4 皇帝

絶対的な立場で物事を解決したい

リーダーとなり、絶対的な力で物事を解決したい。そんなふうに考える時が来そうです。違うと思ったことに、はっきりノーと言える。絶対君主のような人物や立場に憧れ、そうなりたいと思うでしょう。しかし強さを望んでいる一方では、責任を負うことへのプレッシャーもあるようです。

5 教皇

精神的な支えになりたいと願う

頼られたい、尊敬されたいという気持ちが強く現れてきそうです。それは、人の上に立ちたいといった、野心の芽生えではありません。誰かに必要とされ、精神的な支えになりたいということです。ただ同時に、言葉1つで人の運命を左右することへの恐れも感じるようになるでしょう。

6 恋人

心が叫びたいのは好きという気持ち

未来のあなたは損得にとらわれず、心のときめきに正直になりたいと考えるようです。自信がなかったり、技術や経験が伴わなかったり、人と比べたり。さまざまな理由で口に出すことを躊躇（ちゅうちょ）していた「好き」という気持ちを、人の目を気にせず大きな声で叫びたいと切望するでしょう。

7 戦車

未来が欲するのは強い意志と推進力

強い意志だけでは足りない。推進力がなければ、進歩はありえない。あなたがそう考え始めるのは、この先にある未来の話だといえます。自分の衝動を上手にコントロールして、先に進みたいと願うには、まだ時間がかかるようです。同時に、力不足を不安視する気持ちも出てくるでしょう。

8 力

本能という獣をうまく制御したい

この先あなたが取り憑（つ）かれるのは、自分の本能をうまくセーブできるのだろうかといった不安かもしれません。しかし一方であなたは、上手に制御したいと強く願っているようです。抑えつけるのではなく、『力』のカードのように欲求を手なずけたいと思うでしょう。それが強さになるのです。

9 隠者

1人の時間をあえてつくりだす

将来、あなたは内にこもる時間が欲しいと考えるようです。外界との接触を避けて思考したいと願う一方で、自分だけが取り残されるかもしれないという大きな恐怖を抱えることも。今の世界は情報があふれすぎています。時にはニュースやSNSの通知などをオフにすることが必要です。

10 運命の輪

回る輪の中にいる自分を実感する

今後、あなたは「自分は、動く輪の中に存在している。悪い時もいい時も巡るもの」と強く感じることがあるでしょう。これまであなたを苦しめていた悩みも、ぐるぐると回る輪の中で起こっているのだと思えて、不意に肩の力が抜けるはず。未来にはそんな心境の変化があるようです。

11 正義

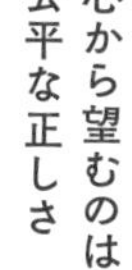

心から望むのは公平な正しさ

物事を冷静に判断したいという気持ちが芽生えてきそうです。好き嫌いや損得だけではなく、もっと高次元にある正義を貫きたい。それを大切に思う自分でありたい。そんな決意に似た望みを心に抱くようです。公平さや平等という思想に、強く引かれて行動するようになるでしょう。

12 吊られた男

悲観する気持ちと視点を変える発想

あなたはこの先、今の自分は何をやっても中途半端で宙ぶらりんだと悲観してしまいそうです。また、目標の軌道修正を恐れる気持ちもあるでしょう。けれど一方で、あなたは「逆の視点で考えればいい」「価値観の転換をしよう」という発想に行き着くようです。変化を受け入れられます。

13 死神

心から恐れるのは終止符を打つこと

この先、あなたがもっとも恐れるのは、物事の終わりを迎えることのようです。今まで執着してきたこと、時間をかけて育んできたこと、どうしても手放したくないこと。終止符を打つことが新しい未来や希望のために必要なのだとしても、それを終わらせるのが怖くなるのです。

14 節制

ゆったりとした交流を望むように

もう無理をするのはやめよう。そう思う未来がやってくるようです。固執していた何かから解放され、閉ざしていた心の扉がゆるやかに開いていく音が聞こえてきます。その自由は奔放(ほんぽう)ということではなく、節度をもったもの。振り回されず、人との穏やかな交流を望むでしょう。

15 悪魔

暗い感情に支配される恐怖

欲望に忠実になる自分を思い描き、それを恐れる。そんな未来がやってくるかもしれません。甘い誘惑に心引かれたり、暗い感情に支配されたり。そうはなりたくないとあらがっているのに、悪魔の声に耳を傾けそうな自分がいる。誰しも感じる揺らぎの気持ちをとても怖いと考えるようです。

16 塔

崩壊することへの恐れと願い

この先の未来には、大切に築き上げてきたものの崩壊を、とても心配する自分がいそうです。あなたにとって、それは考えられる最悪のシナリオでしょう。その一方で、この際すべてが壊れてリセットできればいいのにと願うあなたがいるのも事実。転機を迎える不安も大きいのでしょう。

17 星

胸にともるのはまばゆい希望の光

まだ先のことになりますが、あなたは空に輝く星のような希望を胸に抱くでしょう。今までにない新鮮な気持ちや純粋な向上心が生まれ、それはあなたを導く光となるはずです。やる気が出たり、夢や理想をもったり。現状とは違う前向きな心の変容を感じられるでしょう。

18 月

大きな不安で胸がいっぱいに

あなたは今後、どうしようもない不安に取り憑かれそうです。裏切られたらどうしよう。騙されているのではないか。そのような不穏な考えでいっぱいになり、胸が押しつぶされそうになるかもしれません。人の心がわかればいいのにと思う一方で、自分の本心さえも見失うことになりそうです。

19 太陽

生きる力に満ち活動的でありたい

生きる喜びを得たいという心持ちになる日がやってきそうです。自分自身、純真でありたいとか、明るく情熱的で、生命力がほとばしる人間になりたいと思うでしょう。まぶしいほど光る成功をつかむため、エネルギッシュに活動したいという信念が芽吹いて、周囲の人をも照らすのです。

20 審判

復活させたいのは刷新された過去

マンネリ状態からの脱却を願うようになりそうです。以前から大切にしていた事柄を、復活させたいと考えます。とはいえ、過去のそれに今のあなたの知恵を加え、リニューアルすることを前提とした事柄だといえます。新しいものの見方をしたいという気持ちも出てくるようです。

21 世界

目標にたどり着き新たな世界へ

近い将来、あなたは「自分はすでに、完成された幸せに到達したのではないか」という考えに至るようです。それは心に沈殿していた重い空気が大きく入れ替わるような、すがすがしい感覚でしょう。そして、その先の新しい世界を思い描き、輝かしい未来を生きたいと強く願うようです。

棒（ワンド）のエース

後先を考えずにスタートを切りたい

未来のあなたは、いろいろなことを考えるのに疲れてしまうかもしれません。そんなあなたが望むのは、後先を考えず、突き進みたいということのようです。小細工や忖度（そんたく）は後回しにして、まずは動くこと。心を煩（わずら）わせる雑多なことは、スタートをしてからでいいと思うでしょう。

棒（ワンド）の2

前に進む気持ちと押しとどめる力

安定を選ぶか、変化を選ぶか。これより先に生きるあなたは、2つの選択肢の間で迷いそうです。相反する望みが生じており、こうしたいという気持ちのパワーが拮抗（きっこう）しているのでしょう。火のように強い思いを押しとどめるには、相当な熱量が必要となるはずです。今はせめぎあっています。

棒（ワンド）の3

最初の成功に喜びを見いだす

まずは、この小さな成功を喜ぼうという心境になっていそうです。現在、大きな成果を得なければとか、問題をクリアしない限り、成功はありえないという思いにとらわれている人にとって、それは想像がつかないかもしれません。小さいけれど、確かな光を得たいという心境です。

棒（ワンド）の4

平和と幸福を感じることができそう

近い将来、心の安らぎを感じられるようになりそう。親しい人や心を通わせている人と穏やかな時間を過ごし、リラックスできるでしょう。いかにしてそのような自分自身の「聖域」をつくることができるか。そして誰にも邪魔できない、平和の園をあなた自身で守っていきましょう。

棒(ワンド)の5

自分の居場所を脅かされたくない

未来のあなたは、敵の出現を恐れることになりそうです。とはいえ、その敵に悪意があるとは限りません。あなたが安定させたい、このままでいたいと願う状態が覆されるとか、まだまだ成長の過程にあるこの居心地のいい場所をかき回されるとか、そういったことに恐怖を抱くようです。

棒(ワンド)の6

成功と、その裏側にある不安の心理

将来、自分の成功で押しのけられる他者が生まれるという事実に、心乱されるかもしれません。自信に満ちて物事を遂行した結果、頭1つ抜きん出た自分と、それより低い位置への移動を余儀なくされた他者の存在。そうした人々と謙虚に向き合うことも忘れなければ心の平安が。

棒(ワンド)の7

覚悟をもって物事を押し進める

気を抜いたら、今の場所からは簡単に転落してしまう。優位にいても、すぐに逆転される。そんな恐怖が胸にわいてきそうです。それゆえに、覚悟をもって取り組みたい、注意を払いつつもエネルギッシュに物事を押し進めたいといった、強い心が生まれるはず。新たな力を得られそうです。

棒(ワンド)の8

再生のためのリセットを望む

早急に状況を変えたい。リセットすることで、再生を促したい。そんな希望をもちそうです。あなたを取り巻く状況は、大きく速い流れに飲み込まれようとするでしょう。これより高みを目指すのか、着地点を探すのか。どちらにせよ、今のままではいられず、大きな変化が必要と感じるようです。

棒（ワンド）の9

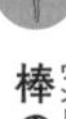

力を蓄えたのち凝縮・解放したい

あなたは将来、準備不足からくる不安に心を乱されそうです。決戦の時は近いというのに、自分の中には何もない。ただ、必死に防御をするだけ。そうならないためにも、さまざまな力を自分の中に凝縮して、蓄えたい。時がきたら、それを一気に解放したいと願っているようです。

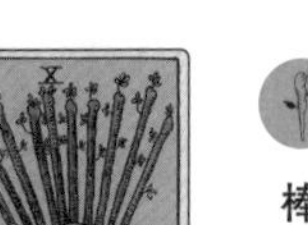

棒（ワンド）の10

大きな苦労の先に大きな成功がある

あなたが将来望むのは、苦しい試練の先にある大成功を手に入れるということでしょう。たとえばそれは、難問を解いた時に得られる、大きな報酬や快感のようです。簡単な謎解きで得る小さな利益には、引かれないはずです。苦労をしてこその成功だと考えるようになるでしょう。

棒（ワンド）のペイジ

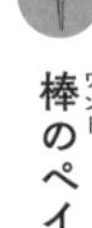

メッセージが新しく届く

新しいメッセージが入ることになりそうです。予想外のうれしいニュースがもたらされることもあるでしょう。あるいはあなたがメッセンジャーの役回りをすることにもなるかもしれません。フットワークを軽くしておいて、身軽に動けるようにしておくことが幸運を開くカギになりそうです。

棒（ワンド）のナイト

未知の世界に打って出たい

将来、心に満ちてくるのは、未知の世界に足を踏み入れたいという望みのようです。自分が思うままに、目標に向かって突き進みたい。不安や恐怖を乗り越えて、その先に行きたいと考えるでしょう。海外やまったく未知の世界に打って出たいという思いの表出、という可能性もあるようです。

棒(ワンド)のクイーン

しなやかな強さとわき上がる情熱

この先のあなたは、柔(じゅう)よく剛(ごう)を制すの言葉通り、しなやかな力強さが必要だと感じるでしょう。何事も前向きに。胸に秘めた理想に向かって、情熱的に物事を進めていきたいと望むようです。人の先頭に立ち、導いていきたいという熱い気持ちがわき上がることもあるはずです。

棒(ワンド)のキング

強固な意志とリーダーシップ

将来、あなたが必要だと思うのは、強力なリーダーシップです。熱い思いと自分を信じる気持ちを胸に、目標に向かってまっすぐに歩いていくこと。人の目など気にしないで、何も恐れず前進する強い意志。そんなことに憧れ、そんな強く確固たる自分でありたいと希望するでしょう。

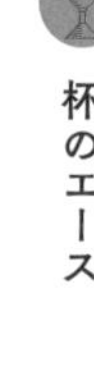

杯（カップ）のエース

戸惑（とまど）いながらも何かに引かれる

今のあなたには想像がつかない、別の何かに心引かれる。そんな未来がやってきそうです。それは「よし行くぞ」といった激しい勢いや決意を伴うものではありません。あなたの心は戸惑いながらも、少しずつ動かされていく。そんな、純粋で可愛らしく穏やかな歩みのイメージです。

杯（カップ）の2

未来に望むのは新しい絆

この先、あなたには新しく大切な絆が生まれそうです。今までの人間関係の中から、あるいは新しく出会った人と、強力なつながりの感覚や、深い信頼を得ることができるでしょう。今まで足りなかったピースを見つけて、それが「カチッ」とはまった実感を得ることができるはずです。

杯（カップ）の3

周囲の人々との調和に満ちた時間

自分1人の幸せは本当の幸せではないことをあなたは心の深いところで知っています。人とわかち合えてこそ本当の幸福を実感できるのです。誰かの喜びを自分の喜びに、そしてその逆も然り。そうした幸福のあり方をどこかで強く求めるようになっていくでしょう。

杯（カップ）の4

恐れているのはマンネリ化や失速

途中で物事が頓挫（とんざ）するのを恐れるようです。原因は、飽きてしまうといった内的な要因の場合もあれば、飽和状態からの失速といったこともあるでしょう。どちらにせよ、手がけていることが中途半端なかたちでストップすることや、マンネリ化することが不安の種になるようです。

杯（カップ）の5

獲得したものが欠ける恐ろしさ

失うことを心底怖いと思う。そんな自分になりそうです。『杯の5』が示すのは、獲得したものが欠けて生じる、心の痛み。3つの杯の中身がなくなり、傷つく心にスポットが当たるのです。その際、残った2つの杯の中身へ意識を向けるのは、非常に難しく、なくした方に気をとられます。

杯（カップ）の6

自分が得るより与えることが幸福

そのうちあなたは、自分が損をしても人に与えたいという心境になりそうです。自身が得た時の喜びより、人に与えた時の喜びの方が、ずっと大きいと実感する出来事が起こるのかもしれません。何を幸せだと感じるか。その信念や価値観が、大きく変化するのでしょう。

杯（カップ）の7

恐れるのはイメージへの陶酔

あなたが後に危惧（きぐ）するのは、自分自身で都合のいい幻想をつくり上げてしまうことです。現実の問題に対面せず、自身が思い描いたイメージの世界に浸ってしまう。実際とは異なるストーリーを想像し、その考えにとらわれる。そんなことを、時が経過してからとても恐ろしいと感じるようです。

杯（カップ）の8

新しいことへ切り替えたい

執着してきたものを、手放す勇気が欲しいと強く願うことになります。将来、あなたが置かれる状況は、すぐにでも手を引かねばならないほど収拾がつかなかったり、もはや終わりを迎えていたりする場合があるようです。懸命にやってきた人ほど、新しいことへの切り替えは難しいでしょう。

杯（カップ）の9

現実的・精神的な幸せを切望する

成功しても、それはかたちだけではないか。本当に心が充足する幸せをつかめるのか。そんな恐れを抱きそうです。たとえ勝利を収めても、それは表面的なものだと心を閉ざしてしまうのかもしれません。現実的な成功と精神的な成功の折り合いのつけ方を探り続けることになるでしょう。

杯（カップ）の10

周囲と分かち合う幸福を望む

純粋に成功を喜びたい、みんなでその幸せを分かち合いたいという心境になりそうです。自分だけで富を囲い込むとか、独り勝ちをすることには興味がなく、そこに幸せは存在しないと考えます。あなたが欲するのは『杯の10』の幸福な絵柄そのもので、みんなが満ち足りた姿です。

杯（カップ）のペイジ

未来に望むのは打算なき心

未来のあなたは、無垢な心で物事を進めていきたいと願うようです。ことによると策略を練ったり、人の心をかき乱したりした罪悪感から、そのような思考に至るのかもしれません。また、失われてしまったフレッシュな感性を取り戻したいという思いが、表出する場合もあるでしょう。

杯（カップ）のナイト

芸術的感覚に強く引かれる

若々しくみずみずしい感性や、芸術的な感覚を強く欲するようになりそうです。反面、その世界にどっぷりとはまり、心酔してしまうことへの恐怖ももち合わせることになるでしょう。また、人心を魅了する物言いや、人の感情を揺さぶる演出の重要性に気づくこともあるようです。

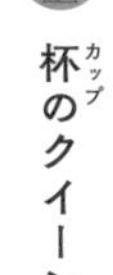

杯（カップ）のクイーン

大切なのは献身や相手への思いやり

この先、あなたには、周囲への思いやりこそが大切だという気づきがありそうです。相手の話に耳を傾け、その心を受け止めること、利己的にならず、博愛精神をもって行動することで、世の中の流れに乗れるのだと思うようになるのでしょう。人に寄り添えるようになるのです。

杯（カップ）のキング

求めるのは厳格さと温かい心

広い心をもった、人望のある人間になりたいと欲するようです。厳格だけれど、人の感情に敏感。温かい思いやりをもって、相手の気持ちを汲み取れる。そんな理想の父親のような人物に憧れが。逆に将来人の信頼を裏切ったり、横暴になったりすることに恐れを抱く場合もあるでしょう。

剣(ソード)のエース

甘えと決別をして冷静な判断を得る

これまでとはガラリと変わった思考を手に入れそうです。自分の内にとどめていた視点を切り離し、外側に設定して、客観性を手に入れようとします。これは、冷静な判断をしたいとか、人に甘えたくないといった気持ちが芽生えてくることに起因しているのかもしれません。

剣(ソード)の2

動くことはせず判断は先送りに

このカードは、ダイナミックに物事を切り分けることへの重圧を意味しています。この先、あなたは知性という剣で物事を分断するのに、ためらいを感じるでしょう。決断は先送りにしたほうが賢明だろうとか、今判断するのはやめたいという逃げの気持ちが出てきて足がすくみそうです。

剣(ソード)の3

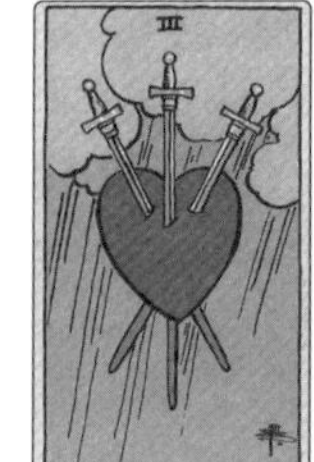

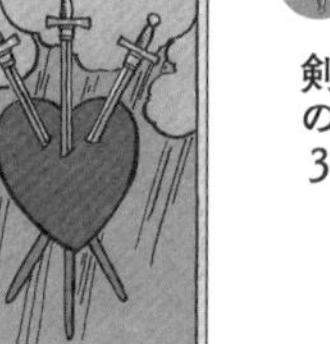

何かしらの別れを恐れることに

別れに対して、経験したことのない不安を覚えそうです。家族と離れること、親しい人との別れ、愛する人や環境との別離。恐怖に思う要素は人それぞれでしょう。別れや喪失は悲しいもので心が引き裂かれそうなものですが、人生の中では避けることができない試練と受け止めて。

剣(ソード)の4

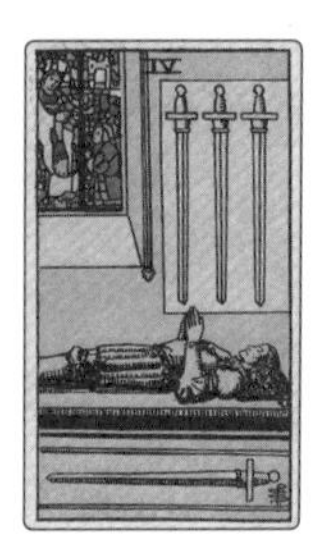

心から願うのは瞑想(めいそう)のような休息

一度、外界を遮断して、静寂の中で思考を巡らせたいといった望みがわき上がってきそうです。疲弊(ひへい)した心と体には、瞑想のような休息が必要なのだと考えるようになります。これまで、立ち止まってはいけないと自分を励ましてきた人ほど、今後の歩みの中でこの状態を切望するでしょう。

剣（ソード）の5

何もわからず突き進む恐怖

周りが見えなくなることに、恐怖を感じそうです。夢中になるあまり、他を見ない。そんな状態を危惧（きぐ）しているのでしょう。敵も味方も周囲の状況も、自分のことさえわからなくなってしまうにもかかわらず、引くことを知らないで突き進んでいく自分になることが心配なようです。

剣（ソード）の6

思考や価値観を新しくしたい

この先あなたは、新たな段階へステップアップしたいと望むようです。これまでの考え方を捨て、まったく別の考え方を手に入れたい。思考回路を刷新したい。そんなことを希望するでしょう。あるいは、そうするためには今いる場所を捨て、旅に出る必要があるとも思うようです。

剣（ソード）の7

早急に進めた代償を考える

短期間でどうにかしようとして、出てきてしまった取り残しや、やり残し。今さえよければいいと、ごまかしてきたことへのしっぺ返しを恐れるようになりそうです。後で困ったことになるのではと思いつつ進めてきたことに身に覚えがあるなら、その不安はさらに強いものとなるでしょう。

剣（ソード）の8

極限のその先へ行こうという思い

将来のあなたは、たとえ追い詰められたとしても、限界を見つめ直し、自分に厳しくしていきたいと願うでしょう。独立心を育てたい、自分の新たな一面を発見したいといった、意欲的な心情がわき起こるようです。きちんと終わらせることと、その先の未来に目が向くのでしょう。

剣（ソード）の9

不安に取り憑かれ負けたくないと願う

この先、あなたは不安というモンスターに取り憑かれてしまいそうです。心の中で巨大化していくそれは、簡単に追い出せるものではないし、飲み込まれそうでとても恐ろしいと感じるでしょう。ただそれと同時に、不安に負けたくないという強い気持ちを欲することにもなるようです。

剣（ソード）の10

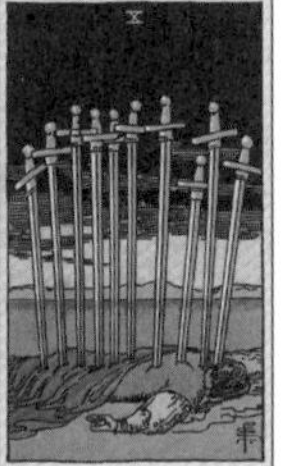
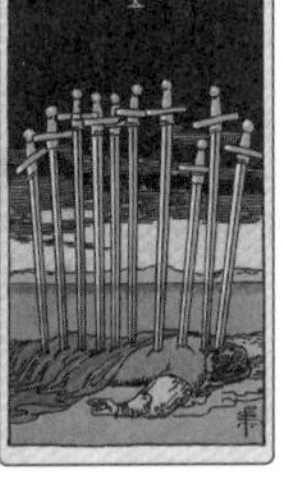

名案の実現化を不安に思う気持ち

大きく育てたこの計画は、うまく実現できるのか。そんな恐怖心がわき起こりそうです。自分の内でひっそりあたためてきた理想という卵を、生み出したいと願う気持ちと、実現に対する不安。カゴから出した青い鳥が、灰色になって落ちていくようなイメージに、恐れを抱くようです。

剣（ソード）のペイジ

規則の枠を破り革命を起こしたい

保守派に反対されようとも、自分は革命児になりたいといった、心境の変化がありそうです。もしかするとそれまでのあなたは、規則や古い習慣の枠から出ないようにしてきたのかもしれません。この先に生きるあなたは、枠組みから出て流れを変える人物となることを願うようです。

剣（ソード）のナイト

速度が成功への鍵になると考える

速さが足りない。慎重になりすぎている。未来のあなたが自分に思うのは、そんなことでしょう。スピード感の欠如が成功への足かせとなっているのだと考えるようです。何事もスピーディーに動くことに重きを置き、取り組みたい。あれこれ迷っている暇はないという考えに至るはず。

剣（ソード）のクイーン

情を排除した判断の必要性

時には、情に左右されない判断も必要なのだという考え方に変化していく予感があります。人の気持ちに寄り添ってきた今のあなたには、考えられないような審判を下す必要性が出てくるのかもしれません。確固とした判断材料から、情を排除して答えを出すことになりそうです。

剣（ソード）のキング

感情にとらわれず厳粛に規則を適用

過去の事例にのっとり、厳粛に規則を適用する冷徹な統率者になることを、あなたは望むでしょう。感情にとらわれず、自分の考えをはっきり言う必要性を、痛烈に感じる出来事があるのかもしれません。その反面、他人の意見に耳を貸さなくなっていく自分の変化を恐れることも。

金貨（ペンタクル）のエース

物理的で新しい関係性を望む

自分の肉体や金銭といった、目に見えるものとの新しいかかわり方を欲するようです。体を動かしたり、おいしいものを食べたり、欲しいものを購入したり。曖昧（あいまい）な感情ではなく、具体的なものに引かれていくようです。今までとは違う、新しく充実した生き方をしたいと望むでしょう。

金貨（ペンタクル）の2

意味があるのは交換すること自体

将来あなたは、今までとは違う、柔軟で気軽な交流をしたいと考えるようです。深く意味のある言葉をじっくりと交わすのではなく、軽快な言葉のやりとりそのものに、大きな喜びを見いだします。価値あるものの交換ではなく、交換すること自体に価値を求めていくでしょう。

金貨（ペンタクル）の3

この先求めるのは収穫の喜び

あなたは、小さな実りを大切にしていこうと考えるでしょう。一気にすべてを目指すのではなく、1を得たら2。その次は3というように積み重ね、そのつど、自分が得た収穫を喜ぶのです。そうして小さい喜びや充足感を得ることで、次の努力の糧にしたいと考えるようです。

金貨（ペンタクル）の4

失うのが怖いのは抱え込んだ成功

この先、あなたはこう思うでしょう。このまま何もしなければ、何も失わないと。それはきっと、ある程度の成功を手に入れたのが原因です。持たざる者より、持つ者が臆病になるのは当然の話。地道に努力して得たものを、奪われるのは悔しいもの。その感情といかに向き合うかがカギ。

金貨(ペンタクル)の5

自堕落(じだらく)になる不安を感じる

欠乏や不足を象徴するカードです。あなたが金銭的、あるいは体力的な不安を感じている可能性が。その不安をほかの人に投影して、自分より持たざる人を見て安堵したり、無意識的に見下すといった危険も。何を自分が持っていて何が本当に必要かを見極めることが大切です。

金貨(ペンタクル)の6

心が欲するのは平等に分けること

あなたは、そろそろ自分が人に分配していく番だと思い始めるようです。これまで自分がため込んできたものを、なるべく平等に分け与えたい。そんな心境の変化があるでしょう。もしくは、自分は謙虚な姿勢で、与えてくれた人に感謝しなければならないと考えを改めるようです。

金貨(ペンタクル)の7

一定の結果が出て新しいステップへ

未来のあなたは、次のステップに進みたいという望みをもつようです。それまで心血を注いで努力をしてきたことに、一定の結果が出るのでしょう。自分自身がそれに満足するか否かは別として、その時のあなたにはもう、次なる新しいビジョンが見えていて、心奪われているようです。

金貨(ペンタクル)の8

地道に挑んで先を目指したい

あなたは未来において、地道に積み重ねてきた努力の大切さを痛感するかもしれません。自分にそんなことができるのだろうかといった不安と、そうありたいという願望が、混在することになるでしょう。それは、自分に厳しくしていきたいという、決心にも似た強い願いのようです。

金貨（ペンタクル）の9

心と体の安定や自由を欲する

心と体を安定させたい。安心感が欲しい。心地よい場所を得たい。そんな望みをもつようになるでしょう。物質的な面からの安定と、心の余裕や自由を強く欲するようです。また、物質的・精神的な縛りがなくても、あなたに寄り添ってくれる相手を望む場合もあるでしょう。

金貨（ペンタクル）の10

希望するのは幸福な環境と維持

何もかも満たされる、安定した生活を手に入れたいと切に願うでしょう。誰が見ても幸福だとわかる、完成された世界にいたいと考えるようです。あるいは、未来のあなたはそうした環境を手に入れた後、この幸せをずっと維持していきたいと願って行動するのかもしれません。

金貨（ペンタクル）のペイジ

今できる最高のパフォーマンス

将来、あなたが強く思うのは、下手な小細工をしたりごまかしたりせず、今の自分ができる最高のパフォーマンスをしたいということです。情熱とまっすぐな気持ちを胸に、地道に積み上げていく。先入観を捨て、初心に返ることの大切さを、改めて実感する時がやってくるようです。

金貨（ペンタクル）のナイト

長期的な計画で成功にたどり着く

大きな問題にやみくもに戦いを挑むのではなく、小さな問題を少しずつクリアしていこうと考えるようになるでしょう。長期的な計画を立てて、小さな関門を次々と突破し、最終的には大きなゴールにたどり着く。地に足をつけて、堅実にいったほうがうまくいくと思うようになるようです。

金貨（ペンタクル）のクイーン

揺るぎない生活や常識を求める

目に見える確実さや、常識を重んじたいと思うリアリスト。夢の世界でふわふわと生きるよりも、揺るぎない安定した生活を得たいと願うでしょう。結局はそれが自分が求めている成功につながるのだと考えます。また、このカードは女性であれば、妊娠の兆候とも考えられます。

金貨（ペンタクル）のキング

地位と財産をもつ頼られる人物

社会という枠組みの中で、自分の地位を安定させ、財産を守っていきたい。そんなことを強く願うようになりそうです。その根底には、頼りにされたいといった気持ちがあるのかもしれません。また、地に足をつき行動に移す前にじっくり考えることが大切だと思うようになるでしょう。

リーディング上達のコツとは?

リーディングを上達させるために必要なことは、カードの1つ1つにあまりこだわりすぎないことです。もちろん最初のうちはカードの意味を覚える必要があるので、単体で読み解くこともあるでしょう。それ自体は悪いことではないのですが、リーディングというのはそこから物語を紡(つむ)ぎ出すことでもあります。流れを大切にするためにも、2つの視点を持つことが大切でしょう。

例えていうなら「イーグル(鷲(わし))&アント(アリ)」。鷲のように高いところからスプレッド全体を俯瞰(ふかん)することと、アリのように低いところから1枚1枚のカードの意味を丁寧に解像度を上げて読んでいくことの2つの視点を使い分けること。そしてそれを絡ませてカードの意味を確認していくことを心がけましょう。

公式を当てはめて読んだり、カードの意味に辞書的にこだわったりするのではなく、全体を通してふわっと意味がつながっていく状態が理想です。1枚ずつ読んでしまうと、途中で矛盾が生じることもあるでしょう。そんな時、すべてを通して見ていくことによって、柔軟に物語を作り上げることができるようになるのです。スプレッドに出たカードはどれも個として独立しているものではありません。各カードには相互関係があり、影響を与え合っている場合がほとんどなのです。

そして、何よりも大切なことは繰り返しリーディングを行うことでしょう。カードを見て何を連想するか、どんな状況を表しているか、相談者や自分が占いたいと思っていることは何なのか、さまざまな連想ゲームをくり返すことによって、物語をつくるセンスが磨かれていきます。

POSITION

10

結果

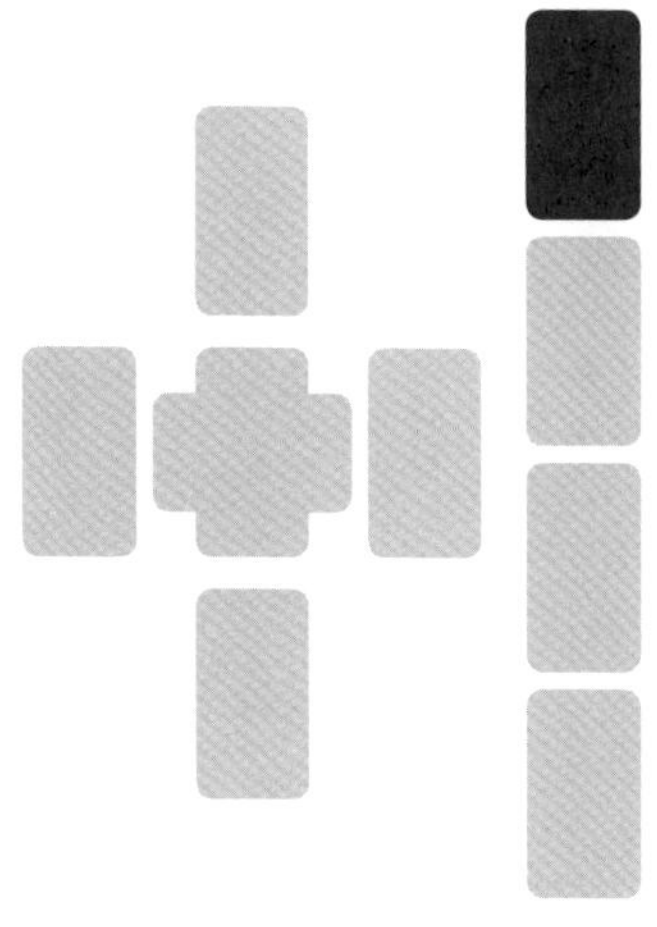

10 結果のポジションが表すもの

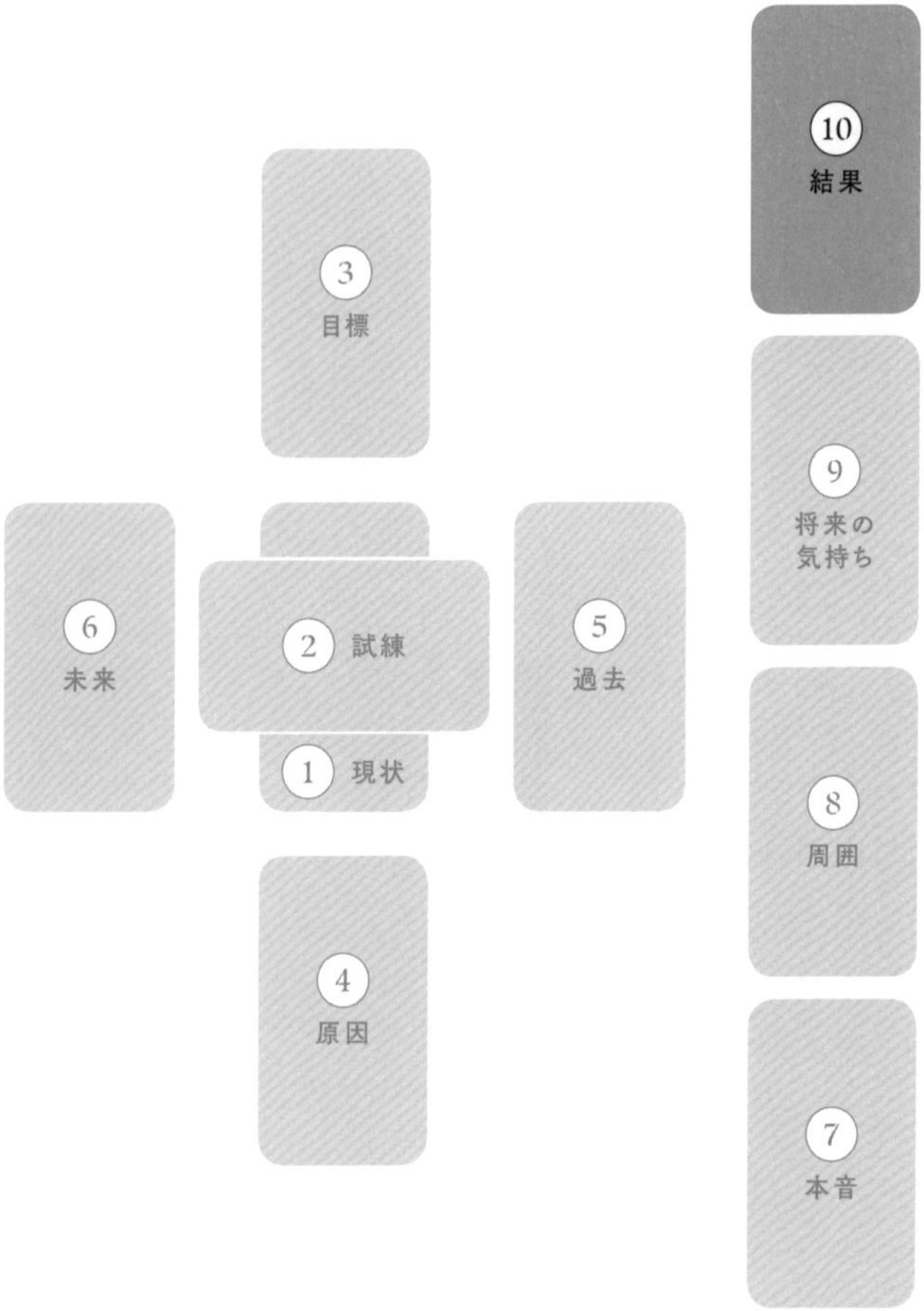

10 結果
3 目標
9 将来の気持ち
6 未来
2 試練
5 過去
1 現状
8 周囲
4 原因
7 本音

Hint 1

あなたの問いに対する最終結論

あなたがタロットカードに問いかけた問題の、最終的な結果を表すのがこのポジションです。相談者にとってのこの問題の意味、もしくはこのまま何も改善せずに進んでいったら、カードが示すような結果が待ち受けていると解釈できるでしょう。望まないカードが出ると、ショックを受けるかもしれませんが、このポジションに出たカードの印象だけにとらわれすぎないようにする必要があります。

Hint 2

この問題から何を学ぶのか

このポジションでは、「この問題から何を学び、どう成長していくのか」ということも読み取ることができます。壁にぶつかった時、人はそれを乗り越えようと試行錯誤するもの。その過程で、いろいろなことを感じるはずです。今は大変かもしれませんが、その経験は必ずあなたの人生において大切な糧になるでしょう。ここに出たカードは、成長したあなたを示しているともいえます。

Hint 3

結果の読み解きのコツ

ここだけでこの問題が迎える結末を判断してしまっては、9枚のカードを読み解いてきた意味がありません。このポジションにとらわれず、今までの流れを大切にしてください。また、これで全部のカードが出揃ったわけですから、このタイミングで全体を俯瞰(ふかん)的に見てみるのもいいでしょう。その時に「おや？」と感じたことの答えを、この位置に出ているカードが教えてくれるかもしれませんよ。

―⑩―

結果

――に出たのが…

あなたはこの問題に
ぶつかったことで
何を学び、どんな成長を
遂げたのでしょうか
今はまだ、自分の変化を
感じられないかもしれません
しかし、すべてが終わった時に
「この問題と向き合ってよかった」
と思えるようになるでしょう
それでは、気持ちを込めて
最後のカードと向き合ってください

MAJOR ARCANA

0 愚者

もう一度原点に戻る

いろいろなことが起こって、あなたはそこからさまざまなことを学ぶでしょう。けれど、もう一度あなたは原点に立ち返ることができるはず。初心に戻って、フレッシュな視点であなたのこれからを見つめることができるでしょう。1周回って、新たなスタートを切ることができるはずです。

1 魔術師

強い意志をもって希望を叶える

今あなたが抱えている問題は、自分自身の能力やスキルによって解決していけるでしょう。何よりも強い意志をもつことが大切です。目標をはっきりさせて、明晰な意識によって合理的に課題をクリアしていくことになるでしょう。新しいアイデアやヒントを得ることにもつながります。

2 女教皇

隠されていた真実に触れる

あなたは、これまで隠されていた問題の本質に触れることになります。それにより解決案が導き出され、未来はどんどん明るくなっていくでしょう。また、あなたのひらめきによって物事がいい方向へと進んでいく暗示もあります。ここは、自分のシックスセンスを信じて進んでみましょう。

3 女帝

努力の種が花を咲かせる

これまでの努力が報われる時が来ています。相応の対価を得られたり、望んでいた結末を迎えられたりするでしょう。理想の未来を手に入れたことで、生活や心にはゆとりが生まれ、充実した毎日を送れるように。また、あなたを包み込んでくれる女性が登場する可能性もあります。

4 皇帝

実権をにぎり判断を下す時

この問題について、決定権をにぎることになります。どんな判断を下すかは、あなた次第。しかし、仲間や弱い立場の人に対する配慮を忘れると、途端にあなたに対する信用は地に落ちてしまうでしょう。力を振るう時には、それに伴う責任や倫理があることも心に留めておく必要があります。

5 教皇

アドバイスが解決の糸口に

とある人からの助言をきっかけに、状況は好転していきます。ただし、あなたにその言葉を真摯（しんし）に受け入れようという気持ちがなければ、いつまで経っても現状のまま。早期解決したければ、自分からアドバイスを求めてみて。あなた自身の考えと照らし合わせながら、判断の材料にしましょう。

6 恋人

好きなことがあなたを救う

あなたが抱えている問題は、最終的にはあなたの決断によってよい方向に向かうでしょう。あなたが情熱や愛を感じられることに力を注げるようになります。本当にあなたの心をときめかせることが正解です。妥協を重ねることは、結果的にマイナスの方向に進んでしまうかもしれません。

7 戦車

夢に向かって突き進む

強い意志をもったあなたは、もう他人の意見に流されたり、周囲の目を気にしたりすることはありません。自分の決めた目標に向かって、ブレずに突き進んでいけるでしょう。すると、問題を解決できるのはもちろん、さらにやりたいことが見つかり、充実した毎日を送れるようになるはずです。

8 力

己を制御しコントロールできる

あなたは、自分の感情をコントロールする術を学びます。怒りや悲しみで冷静さを失わなくなった結果、心に余裕が生まれて問題は解決へと向かうでしょう。また、今回の壁を乗り越えたことであなたは大きな自信を得ます。何事も前向きにチャレンジできるようになるでしょう。

9 隠者

自分と向き合い心の声を聞いて

自分の内に秘められた、心の声に耳を傾けるように。すると、今の自分がもっとも求めていることは何なのか見えてくるでしょう。また、心と体をしっかりと休めることで力がみなぎり、問題と正面から対峙しようという意欲がわいてくるはず。1人の時間を大切に過ごしてください。

10 運命の輪

状況が変化し幸運が舞い込む

チャンスがどんどん舞い込んでくるようになります。今抱えている問題が転機となり、あなたの人生はよりよい方向へと動き出すでしょう。ただ、このタイミングを逃すと行き詰まってしまう可能性も。「今がチャンスだ!」と感じたら、思い切って飛び込んでいく勇気が大切になります。

11 正義

自分の正義に従い判断を下せる

今抱えている問題に対して、公平な判断を下せるようになります。その結果、物事が順調に進み出し、理想の実現へと一歩近づけるでしょう。また、あなたの中で何が正義で何が悪なのか、基準がはっきりと定まります。それにより、何かを決める際にブレずにすむようになるでしょう。

12 吊られた男

身動きできない今何を感じ取るか

状況はさらに混迷を極め、あなたは身動きがとれなくなってしまうでしょう。この先の見えない迷路から抜け出すには、もう少し時間がかかりそうです。ただ、迷っている間は何も進まないわけではありません。試行錯誤をくり返すうち、あなたはいつの間にか精神的成長を遂げているでしょう。

13 死神

縁を断ち切ると新たな始まりが

あなたは、この問題にかかわる物事のすべてを捨てる選択をするでしょう。しかし、これは敗北ではありません。身辺が整理されることで、目標が明確になり、スッキリとした気持ちで次のステージへと進んでいけるのです。また、あなたの頭を悩ませていた悪縁もこの機会に断ち切れるでしょう。

14 節制

TEMPERANCE.

周囲との交流が幸運のカギに

家族や友人、同僚などあなたとかかわりの深い人とのコミュニケーションが活発になります。その結果、協力して問題に対処できるようになり、解決の目途(めど)が立つでしょう。ただし早く物事を収めるためには、多少あなたにとって都合の悪いことでも受け入れる寛容性が大切になります。

15 悪魔

THE DEVIL.

自分の弱さと向き合うことが大事

苦手なものやコンプレックスと向き合うことになるでしょう。苦痛を感じるかもしれませんが、そうした自分ときちんと向き合うことで、幸運をつかむヒントを得られます。見栄(みえ)を張らず、素直になりましょう。また、「どうせできないだろう」というマイナス思考に支配されないように。

16 塔

THE TOWER.

衝撃的な展開があなたを待っている

ショッキングな出来事が、現状を打破するきっかけになります。その瞬間は窮地(きゅうち)に陥ったように感じるかもしれませんが、見方を変えれば最大のチャンスになり得るでしょう。ピンチを脱するためにも、これまで築き上げてきた地位や固定観念にとらわれず、柔軟に対応することが大切です。

17 星

THE STAR.

希望の光があなたを照らす

悩みや不安が消え、新たな夢や目標を見いだします。進むべき道を見つけたあなたは、新鮮な気持ちで目の前のことに取り組めるようになるでしょう。また、インスピレーションが豊かになりアイデアが次から次へとわいてきます。それをもとに、どんどん活躍の場を広げていくでしょう。

18 月

不安の正体は思い込みかも

気持ちがうつろいやすくなり、自分の判断に自信がもてなくなるかもしれません。それでも、自分の直感を信じて行動できるかどうかが、現状を打破するカギになるでしょう。どうしても不安な時は、その原因を突き詰めてみてください。きっと、実体がないものだと気づくはずです。

19 太陽

能力をアピールし世界を広げて

あなたは今抱えている問題を乗り越え、成功をつかむでしょう。そして周囲から称賛を浴び、輝かしい一歩を踏み出すのです。活躍の場も増えていき、自分の魅力や才能を思う存分アピールできるでしょう。堂々と振る舞えば、あなたを応援してくれるファンも現れるかもしれません。

20 審判

過去から学び未来を切り開く

この経験から、あなたは自分が思っている以上にさまざまなことを学びます。そして、また似たような事態に陥った際には、この経験をもとに乗り越えていけるでしょう。これまでと考え方や価値観も変化し、視野が広がります。柔軟な発想ができるようになり、世界が広がるでしょう。

21 世界

完成に近い状態あなたは次の目標へ

人間関係、仕事、プライベート、理想に近い状態を手に入れます。どこかに不満を見つけることのほうが難しいかもしれません。ただ、そんな状況に満足すると、あっという間に堕落してしまうでしょう。次の目標を見つけてまい進することが、充実した生活を送るためには必要不可欠です。

棒（ワンド）のエース

チャンス到来 ポジティブ思考で

やる気に満ちあふれ、前向きな気持ちになれます。新しいことに挑戦しよう、新しい出会いを探そうと行動範囲を広げていくでしょう。また、どんなことにもくじけないタフさも手に入れます。これまでの流れとは少し違ったかたちで新しいことへの熱意が生まれてくる可能性も大。

棒（ワンド）の2

勇気を出せるかが未来を左右する

物事が大きく動き出しますが、あなたは変化についていけず大胆なアクションを起こせないかもしれません。自分を奮い立たせて一歩踏み出せるかどうかが、未来の状況を左右するでしょう。また、同じように不安を抱えている人と力を合わせることで、問題解決の糸口をつかめます。

棒（ワンド）の3

物事が一段落し次のステップへ

今頭を悩ませている問題は、ひとまず終息へと向かいます。そしてそれをきっかけに、あなたのもとに小さなラッキーが次から次へと舞い込んでくるようになるでしょう。そしてあなたは、次の目標に向けて歩き出します。これまでにあなたが手にしたものが、次の資本になります。

棒（ワンド）の4

仲間とともに祝杯を上げる

問題はいったん、あなたが望んでいたかたちに落ち着くようです。ホッと一息ついたあなたを見て、家族や友人などの親しい人たちも喜んでくれるでしょう。また、これは次の目標に向かって進むための準備期間でもあります。新たな冒険に備えて、今はしっかり心と体を休めましょう。

棒（ワンド）の5

事態はさらに混迷 その状況を好機に

さらなる試練が訪れます。頑張ってもなかなか成果が出ず、窮地に追い込まれるでしょう。また、思わぬライバルの登場もあるかもしれません。しかし、そんな状況こそあなたの真の力を発揮するカギになります。この壁を打ち破った時、想像以上の達成感で満たされるでしょう。

棒（ワンド）の6

周囲から注目され 自信を取り戻す

周りの人からあなたの頑張りや才能が高く評価されます。すると、あなたの自尊心は満たされ、自分に自信がもてるようになるでしょう。その結果、あらゆることに積極的になれます。ただし、今回の成功は家族や友人など多くの人の支えがあってこそだということを忘れないように。

棒（ワンド）の7

現状維持のために 覚悟を決めて

何も失いたくないのなら、守るための覚悟を決める必要があります。今自分がおかれている状況を見極め、冷静に分析してみましょう。すると、そこに次のステップへと進むためのヒントがあるはずです。ピンチに陥っても、「絶対に乗り越えてみせる」というモチベーションを保ってください。

棒（ワンド）の8

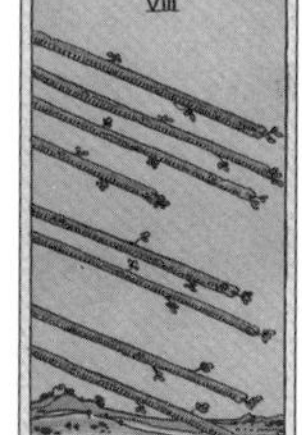

急展開を迎える 即決を心がけて

大きな転換期を迎えます。早急にやらなければならないことが増え、目まぐるしく毎日が過ぎていくでしょう。忙しいですが、それに比例して問題は想像していたよりもスピーディーに解決できます。決断をためらうと物事が滞ってしまうので、すぐ判断できるよう心の準備を整えて。

POSITION 1 2 3 4 5 6 7 8 9 10

棒(ワンド)の9

最後の試練
覚悟を決めて

問題の解決は目前に迫っています。あとは、あなたが覚悟を決めるだけ。腹をくくって正面から問題と向き合えば、未来はあなたの望んだ通りになっていくでしょう。いわばこれは最後の試練なので、しっかりと準備を整えて。そして、後悔のないようにあなたの全力をぶつけてみてください。

棒(ワンド)の10

自分の力量を
把握できるように

自分のキャパシティーを正しく理解します。頑張りすぎてしまうことが減り、無理なく目の前のことに余裕をもって対処できるようになるでしょう。また、これまでの努力も無駄にはなりません。苦労が多ければ多いほど、得られる成果もあなたの満足できるものになるはずです。

棒(ワンド)のペイジ

新鮮な気持ちで
取り組める

新たな出会いや発見が刺激となり、やる気に満ちあふれます。目の前の物事に対して、情熱をもって取り組めるようになるでしょう。しかし、経験不足からケアレスミスが発生する可能性もあります。年長者や経験豊富な人物を味方につけておくと安心して進んでいけるでしょう。

棒(ワンド)のナイト

力が満ちあふれ
目標へと突き進む

迷いがなくなり、アクティブになれるでしょう。恐れや不安にも打ち勝ち、自分の信じる道を果敢(かかん)に突き進んでいけます。ただし、パワフルな今のあなたは周りの人を振り回し迷惑をかけてしまう危険性も。信用を失わないためにも、周囲に対する配慮を忘れないようにしてください。

棒（ワンド）のクイーン

これまでの努力を自分で実感できる

自分の精神的な成長を実感できるようになります。そのため、何事にもポジティブな気持ちで向き合えるようになるでしょう。さらに、リーダーシップを発揮し活躍できる可能性もあります。情熱的でありながらも、仲間に惜しみない愛情を注ぐ心優しきリーダーになれるでしょう。

棒（ワンド）のキング

自信を得てさらなる試練に挑む

あなたの胸の内に眠る負けず嫌いな気持ちに火がつき、積極的に行動できるようになるでしょう。自信たっぷりに振る舞うことで、周囲もあなたを信頼してついてきてくれます。多くの仲間を得たことで、あなたは今よりもさらに大きな目標を掲げて、勢いよく突き進んでいくでしょう。

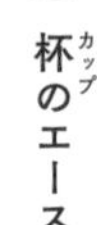

杯のエース

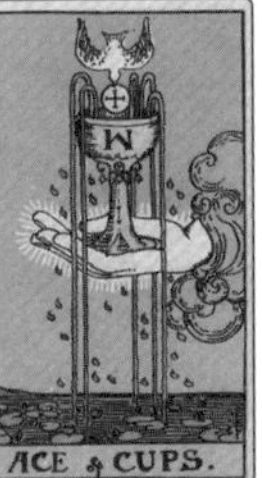

心境の変化により自然と物事は動く

あなたの問題や周りの人に対する気持ちが大きく変わっていきます。それまでとまったく別の見方ができるようになるので、霧が晴れたように頭の中がスッキリするでしょう。また、新たな人間関係も築かれていくので、目標を達成するなど、願いごとを叶えるチャンスが訪れやすくなります。

杯の2

周囲のサポートが解決のカギに

最終的には、あなたが求めている状況や関係性が手に入るでしょう。1人であれこれ画策するよりも、周囲と協力し合った方が早く進展していきます。どんな相手に対しても思いやりを大切にして交流するよう心がけると、思いがけないサポートや後押しを受けることもあるでしょう。

杯の3

多種多様な意見で方向性が決まる

あなたを悩ませている問題が、解決へと向かいます。自分1人で抱え込むのではなく、いろいろな人に相談しアドバイスをもらうことで結論が出るでしょう。そして、道に迷うことなく順調に物事が進んでいくようになるのです。できるだけ多くの人との交流を心がけてください。

杯の4

退屈さを感じて無気力な状態に

自分が置かれている状況に飽きてしまうでしょう。周囲からすると恵まれた状況でも、あなたにとってはどこか退屈に思えてしまうかもしれません。はっきりとした不満はないものの、なんとなくやる気が出ずゆううつな気分に。自分自身の気持ちと向き合って心を休めましょう。

杯（カップ）の5

目標達成は難航 新たな気づきを

期待通りの結果はなかなか得られないでしょう。信じていたものが崩れ、過去のトラウマがよみがえるなど、何かと悲観的になってしまいそうです。目標達成への道半ばで心が折れてしまう可能性も。ただ、そのなかで新たな気づきを得られるので、諦めずに少しずつ進んでいきましょう。

杯（カップ）の6

いったん立ち止まって 現状を見つめて

理想と現実のギャップに打ちのめされます。イメージ通りに物事が進まないことでイライラしてしまうなど、過去の栄光と比べて焦ってしまうかもしれません。現状を受け入れられず、現実逃避するのです。理想ばかりが一人歩きしてしまうので、きちんと自分の状況と向き合いましょう。

杯（カップ）の7

優柔不断な態度が 道を見失う結果に

1人で判断するのが困難な状況に陥ります。いろいろな考えが頭をよぎり、自分の意見に自信がもてなくなるでしょう。さらに周囲の意見や誘いに流されやすく、目標に到達するまでに遠回りすることになりそうです。ただ、自分には決められないからと、他人任せにはしないように。

杯（カップ）の8

変化を恐れずに 前向きな気持ちで

それまでの環境が大きく変わるでしょう。属していたコミュニティーや、人間関係のしがらみから抜け出します。長年つき合ってきた人やものと離れることで、心機一転。真に望むものを得るには、あるものを手放したり、今いる場所を後にする覚悟や勇気も必要かもしれません。

杯（カップ）の9

まっすぐ進めば理想の願いは叶（かな）う

努力してきたことが、ようやく実を結びます。自分が心の中で密（ひそ）かに思い描いていた理想の状況が手に入るでしょう。願いが成就（じょうじゅ）することで、あなたのモチベーションもさらにアップ。計画通りに物事が進みやすいので、どんどん新しい目標を立てて挑戦すると、どこまでも成長できそうです。

杯（カップ）の10

日々の生活の中で幸福に満たされる

今ある問題や障害がすんなり解決していくでしょう。余計な波風も立たず、何事も円満に進みます。ただし、刺激的な出来事は起こりにくいです。穏やかで安定的な日々に変わっていくので、何気ない幸せを感じられるでしょう。心に余裕も生まれて、満ち足りた生活を構築できます。

杯（カップ）のペイジ

新鮮な気持ちで多くの経験を積む

それまで経験したことのない未知の世界が広がります。目に映るものすべてが新鮮で、心の底からワクワクするでしょう。できることが増えていくのを感じ、それとあわせて新たな楽しみや興味も増えていくはずです。目の前のことを純粋に喜び、楽しめる自由を得られるでしょう。

杯（カップ）のナイト

感情を揺るがす新たな世界の序章

それまで経験したことのない喜びが訪れます。素直な感情を相手に伝えると、思いが実るでしょう。あちこちに意識を分散させず、1つの物事に集中して、惜しみなく情熱を注ぐと成功するはず。自分の気持ちとしっかり向き合い、積極的な行動を心がけるようにしてください。

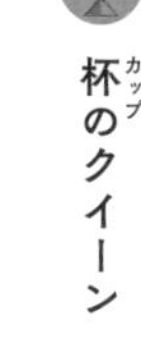

杯(カップ)のクイーン

あふれ出る愛情が周囲に向けられる

あなたが周囲に与える影響が強くなります。それまでの経験で精神的に大きく成長するので、目の前の困難を自力で乗り越えられるでしょう。さらに、自分以外の誰かの助けにもなれます。周囲に対して思いやりを向け、話に耳を傾けると、相手の気持ちも軽くなるでしょう。

杯(カップ)のキング

信頼できる人と自分の信じる道を

尊敬できる人との絆が深まります。心から信じられる相手とともに、目標達成のために動き出すでしょう。同じ志をもつ人と気持ちを共有することで、さらなる向上心を得られます。1つずつ問題をクリアしていく実感も得られるので、途中で飽きることなく前向きに取り組めるでしょう。

剣（ソード）のエース

迷いを断ち切り 思い切った行動を

強い意志をもち、具体的に計画して行動を起こすことで、目的を達成できます。今、抱えている悩みや不安も、一気に解決していくので、思い切った決断をしてみましょう。自分が進みたい方向をきちんと見極めて、いろいろなことにチャレンジしてみることで、さらなる高みを目指せます。

剣（ソード）の2

均衡状態が続き 変化はしにくい

表面上は何も問題ないように思えますが、根本からの解決はなかなか難しいようです。波風を立てないように、自分の気持ちを抑制してしまうので、心の奥底のモヤモヤは簡単には消えないでしょう。状況を好転させるためには、今の状態から一歩踏み出す勇気が必要になりそうです。

剣（ソード）の3

予想外の出来事で 心に痛みを抱える

避けられない悲しい出来事が起こるかもしれません。思いがけず誰かに傷つけられたり、逆に傷つけてしまったり、人間関係でトラブルを抱えてしまうでしょう。それが原因で周囲から孤立してしまう可能性もあります。意地にならずに自分から歩み寄ることで、問題は解決するでしょう。

剣（ソード）の4

新たな出発に備え 一時的な休息を

計画通りに物事が進みにくくなるでしょう。ただ、状況はやがて改善へ向かっていきます。停滞している時は、休息すべきタイミングだと考えてください。今は、新たな再スタートを切るための充電期間なのです。心身の安定を優先して、一時的に問題と向き合うことをストップしてみましょう。

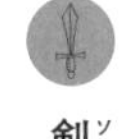

剣（ソード）の5

傲慢（ごうまん）さと攻撃性が争いに火をつける

思いがけないトラブルが生じる危険。小さな火種から予想外の大きな争いに発展する可能性も。気づいた時には、取り返しのつかない状況に陥ってしまうかもしれません。むやみに相手を攻撃しないように、歩み寄る姿勢を大事にしてください。冷静になれない時は距離を置くようにしましょう。

剣（ソード）の6

悩みの種が消えて新たなスタートを

身の回りの環境が一変するかも。それまでの生活リズムも変わってしまうほどの、劇的な変化です。しかし環境が変わることで、今ある悩みの種がスッキリなくなるでしょう。あっけなく問題が解決して、すがすがしい日々が始まります。気持ちを切り替えて、前向きに進みましょう。

剣（ソード）の7

賢い立ち回りで野望が達成される

最終的には大きな成果を挙げられるでしょう。正攻法だけではなく、さまざまな手法を凝らすことで、目的を達成できます。周囲に気づかれないところで、こっそり根回しするなど、円滑に物事が運ぶように、自分なりの策略を立てて計画的に行動に移していくといいでしょう。

剣（ソード）の8

抑圧された状況で窮屈さを感じる

今よりも不自由さを感じる状況に陥ります。自分の中にある強いこだわりや思い込みが、結果的に自分の首を絞めることになりかねません。自分にとって何が一番大切なのかをよく考え、たどり着きたい目的をしっかり見極めて、時と場合によって柔軟な対応を心がけましょう。

剣（ソード）の9

過去の失敗がよみがえる

過去に経験した失敗やトラウマが原因で、なかなか前に進めません。行動を起こす前に、頭で考えすぎてしまい、結局チャンスを見過ごしてしまう危険性もあります。自分に自信がもてず、必要以上に心配してしまうでしょう。いったん状況を整理すると、負のループから抜け出せます。

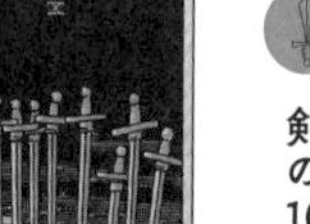
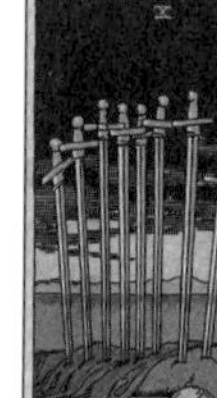

剣（ソード）の10

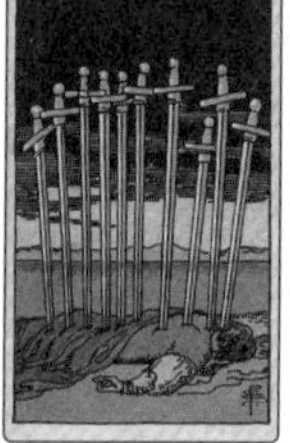

ショックな出来事生まれ変わる好機

信じていたことが崩壊するような、あなたにとってショッキングな出来事が起こるかも。誰も信じられなくなったり、自分が進む方向を見失ってしまったり、気持ち的には落ちるところまで落ちてしまうでしょう。ただ、それがきっかけで逆に覚悟が決まり、はい上がるチャンスが訪れます。

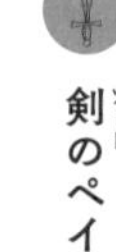

剣（ソード）のペイジ

あふれるアイデアをうまく生かして

あなたの中で理想ばかりがどんどんふくらんでいくでしょう。「あれもしたい」「これもしたい」と次々にアイデアが思い浮かびますが、なかなか実践するまでに至りません。自分1人だけで完結させず、周囲にも積極的に発信してみましょう。意外な人からのサポートがあり、道が開かれるはずです。

剣（ソード）のナイト

迷いを捨てて自分で決めた道を

迷いや誘惑に見事打ち勝って、成功への道を進みます。たくさんの情報が入ってくるので、その中から取捨選択をしましょう。「これだ」と思ったものは即断即決することが成功のカギです。自分で決めた道を、自信をもって進みましょう。そうすれば、理想通りの未来にたどり着きます。

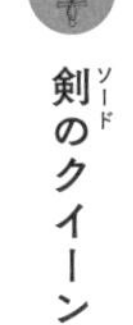

剣（ソード）のクイーン

過去の経験から大きく成長する時

冷静な判断で成功の道を切り開くことができます。過去の経験から学んだことを最大限に生かせるので、同じ失敗はくり返しません。今ある問題も順調に解決していきます。どんな困難も1人で乗り越えていける強さが身につき、周りからも一目置かれるような存在になるでしょう。

剣（ソード）のキング

決断力がカギ正しい道が開く

正しい道を選んで力強く突き進むことができます。優れた判断力、決断力が発揮されるでしょう。困った時に知恵やアドバイスをくれる心強い味方にも恵まれます。目的達成の環境は揃うので、あなた自身がはっきりした意志をもっていれば、トントン拍子に物事が進展するでしょう。

金貨（ペンタクル）のエース

今、目の前にあるものと別の可能性

幸先（さいさき）のいいカードです。物質や目に見える世界を象徴するスートの「エース（1）」ですから、具体的な成果を得ることにつながりそう。ただし、それは新たな始まり。今まで進展してきたことと別の分野で芽吹く可能性であることも。他のことにも少し目配りをすると幸運が。

金貨（ペンタクル）の2

新たな出会い到来 活動の場を広げて

停滞していたことが進展し始めます。今、取り組んでいることや、長年悩まされていた問題なども、解決の兆しが見えてくるでしょう。軌道（きどう）に乗り始めたら、それまでよりも忙しい日常に変わります。人との交流も増え、新しい出会いも多くなるので、精力的に活動するとよいでしょう。

金貨（ペンタクル）の3

小さなきっかけが 大きな進展のカギ

これまでの努力や功績が、周りの人たちに認められます。何気ない一言が相手の心を突き動かしたり、些細（ささい）な行動があなたの評価アップにつながったりするでしょう。半ば諦めかけていたことも、思いがけず進展します。腐らずに丁寧に物事と向き合うと、納得のいく結果が出るでしょう。

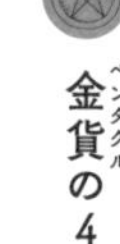

金貨（ペンタクル）の4

リスクを回避して 安定した生活に

堅実な行動と、慎重な判断によって、安定した生活になります。失敗しないように守りを固めながら、少しずつ前進していくので、変化は緩やかでしょう。安定を求めるあまり、特定の人に執着したり、現状維持に固執したりしてしまうと、進展にも時間がかかるので注意が必要です。

金貨（ペンタクル）の5

自信の喪失で 出口が見えない

思い描いていた理想に手が届かないことを知り、あなたは落胆するでしょう。1つの失敗で心が折れてしまい、自分自身に失望してしまう可能性があります。それまでのこだわりや、思い込み、不要なものなどを手放してください。自分自身を見つめ直して、再スタートを切りましょう。

金貨（ペンタクル）の6

成功者の導きが 前に進む力になる

意外な人物から支援を受けて、大きく飛躍します。すでに先を行く成功者や、尊敬する目上の人から有益なアドバイスをもらえたり、直接的な協力を得られたりするでしょう。あなたの才能や野心が買われる可能性もあるので、周囲との積極的な交流を心がけてください。

金貨（ペンタクル）の7

迷いと葛藤（かっとう）により 一時休止状態に

進むべき道に迷いが生じるでしょう。自分がやってきたことや、これからの方向性について、改めて考え直す時期が来ます。一時の感情に任せて、大きな決断をしないように注意しましょう。周囲の意見やその場の雰囲気に流されず、自分のペースで、進むべき道をしっかり見極めてください。

金貨（ペンタクル）の8

努力が花開く時 初心を忘れずに

地道な努力が、うれしい評価につながります。一見、遠回りに思える行動が、大成への土台になるでしょう。自分なりにコツコツ続けてきたことが周りの人に称賛されたり、自分自身のスキルアップになったりもします。自分だけの「オンリーワン」を見つけると、物事は一気に進展するでしょう。

金貨（ペンタクル）の9

将来に向けての良好な環境が整う

自分の力で、新たな環境を築くことができます。他者からの支援を受けず、自分が信じる道を、自分が思う通りに進んでいけるでしょう。経済的な基盤も整い、居心地のいい日々になります。精神的な自立も進むので、自分に自信がもてるようになり、徐々に活路を見いだしていけるでしょう。

金貨（ペンタクル）の10

心身ともに満ち足りた充実した幸福

すでに誰かが築き上げたものを継承します。または、大きなことを任されるのかも。これまで積み上げてきたことが成就（じょうじゅ）して、しっかりとしたかたちになるので、大人としての自覚も必要になります。物質的にも精神的にも満たされ、今までよりも安定的で、余裕のある日々を送れます。

金貨（ペンタクル）のペイジ

夢に向かって前進最高のチャンスも

憧れていた夢に向かって、一気に羽ばたくチャンスが到来します。あなたにとって、願ってもないオファーが舞い込んできたり、いい出会いや縁に恵まれたりするでしょう。ただ、油断は禁物です。そこで調子に乗らず、丁寧で心のこもった対応を心がけると、成功への道が開かれていくでしょう。

金貨（ペンタクル）のナイト

目の前のことをコツコツ堅実に

一途（いちず）に歩みを進めていけば、やがて納得の結果が出ます。地道な努力が実を結ぶので、急激な変化ではありません。とてもゆっくりとした成長ですが、危なげなく成功をつかみ取ることができるでしょう。途中で諦めず、今の自分にできることをコツコツ続けるのが一番の近道になります。

金貨（ペンタクル）のクイーン

精神面の成熟と安心できる環境

それまでの経験を通して、精神的な成熟を遂げます。どんな困難や問題にも、落ち着いて対応できるでしょう。最善の道を選び、難なく乗り越えられます。人間関係も円満で、愛情にも恵まれるでしょう。まとまった財を築くこともできるので、心から安心できる環境に身を置けそうです。

金貨（ペンタクル）のキング

流れを変化させる協力者が現れる

飛躍的な成功を遂げるチャンスが到来します。「人生の師」と呼べるような人物との出会いがあり、相手からの影響を強く受けるでしょう。頼りになる協力者の出現によって、将来の可能性が一気に広がります。新しいことに挑戦する機会にも恵まれるので、刺激的な日々になるでしょう。

COLUMN⑩

カードの選び方、基本のお手入れ・管理法

タロットカードには種類がたくさんあります。最初に何を選ぼうかという時に、どれを入手すべきか迷ってしまいますね。お店で手に取って気に入ったものを選ぶということでもちろんよいのですが、本格的に始めたいということなら、基本になるウエイト=スミス版（ライダー版）とマルセイユ版を押さえるのが王道でしょう。そこから好きなものを増やしていけばよいのです。

またカード付きの解説書を手に入れるのもおすすめです。手前みそになりますが拙著や拙訳の『ソウルフルタロット』（説話社）、『完全版　運命のタロットカード』（二見書房）、『神託のタロット』（原書房）、『はじめてのタロット』（ホーム社）はいずれもおすすめです。

一方で、通常のタロットとは構成の異なるエテイヤ（エッティラ）版などは、初心者の方にはおすすめできません。もっとも、とても美しい、そして歴史的には価値のあるデッキなので、観賞用、コレクション用としては手に入れてもよいでしょう。

そしてお手入れと管理法について。これについてはさまざまな意見があります。タロティストの中には、特別な方法で「浄化」したり、「聖別」しなければならないという人もいるようですが、個人的にはとくにこだわらなくてよいと思っています。もちろん、あなたがやりたいのならどうぞ。

ただ、汚れた手で触らない、湿度には注意する、占いをするテーブルはきれいにしておく、直射日光が当たるところには置かない、といった基本的なことは守るようにしましょう。

他人に触らせてはいけないという意見もありますが、これも僕自身はこだわっていません。もちろん、小さな子どもに触らせて折られてしまったり口に入れられちゃう、なんてことはないようにしましょう！

PART 2

実践ケルト十字法・リーディング

実際のリーディングから、読み解きのヒントを得る

ここまで10のポジションに78枚のカードが出た場合の780パターンの意味を解説してきました。「じゃあ、これをつなぎ合わせれば、プロのようなリーディングができる?」と思うかもしれません。

そうとは限らないのがタロットの奥深いところ。実はカードの意味をつなげただけでは「リーディング」とは言えません。むしろ、ここまでは素材集めの段階で、これからが本番なのです。

その一例として、実際の悩みに基づいて僕自身がリーディングをした時の模様を実況中継形式でご紹介していきます。そのやりとりの中から、リーディングのおもしろさ、自由さを感じてみてください。なかにはここまでに解説してきた意味と合致しない部分も出てくるでしょう。申し訳ないのですが、これも仕方のないこと。

前章で掲載している解釈は、あくまでも一例。同じ『魔術師』のカードを引いたとしても、恋愛に悩む人もいれば、仕事に悩む人、自分の性格について案じている人もいるでしょう。カードの表情もそのつど、変化します。質問の数だけ解釈が生まれて当然なのですから、ぜひ、投げかけた質問に合わせて、自分なりにイメージを広げてみてください。

答えはカードではなく、あなたの中にある

タロットで占う際、ぜひ心に留めておいてほしいのは、引いたカード、あるいはスプレッドで出た場所が重要ではあるけれど、そこに答えがあるわけではない、ということです。

つまり、その「場所」にその「カード」が「その時」に出たという事実から引き起こされた、「あなたの心の動き」の方に注目してみてほしいのです。

どんなにいいカードが出ても不安がよぎることもあるでしょう。いわゆる吉礼でも、「よすぎる」「何か変」という感覚を受けることもあるでしょう。『死神』が出て「やっぱり」と思うことがあれば、不思議とホッとする場合もあるかもしれません。

答えはカードではなく、あなたの中にあります。カードを見た時に瞬間的にわき上がる思い、直感、心や体の微細な反応に、ぜひ注目してみてください。そこに意外な真実が潜んでいることは往々にしてあるものです。

最初のうちはカードや場の意味などの、「型」に従いつつも、次第にその「型」から外れて自分なりの自由なリーディングができるようになっていく。これが理想です。そのうちに、ぞくっとするほど「当たる」ような経験をすることもあるでしょう。10枚のカードが思いがけないあなたの物語を紡(つむ)ぎ出すこともあるはず。

タロット占いは「黙って座ればぴたりと当たる」というものではありません。大事なのは「対話」です。ここでの対話とは、カードとの対話であり、また相談者、あるいは自分自身との対話ということになります。

カードの意味は「イメージ」ですから、ほとんどの場合、ぼやっとしているものなのです。それが実際の状況のコンテクストと照らし合わせて今の自分にとっては、あるいは相談者にとってはどういう意味なのだろう……と思いを巡らせているあいだに、「カチッ」と意味がはまっていくように感じられます。

ぼんやりと広がっていたイメージが「結晶化」して具体化するのです。これを英国の占星術の重鎮、ジェフリー・コーネリアス先生らは「Real-ization」と呼びます。「理解」であるとともに「現実化」するわけですね。

その時には、1枚のカードだけではなく、ほかのカードとのつながりの意味が同時に浮かび上がってきます。

ほとんど無限にあるカードの意味を、あなたと相談者、もしくはあなた自身との対話の中で「こうではないか」、いえ、「これだ！」という形に結晶化させていく。これこそがタロットで占うことの楽しみと言えるのです。

実践リーディング　占いのテーマ

CASE：1【仕事】

「学生時代に新聞記者やテレビ取材の記者を目指していましたが、現在は出版関係の会社に勤めています。書籍の編集に携わることもあれば、販売に関わることもあります。入社2年目の現在、本に関わる仕事がとても楽しい一方で、それを続けていくべきか、本来やりたかった記者に向かって頑張っていくべきか悩んでいます」

（Aさん・25歳）

【スプレッド】

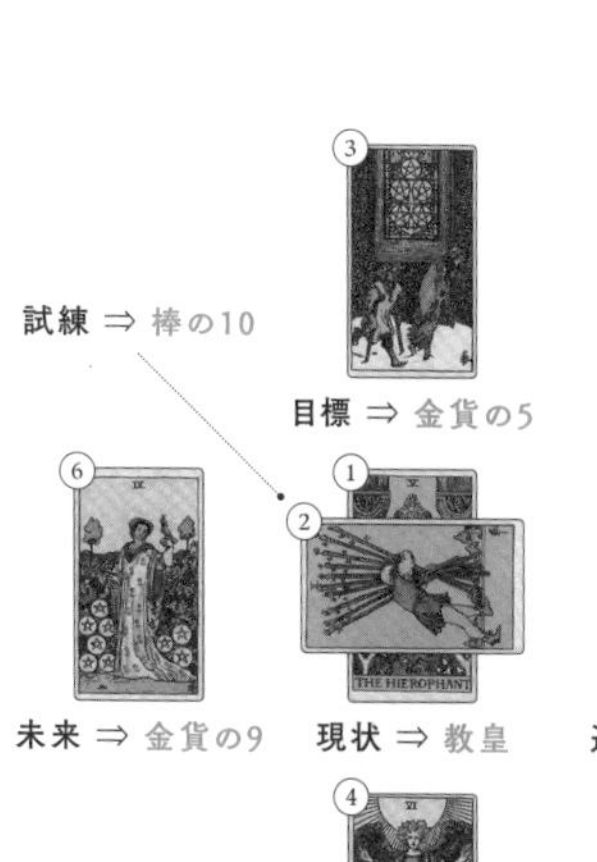

未来 ⇒ 金貨の9　現状 ⇒ 教皇　過去 ⇒ 節制

原因 ⇒ 恋人

結果 ⇒ 剣の10

将来の気持ち ⇒ 太陽

周囲 ⇒ 棒のペイジ

本音 ⇒ 棒のエース

実践リーディング　スプレッド解説

大アルカナが目立つ時は転機の暗示も

A　今の仕事はもちろん楽しいのですが、本来目指していた方に進みたいという気持ちもあり……もともとは社会問題、家庭内での貧困や地域の教育格差などを扱う報道にかかわりたいと思っていました。

鏡　なるほど、迷っているわけですね。まず、〈①現状〉に『教皇』で、教育や出版と縁の深いカードが出ています。教皇というのは倫理観が強く、「人々を導いていきたい」「いいことを広めていきたい」という営みの象徴です。そのため、あなたは「大事なことを人々にしっかり伝えていきたい」という意識が高まっているのでしょう。また、あなたを導いてくれる適切な先輩が近くにいるとも考えられますよ。社会の実情をあぶりだすような報道にかかわりたいとのことなので、その意識が〈③目標〉に『金貨(ペンタクル)の5』として出ているようですね。このカード、どう見えますか？

A　松葉杖をついていて、すごくつらそうです。

鏡　そう、この苦しい状況にある人々。これは、あなたが気にかけている社会格差や貧困を描き出しているのかもしれませんね。そこに注目する意識は、やはりすごく強いようですね。

A　そうなんですね、ショッキングな絵柄だなと思いました。

鏡　そして、最初にお話しした『教皇』。宗教的なリーダーであり、人々の心の在り方や生き方について考えるところがあって、それが社会問題への関心や、人に伝えていきたいという意識に強く表れているのかもしれません。そのために、自分なりに目標に向けた厳しい選択をしてきたのではないでしょうか。〈④原因〉に『恋人』が出ていますが、場合によっては、何か内なる衝動によって「決めさせられている」といった強い感覚をもって、現在の会社に入社したのかもしれません。

A　たしかに、将来の道を決める時にも、もっと自分の理想に近い仕事ができそうかどうかで、優先順位をつけて選択をしてきたと思います。

鏡　そして、今抱えている悩みに対して一番大きな障害になっているのは何かというと〈②試練〉の『棒（ワンド）の10』。忙しい……とにかく時間がないということ?

A　あ〜、それは本当にその通りですね。

鏡　ものすごいスピードで物事が展開していて、「正しいことをしてきた」という感覚につながってもいるのだけれど、少し立ち止まるタイミングにきています。**現状、過去、将来の気持ちに大アルカナという強いカードが出ている**（※1）ので、これまでの流れで「本当の自分らしさとは何か」というものを考える時なのでは。〈⑤過去〉に『節制』が出ていることから、過去を振り返って「本当はこうありたかったけれど、強い流れに引っ張られた」といった場面もあったりしたんじゃないかな。この2つの杯の水の交換がそう見えます。

A　つまり、今は迷う時期にきているということでしょうか?

鏡　そう考えられますね。ちょうど過去から現在に対して、自分自身の中で「自分らしく生きられている」ということをリアルに体験できる時期を迎えています。今の仕事に決まってから、充実感もあり、一方では「引っ張られてきた」という感覚もあるし、人生の一連の流れを強く実感しているといえそうです。〈⑥未来〉に『金貨（ペンタクル）の9』が出ていますから、Aさんは、このままいくと前向きな、やりがいのある幸せな状態のまま進んでいくようですね。

A　よかったです。まずは、このまま頑張っていった方がいいのかな。

鏡　ただ〈⑦本音〉には『棒（ワンド）のエース』が出ていますから、今までの流れとはまた別の情熱の誕生も？　エースというのはまさに「始まり」を示すカードなので「本当に私、これでよかったの？」という気づきや初心に返る気持ちが高まってくることを表しています。

A　ああ、だから入社当時のモチベーションが戻ってきて、自分の今後を考えるようになったのかもしれないですね。

鏡　ご本人はいろいろなことを考えているのだけれど、〈⑧周囲〉『棒（ワンド）のペイジ』が出ていることから周りの人はあなたをまだまだ「新人ちゃん」というふうに見ているようです。これは、小間使（こまづかい）、修行中の身、メッセンジャーの絵柄ですね。

A　まさにその通りだと思います。

鏡　だからこそ、いろんなことが許されていたり、新しい挑戦の機会が与えられたりしているとも考えられます。〈⑨将来の気持ち〉には『太陽』が出ていますから、この先は自分をうまく表現していけるはず。そして、問題は〈⑩結果〉に出た、78枚あるカードの中でもっとも強烈なカードの1つ『剣の10』。

A　絵柄を見るにあまりいい結果ではないのかな、と思ってしまうカードですが……。

鏡　いやいや、これは**「本当にもうだめだ」という意味ではもちろんなく、何かが「極まっている」状態**（※2）だといえます。剣はトランプでいうスペードに対応し、10は一番高い位（くらい）を示しています。剣とは何かというと、知性を表すもの。つまり今後、自分の知性の到達点、いわば限界というものを感じさせられることがあるかもしれません。でもそれは、自分の価値観が大きく揺るがされる展開が待っているということで、決して悪いことではないのです。

A　それを機に、世界が広がることもあるということですか？

鏡　そう。むしろ、今後は大きな選択を新しい目線から見ることができるかもしれません。怒られたり、取材で予想もしない経験をしたり。そういった意味では、これまでの古い自分を「剣で刺してしまっていい」んです。「自分を壊す」という感じですね、このカードの絵柄みたいに。

A　はい。要は、限界を迎えて変わっていくことを、怖がりすぎなくていいということかな。

鏡　ちょっと安心しました。

A　今、仕事でどう選択するか迷っているかもしれませんが、今後自然と大きな機会が与えられるはずですから、まずは焦らない方がいいでしょう。

鏡　ありがとうございます。その転機が訪れるのを待ってみることにします！

A　実は、**今回の結果には杯（カップ）が出ていないんですね**（※3）。仕事に関する相談だからといってしまえばそうなのですが……。もしかすると情緒や感情、エモーショナルな動きを、どこかで抑圧してしまっている可能性もあるかもしれませんね。何かを見ないようにしているとか……。その点も心に留めておくといいかもしれません。

※1　スプレッドの中でも大アルカナが出ているところは、やはりインパクトがあります。強い意志、あらがえない流れ、印象的な出来事などを象徴していることがあるので、注目して読んでみましょう。

※2　カードの絵柄やキーワードだけでなく、数にも注目してみましょう。すると「10＝極まっている」という読み解きができます。そのため『剣の10』でも必ずしも悪い解釈にならないわけです。数にピンときたら、そこからイメージを膨らませてみましょう。

※3　スプレッドに出ているカードだけでなく「出ていないカード」からもヒントを読み解けるという例です。1枚ずつ、一問一答のように読んでいくのではなく、全体を俯瞰（ふかん）して眺めてみることで、思いがけないヒントに気づけるかもしれません。

実践リーディング　**占いのテーマ**

「今27歳なのですが、いつか結婚できるでしょうか？　恋人もおらず、好きなアイドルを追いかけて満足している自分の将来が心配です」
（Bさん・27歳）

【スプレッド】

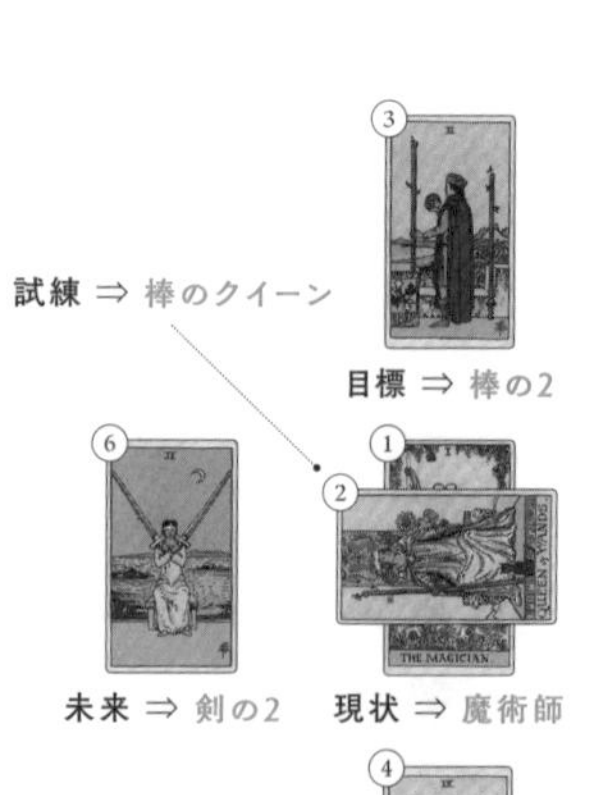

試練 ⇒ 棒のクイーン

目標 ⇒ 棒の2

未来 ⇒ 剣の2

現状 ⇒ 魔術師

過去 ⇒ 皇帝

原因 ⇒ 金貨の9

結果 ⇒ 杯の2

将来の気持ち ⇒ 剣の9

周囲 ⇒ 杯のペイジ

本音 ⇒ 剣のクイーン

実践リーディング　スプレッド解説

インスピレーションから、解釈を広げていく

鏡　今はお1人でも寂しくないですか？

B　私、好きなアイドルがいるんですよ。その人を追いかけていると、けっこう忙しくて、あまり寂しさは感じません。

鏡　なるほど。それなりに充実している、と。

B　ただ、結婚のことを考えると心配で……。

鏡　わかりました。それでは、ケルト十字法スプレッドで見てみましょう。〈①現状〉の位置に『魔術師』がきました。このカードには、「始まり」とか「スタート」という意味があるんですよ。さっきおっしゃっていましたが、**Bさんが一人暮らしを始めて、まだそう長い時間は経っていない**（※1）ことが表れているのかな。今は新しい生活がスタートして、楽しいことばかりという感じなのではないでしょうか。

B　はい！（笑）

鏡　そして、〈②試練〉として出ているのが、『棒（ワンド）のクイーン』。このカードは充足した女性を表しています。さらに、心地よく一人

暮らしをしている様子の『金貨（ペンタクル）の9』も〈④原因〉の位置にありますから、今は本当に楽しく過ごしている様子がうかがえます。だからこそ、「現状を変えるための行動を起こそう」という気にならず、このままではずっと同じような状況が続くのではないか、いずれは結婚したいという望みが叶えられないのではないか、と不安になってしまうのでしょう。

鏡　B

あ〜、そうです、そうです。

そんな充実した日々の中で、〈③目標〉に『棒（ワンド）の2』がきています。これは、何かもっと自分を満たしてくれるものがないかと探してはいるのだけれど、まだ具体的なものが見えていないということ。つまり、愛し合えるパートナーが欲しい気持ちはあるのに、現実では心引かれる相手に出会えていないということが示されているでしょう。

鏡　B

そうなんですよね……どうして、いい出会いがないのかなって、いつも思っています。

ここで注目したいのが、〈⑤過去〉の位置にある『皇帝』です。このカードは「強力な父親」「リーダーシップのある男性」というイメージ。お父さんや昔の恋人などがBさんを抑圧し、自由や独創性を奪ってくるようなことがあったのではないか、という可能性が読み取れます。その人は魅力的だし、頼りがいはあったけれど、Bさんとしては、「そこまで支配されたくない」「自分の好きなようにやりたいのに!」というような反発心を抱いたのではないでしょうか。

鏡　B

えっ、すごい、心当たりがあります!

それを踏まえて〈⑥未来〉を見ると、『剣(ソード)の2』が出ています。目隠しをした女性の姿。これは自分の世界に浸る時間を大事にした方がいい、という意味があるように思います。お父さんの娘でも、誰かの彼女でもない、1人の人間としてのBさんの本質的な部分に立ち返る必要があり、それができる環境も整っているでしょう。

そして〈⑦本音〉の位置に出ているのは、またクイーン。『剣(ソード)のクイーン』です。先ほど見た〈②試練〉の『棒(ワンド)のクイーン』もそうなのですが、どちらも強い女性像が浮かびます。Bさんは、自分の意志をしっかりもっているのではありませんか?

鏡　B

「気が強いね」とよく言われます。

そういう自分の強さを、表面的な部分だけでとらえないで、より深いところからじっくり熟成させていくという人生のフェーズに入っているのではないでしょうか。そのために心のエネルギーを使うということが、今は自然にできているようです。

そんなBさんですが、『杯(カップ)のペイジ』が〈⑧周囲〉の位置にきていますね。これは可愛いカードなのですが、**Bさんの場合は2通**

りの読み方ができる（※2）でしょう。まず、Bさんが内面に隠している、ある種の可愛らしさを周りに見せていくことが可能だということ。

B　本当ですか⁉　うれしいけど、ちょっと恥ずかしいですね。

鏡　もう1つの意味は、追いかけている好きなアイドルの存在が、今のBさんにとって非常に大きなものだということ。ピュアで明るく、喜びに満ちた雰囲気が感じられます。

B　こちらの方が、自分ではピンときます（笑）。

鏡　こんなふうにキラキラと輝いている『杯（カップ）のペイジ』と対照的なのが、〈⑨将来の気持ち〉の『剣（ソード）の9』。こちらは通常、暗いイメージに読まれやすいカードです。ほら、悲しみ嘆いているような絵柄でしょう？　でも、ここまでのリーディングの流れからすると、Bさんにとっては、このカードにポジティブな意味が含まれているかもしれない。もしかすると、Bさんはしばらくしたら、ちょっと寂しさを感じるようになるかもしれませんよ。

B　それは……いいことなのでしょうか？

鏡　今は自分のエネルギーで生きる充実感を満喫して生きているけれど、それをやり切って、「あれ、1人だと寂しいな」と、はっと気づく時が来ることが考えられます。その時やっと、恋愛や結婚について本気で考えて行動できるようになるのではないでしょうか。

B　もしかすると私、今は本気ではないということですかね……？

鏡　Bさんご自身は、どう思いますか？

B　うーん……悩んでいるのは本当なのですが、たしかに……もう少し1人の生活とか趣味をエンジョイしたいという気持ちの方が強いかもしれません（笑）。

鏡　今はそれでいいんですよ。無理をする必要はなくて、さっき言ったように、「1人だと寂しいな」と気づいた時に動き出せばいいのです。その先に見えてくるのが、〈⑩結果〉の『杯（カップ）の2』で、これは、心引かれる誰かに出会うとか、一気に恋に落ちるといった可能性が高いカード。それに、相手を思いやれる、関係性が進展するなどの意味もありますから、あまり心配する必要はないでしょう。

ただ、いざそういう状況になった時、自分で自分にブレーキをかけないように気をつけてください。〈⑤過去〉の『皇帝』が象徴するような抑圧された経験が思い出されて、「この人も、私を支配してくるかもしれない」という恐れが出てくるかもしれませんが、フレッシュな気持ちで相手を見ることが大切です。自分から心を開くことを意識してはどうかなあ。

B　わかりました、ありがとうございます！

鏡　**今回、「2」のカードが3枚も出てきたの**

は、おもしろい暗示（※3）ですね。人って、1人で存在しているだけでは孤独な生き物です。人間が2人いて、初めて関係性が生じます。Bさんは今、自分とは違う他者と、成熟した大人の関係を築く最初のプロセスが始まりつつあるのではないでしょうか。

※1 言うまでもなく、『魔術師』のカードは大アルカナの始まりのカードです。何番目のカードかということが、わかりやすいヒントになっている例です。この他、奇数のカードは能動的、偶数のカードは受動的、という大まかな分け方もできるでしょう。

※2 カードから引き出せる答えは、必ずしも1つとは限りません。特に、相手のことを占っている場合は、このように2つの可能性を示唆（しさ）してあげるのもいいですね。

※3 こうしたおもしろい符合が発生するのが、スプレッドリーディングの醍醐味（だいごみ）です。人が成長して自我を確立していく過程を、「物心がつく」と言いますが、こちらのご相談者の場合、この世界には自分だけではなく、他人（相手）も存在するということを少しずつ自覚していく、「第二・物心がつく」時期なのかもしれません。これもカードの「2」という数からインスピレーションを得た表現です。

実践リーディング　占いのテーマ

CASE：3【住居】

「昨年結婚をして、現在はパートナーと賃貸マンションで生活しています。そろそろ持ち家が欲しいと思っているのですが、社会の情勢や私たちの生活的にマンションと戸建てのどちらがよいのでしょうか？」

（Cさん・33歳）

【スプレッド】

⑩ 結果 ⇒ 剣の7

③ 目標 ⇒ 金貨のエース

② 試練 ⇒ 棒の6

⑥ 未来 ⇒ 剣の9　① 現状 ⇒ 剣のナイト　⑤ 過去 ⇒ 金貨の10

⑨ 将来の気持ち ⇒ 杯の4

⑧ 周囲 ⇒ 金貨のナイト

④ 原因 ⇒ 棒の5

⑦ 本音 ⇒ 剣の10

同じスートや数に注目して物語のヒントに

C 実は昨年、結婚をしまして……。将来、戸建てに住もうかマンションを買おうか、悩んでいるんです。家で過ごす時間が増えているので住環境にはこだわりたいという思いがある一方で、私にもパートナーにも「絶対にマンションがいい！」「戸建てに住みたい！」という強い気持ちもなくて。

鏡 なるほど。じゃあ早速カードを展開していきましょう。……あれ、大アルカナが1枚も出ませんでしたね。なんとなくインパクトに欠けるカード展開ではあります。それに、**お金に関わる質問ですから、もっと金貨（ペンタクル）のカードが出るかと思っていたのですが**（※1）意外と3枚だけ。一方、杯（カップ）のカードに至っては1枚だけです。〈①現状〉の位置には『剣（ソード）のナイト』が出ていますね。いろいろな物事が急速に動いた結果、今の状態になったことがうかがえます。そのベースとなっているのが、〈④原因〉に出ている『棒（ワンド）の5』。いろいろなことがぶつかり合い、ごちゃごちゃっとした状況だったのでしょう。ファクターとなる出来事がいくつかあり、それらを「えいやっ!」と思い切って決断していった結果、結婚をして2人で生活を始める、という現在の環境を手に入れた感じですか?

C　まさにそうなんです！　結婚を決めて現在の生活になるまでは、自分でも驚くほどスピーディーでした。

鏡　さらに、**金貨（ペンタクル）のカードが〈⑤過去〉と〈③目標〉の位置に出ていますね。**（※2）ここでおもしろいのが、〈③目標〉の方が『金貨（ペンタクル）のエース（1）』で、〈⑤過去〉の方が『金貨（ペンタクル）の10』であること。小アルカナだと1が最少で10が最大の数字ですから、極まって、スタートに戻ってきているんですね。ということは、今まで育った家や環境などについては、Cさんはきっとおおむね満足しているのでしょう。その、自分自身が満足していた環境をもう1回つくり直したいという気持ちがあるのかな？　自覚がなかったとしても、あなたが感じていた何かがあるはずで、それを再現したいという気持ちがあるのかもしれません。

C　言われてみれば、子ども時代にそんなに不満はなかったような……。両親がつくり上げた家庭を再現したいかどうかというと、その気持ちもあるかもしれません。

鏡　その一方で、〈⑥未来〉と〈⑦本音〉に『剣（ソード）の9』と『剣（ソード）の10』が続けて出ているんですよね。これはちょっと先の未来と本人の象徴を表しているポジションなので、もしかすると手放しで喜べる明るい未来が待っている……というわけではないのかもしれません。今悩んでいる住まいのことなのか、社会情勢や周囲の環境のことなのかはここではわかりませんが、あなたの中で少しひっかかっている部分があるのでしょう。

C　たしかに。結婚前に少し揉（も）めごともあったので、まだどこか不安がある気はしています。

鏡　なるほど。だから不安が（カードの絵柄のように）刺さったままのような感じなんでしょうか。あとは、結婚したとはいっても1人で過ごす時間が多いなど、思い描いていたものと少し異なっているのかな？　「結婚したら新しいスタートを切れると思っていたのに、こんなものなの？」と少しガッカリしているような気持ちもあるんじゃないでしょうか？　それが、未来に対する不安とも結びついている可能性があります。
そして、その先にあるのが〈⑧周囲〉『金貨（ペンタクル）のナイト』ですね。〈①現状〉の位置に出ていた『剣（ソード）のナイト』と比べると、今までのようなスピード感では周囲の物事が動いていかないかもしれません。でも、いろいろと考えつつスローペースではあるものの、一歩一歩着実に進んでいけるのではないでしょうか。

C よかった！　剣(ソード)のカードが少し不穏な絵柄や意味だったので、心配でした。

鏡 最後のキーになっているのが、〈⑩結果〉に出ている『剣(ソード)の7』なんですね。これは、ドロボウとかズルさ、強奪みたいなものを象徴しているカードなんですね。

C ええっ！

鏡 でもこのカードが意味しているのは、決して「盗難注意」ということだけではないはずです。ここで相談内容に立ち返ってみると「家を買いたい」ということなので、ズルさというか、狡猾(こうかつ)なスキルがもしかすると必要になるのかもしれません。

C うーん、どういうことですか？

鏡 **正攻法ではないやり方も検討してみること必要がある**（※3）、ということかな。周りの人がしているようにネットで予約して順番待ち……というルールにのっとった方法だけでは、なかなか思い描いているような条件の物件にはたどり着けないでしょう。そうではなく、たとえば家族や親せきのコネを使うとか、新築にこだわらず中古で希望に合う物件を探すとか、値切り交渉をしてみるとか。ちょっとズルいやり方のように感じるかもしれませんが、そこに罪悪感を覚える必要はないんです。

C な、なるほど！

鏡　さらに、並べたカード全体を改めて眺めてみると、10枚中4枚も剣（ソード）のカードがありますね。どのスートよりも多くて目立っていますし、重要に見えてきませんか？

C　たしかに、要所になるポジションに出ている感じはします。

鏡　剣（ソード）のカードは凶と言われがちですが、今回は知性や情報を表していると解釈できるでしょう。戸建てを選ぶにしろマンションを選ぶにしろ、決まりきったやり方だけではなく、いろいろと情報を集めてさまざまな手段を講じることも大切になりそうですね。

C　すごい！　不思議と状況に合ったカードが出るものですね……。マンション・戸建てにこだわらず幅広く情報を集めて、納得のいく物件を探そうと思います。

鏡　あと、〈②試練〉の位置に出ているのが『棒（ワンド）の6』なんですよね。これは自分が優位に立っていけることを示すカードです。それがこのポジションに出ているということは、今まではパートナーよりあなたの方がステータスが上だったりとか、経験値が高かったりとか、少し有利な立場にあったのかもしれません。それが、これから逆転するということがあるのかもしれないですね。

C　今の私って有利な立場だったのか……。肝（きも）に銘（めい）じます！

※1　質問内容からどんなカードが出てきそうか、ある程度イメージできる場合もあります。そのイメージ通りになれば読み解きやすいですが、なかなかそうはならないのがリーディングのおもしろいところ。その場合は、イメージしていたカードが出なかったという点も踏まえると、リーディングの幅が広がるでしょう。

※2　それぞれのポジションで読み解いていくのももちろん大切ですが、同じスートや数字が連続で出ているなどの気になる点があれば、そこにも注目していきましょう。すると、それぞれの意味が自然と結びつき、新たな答えにたどり着く場合があります。そういった意味でも、読み解きを始める前に、出てきたカードでどのスートが多いのか、どの数字が多いのかなど観察してみるのもいいでしょう。

※3　カードの意味だけを考えると読み解きが難しい場合でも、相談内容を踏まえてみると新しい解釈が生まれるという例です。ここでは凶のイメージが強い『剣の7』と「家を買いたい」という悩みをかけ合わせて、家を買う際の手段としてカードの意味を解釈しています。このように、〈⑩結果〉の位置によくない印象のカードが出たとしても、必ずしも悪い結末が導かれるわけではないとわかるでしょう。常に質問内容を念頭に置いておくことも、1つ1つのカードを読み解いていくうえで大切なことです。

実践リーディング　**占いのテーマ**

「老後のことが気にかかります。これまで好きなことをやってきたのですが、最近になって退職後はどうなるのだろうか？ と考えるようになってきました。観劇やコンサートなど趣味にもお金がかかりますし、このままでいいとは思えないのですが、なかなかイメージがわきません」

（Dさん・56歳）

【スプレッド】

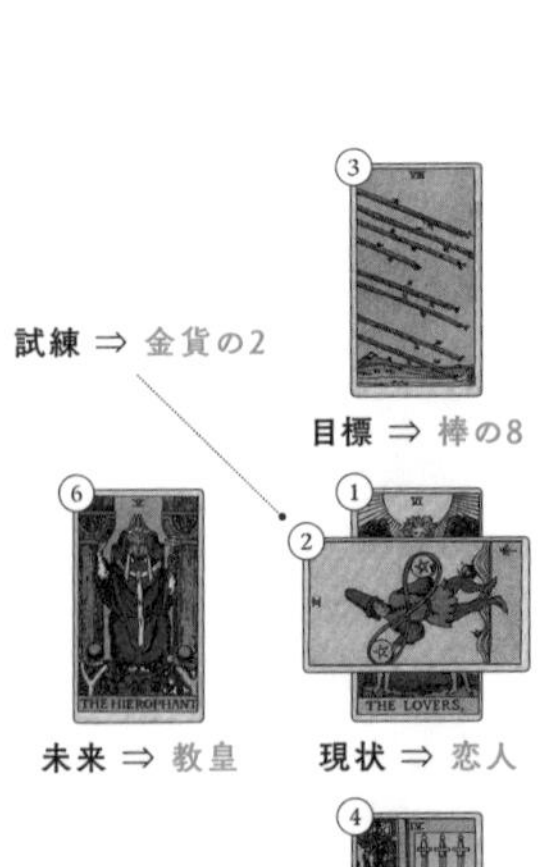

結果 ⇒ 剣の9

将来の気持ち ⇒ 棒の3

周囲 ⇒ 杯のクイーン

本音 ⇒ 塔

実践リーディング　スプレッド解説

絵のイメージに縛られず、自由な発想を

D　本当に毎日楽しいので、今まであまり老後を気にかけたことがなかったんですけど、だからといってこのままじゃいけないかな、と思う気持ちもあって……。

鏡　なるほど、たしかに〈①現状〉に『恋人』ですから、「今を楽しんでいる」ということがよくわかるカードが出ています。老後を心配し始めたとは言っても、現状は日々を心から楽しんで過ごしているようですね。ただ、〈②試練〉に『金貨（ペンタクル）の2』が出ていることから、障害になっているのは忙しすぎること。忙しいけれど動いてしまっている、動けてしまっているといった状況でしょうか。

D　予定がたくさんあって忙しい、というのはあるかもしれません。

鏡　過去、現在、未来という一連の流れに大アルカナが3枚出ていて、それが非常に暗示的だといえますよ。現状に日々の暮らしの楽しさが表れているとはいえ、**先々を見るとショッキングなカードも出ている**（※1）の

で、たとえば周囲の人の老後における苦しい姿を見てしまったり、時折将来について差し迫った気持ちになったりしているところがあるようです。

D　ちょっと、怖い感じのするカードもありますね。

鏡　そう見えるかもしれませんね。近い〈⑤過去〉を見てみると、『審判』で目覚めや気づきが示されていますから、今の状況や年齢などが現実として大きく押し寄せつつあるのかな。〈④原因〉の『剣の4』を見るに忙しすぎるところがあるので、ちょっと休みたいというか、立ち止まるタイミングが示されているともいえます。

D　ああ、老後について考えるようになった、という点ではそうかもしれません……。

鏡　加えて、〈③目標〉の『棒の8』は、自分自身の世界が動いていて、「ああ、時間ってこんなに早く経つんだ」という感覚が迫ってきていることを表しているのかな。これが、目標……進むべき道として、Dさんの心の片隅にあることなのでしょう。〈⑥未来〉については、カウンセラーやアドバイザーを示す『教皇』が出ています。Dさんの将来に対して意味のある助言をしてくれる人が現れたり、趣味を通じて得た人生の経験値が今後の助けになったり、そういった可能性がありえます。あなたがふれてきた芸術が知恵として蓄積され、自分の中からあふれ出てくるといったことも考えられるでしょう。また、趣味を通じて出会った人の言葉から得るものがあるかもしれません。

鏡　なるほど、たとえば見てきた舞台そのものや趣味の友人たちからもたらされるものも多いということですね。

D　そういったことをきっかけに転機が訪れるのでは。それが、〈⑦本音〉に出た『塔』のカードに動揺として表れているのかも。どうしてもこの先、ライフスタイルについて今のままではいられない時がやってくるようです。その際の心の動きは、もちろんすべてハッピーというわけにはいかないでしょうし、喪失感を覚える可能性もあります。ですが、ただ悪いだけで終わるのではなく、〈⑨将来〉は『棒(ワンド)の3』で新しい状況や次の出発点が示されていますから、何か別のものを手にすることができるでしょう。たとえば、仕事のペースを今よりも落とした時に、もう少し時間に余裕が出てきて、そこで他のことを始める場合もありそうですよ。

D　そういえば、人から「占い師になったら?」と言われることがあります。実際に、友人から相談されて占ってあげたり、そのお礼にお菓子をもらったり……なんてこともありますね。もしかして、それが第二の人生のかたちになるんでしょうか。

鏡　占い師、いいじゃないですか！　まさに、それを示すような印象的なカードが〈⑧周囲〉『杯のクイーン』に表れていますよ。このカードは**今回の結果で唯一のコートカード、人間のカード**（※2）です。また、杯のカードもこれしか出ていません。このカードは女性そのもの、たとえば友人や知人であったり、女性原理を表したりしています。

D　たしかに、今勤めている職場が女性中心ですし、これまで仕事をしてきた相手にも女性が多いかもしれないです。

鏡　これから先はその女性たちとのネットワークが、あなたをサポートしてくれるかもしれません。置かれている環境や価値観が全然違う相手であっても、気持ちの面でつながることがあるはずです。たくさんの人とではなくても、その仲間と将来について話し合ってみると、悩みの解決のきっかけになるんじゃないでしょうか。

D　人との対話がキーポイントということでしょうか？

鏡　そうですね。実際に、Dさんは友人を占ってあげることがあるようですし、そのお礼がお菓子から、商品券やお金になって、収入に結びついていくことも十分にあり得るでしょう。占いに限らず、人とつながったり、関わったりすることがお得意なようですから。

D　そうなんですね。でも、この先にちょっと気になるカードがあるんですが……。

鏡　〈⑩結果〉のカードですね。でも、今までのお話をもとに読み解いていくと、**ここに出た『剣（ソード）の9』、この泣いている女性が少し違って見えて**（※3）きますよ。ベッドで1人悲しんでいる姿から悪い結末を想像してしまうかもしれませんが、あなた自身のことばかりではなく、周囲にいる、助けを求めている人を示しているともイメージできます。

D　なるほど！　たとえば、悩みを相談してくれる人たちということですね。

鏡　あなた自身と相談者が共有する「悲しみ」と見えてきました。そうたどっていくと、〈⑨将来の気持ち〉の『棒（ワンド）の3』のカードに描かれた港が、そんな人々を待っているようにも見えてきませんか？　Dさんにできることの1つのコースがカードの絵柄に表れているようにも見えます。

D　よかったです。最後に泣いている女性のカードが出たので「孤独な老後を暗示している」と言われたらどうしようかと思っていました。

鏡　悪い絵柄だからといってそのまま悪い意味を指すとは限りませんよ。ただ、多少の備えの姿勢は必要になりますね。最後に今からすべきことを付け加えておくと、やっぱり資金は貯めておいた方がいいでしょう。〈②試練〉の位置にある『金貨（ペンタクル）の2』には、くるくると循環するお金が描かれていますから、社会の中にお金を回しすぎてしまっているのかもしれません。

D　循環しているということは、「手元に返ってきてるから大丈夫」というわけではないんですか?

鏡　うーん……ちょっとその循環が大きすぎるかもしれないですね。もう少しだけその循環を小さくして、今後のために自分の手元にも残しておくようにするといいかもしれません。そうすると未来への不安も消えていくはずですよ。

※1　1枚のカードにこだわらず、まずは全体を見て想像を膨らませることも大切です。一見悪い意味を持つカードに見えても、通して読み解いていくと解釈の幅が広がっていきます。

※2　スプレッドの中で唯一の種類のカードというのは、特徴的な意味を持っていることが多いものです。ここでは『杯(カップ)のクイーン』がそれにあたりますから、どういった人物が大きな影響を与えるのか、どういった人物と結びつくのかを理解するポイントになるでしょう。

※3　カードの絵柄についても、すべての答えが出揃ったところで改めて注目してみると、新しい読み解きをすることができるはず。辞書的にカードの意味だけを抽出するのではなく、連想ゲームのように相談者の状況や世間の情勢とも結びつけていきましょう。

22枚の大アルカナ、56枚の小アルカナの
基本となるキーワード集です。
この意味を軸に、
占いたいテーマに合わせて
イメージを膨らませていきましょう。

MAJOR ARCANA

愚者
THE FOOL

① 可能性がある
② 無邪気／愚かである
③ 何かが始まる

魔術師
THE MAGICIAN

① 技術
② 意欲的
③ 見方を変える

女教皇
THE HIGH PRIESTESS

① 見えない領域
② 深い理解
③ 清楚な

女帝
THE EMPRESS

① 産み出す力
② 豊かさ／快楽
③ 女性

皇帝
THE EMPEROR

①リーダー
②権力志向／責任
③厳格な

教皇
THE HIEROPHANT

①アドバイス
②智慧
③伝統／権威

恋人
THE LOVERS

①恋愛
②結びつき
③2つのもの

戦車
THE CAHRIOT

①勝利／成功
②イニシアチブ
③目的／移動

力
STRENGTH

①強い意志
②自信／余裕
③コントロール

隠者
THE HERMIT

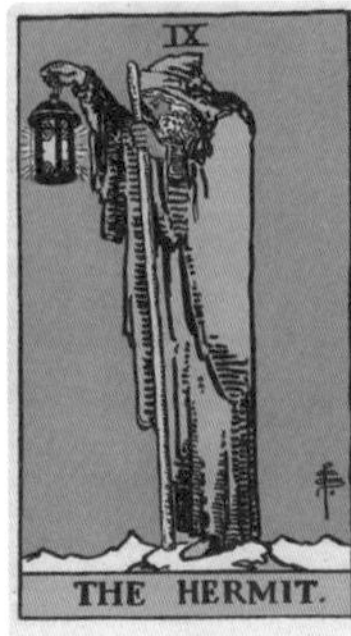

①孤独
②分別
③老成／年配者

吊られた男
THE HANGED MAN

①身動きできない
②忍耐
③模索／鬱屈

正義
JUSTICE

①正義
②裁き／公平
③合理的

運命の輪
WHEEL OF FORTUNE

①チャンス
②転機／変転
③一か八か

悪魔
THE DEVIL

①誘惑
②欲望／執着
③暗い感情

節制
TEMPERANCE

①調整
②交流
③包容力

死神
DEATH

①終焉
②再生／復活
③放棄／清算

16

塔
THE TOWER

① アクシデント
② 失望／落胆
③ 転換

17

星
THE STAR

18

月
THE MOON

① 希望／ビジョン
② 純粋さ
③ 未来／才能

① 幻想
② 不安定／優柔不断
③ 受動的／隠れた敵

19

太陽
THE SUN

① 生命力
② 成果／名誉
③ 自己表現

20

審判
JUDGMENT

JUDGEMENT.

① 覚醒
② 復活／回復
③ 打破／心機一転

21

世界
THE WORLD

① 達成／完成
② 頂点／ゆるやかな下り
③ 安定

MINOR ARCANA

WANDS

棒のエース

ACE of WANDS

① 情熱的
② 前向き思考
③ スタミナ

棒の2

WANDS II

① 野心／恐れ
② 他者への期待
③ 交渉

棒の3

WANDS III

① 幸運を待つ
② 長期的視野
③ 小さな満足

棒の4

WANDS IV

① 休息／リラックス
② 動き出す前
③ 基盤

棒の5

WANDS V

① 混乱
② 闘争
③ 紛糾／口論

棒の8
WANDS VIII

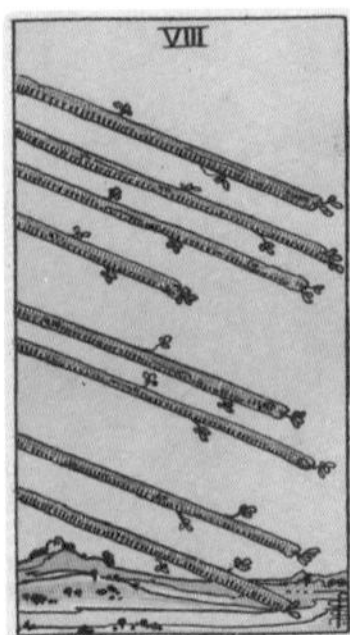

①急展開
②迅速な判断
③落ち着かない状況

棒の7
WANDS VII

①現状維持
②努力の継続
③底力

棒の6
WANDS VI

①勝利
②認められる
③成果を発表する

棒のペイジ
PAGE of WANDS

①好奇心
②新しい知らせ
③まぶしいエネルギー

棒の10
WANDS X

①やりすぎている
②重い責任
③プレッシャー

棒の9
WANDS IX

①完遂
②最終段階
③守りの力

棒のキング
KING of WANDS

①大きな目標
②人々を率いる
③指導力

棒のクイーン
QUEEN of WANDS

①誇り高い
②継続する愛情
③ハート

棒のナイト
KNIGHT of WANDS

①みなぎる行動力
②恐れ知らず
③若者

杯の2
CUPS II

①パートナーシップ
②相思相愛
③関係の進展

杯のエース
ACE of CUPS

ACE of CUPS.

①深い愛情
②サポートされる
③絆が生まれる

MINOR ARCANA

CUPS

杯の5
CUPS V

①深い喪失感
②心細さ
③後悔

杯の4
CUPS IV

①無気力
②流される日々
③燃え尽き

杯の3
CUPS III

①意見の一致
②方向性が決まる
③理解し合う

杯の8
CUPS VIII

①抜け出す
②相手を解放する
③巣立ち

杯の7
CUPS VII

①決められない
②まとまりがない
③夢見がち

杯の6
CUPS VI

①過去への郷愁
②逃避
③自立できない

杯のペイジ
PAGE of CUPS

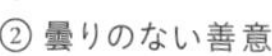

①豊かな感受性
②曇りのない善意
③純粋さ／もろさ

杯の10
CUPS X

①精神的な充足
②生活の余裕
③物心の豊かさ

杯の9
CUPS IX

①願望成就
②手に入れる
③物質的成功

杯のキング
KING of CUPS

①メンター
②寛大さ
③援助する

杯のクイーン
QUEEN of CUPS

①気配り／ケア
②器が大きい
③包み込む強さ

杯のナイト
KNIGHT of CUPS

①理想的な出会い
②新しい経験
③センチメンタル

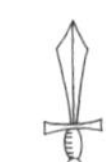

MINOR ARCANA
SWORDS

剣のエース
ACE of SWORDS

① 強大な力
② 実力行使
③ 新たな可能性

剣の2
SWORDS II

① あやういバランス
② 板ばさみ
③ 2つの意見

剣の3
SWORDS III

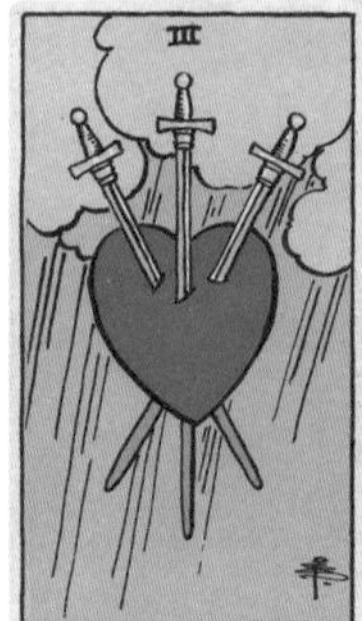

① 心の痛み
② 罪悪感
③ 争い／中傷

剣の4
SWORDS IV

① 嵐の前の静けさ
② 思考を止める
③ 静かな空間

剣の5
SWORDS V

① 力ずくの行動
② 傲慢
③ 自己中心的な

剣の8
SWORDS VIII

① 四面楚歌
② 孤立
③ 自縄自縛

剣の7
SWORDS VII

① 秘密の行動
② 策略
③ 二枚舌／裏表

剣の6
SWORDS VI

① 問題の解決
② 状況の推移
③ つらさからの脱却

剣のペイジ
PAGE of SWORDS

① 未来を見通す目
② アイデア先行
③ 皮肉

剣の10
SWORDS X

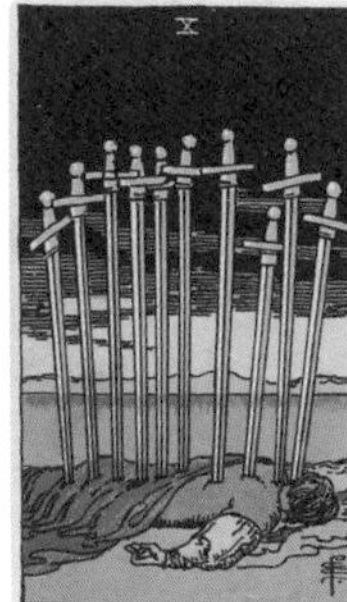

① 底を打つ
② 負けを知る
③ 絶体絶命

剣の9
SWORDS IX

① 失敗への恐れ
② 過去の悪夢
③ 過剰な心配

剣のキング
KING of SWORDS

① カリスマ性
② 公正／正論
③ 決定力

剣のクイーン
QUEEN of SWORDS

① 鋭い視点
② 客観的な思考
③ 悲しみの克服

剣のナイト
KNIGHT of SWORDS

① 予想外の話
② 変化と混乱
③ 即断即決

金貨の2
PENTACLES II

① 軌道に乗る
② 交流／チャンス
③ リズミカルな動き

金貨のエース
ACE of PENTACLES

① 計画の実行
② 事業の立ち上げ
③ 投資のスタート

MINOR ARCANA
PENTACLES

金貨の5
PENTACLES V

①損失／欲望
②自信を失う
③欠如

金貨の4
PENTACLES IV

①守り／保守的
②ため込む
③執着心

金貨の3
PENTACLES III

①最初の成果を得る
②つり合いがとれる
③スキルを磨く

金貨の8
PENTACLES VIII

①向上心／やりがい
②スキルアップ
③才能の発揮

金貨の7
PENTACLES VII

①小休止
②満たされなさ
③スランプ

金貨の6
PENTACLES VI

①寄付／支援
②シェアする
③公正な振る舞い

金貨のペイジ
PAGE of PENTACLES

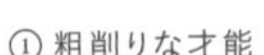
①粗削りな才能

②うれしいオファー
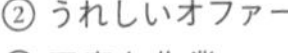
③丁寧な作業

金貨の10
PENTACLES X

①受け継ぐ
②家族の絆
③恋人の家族

金貨の9
PENTACLES IX

①心地よい環境
②経済的基盤
③自分を認める

金貨のキング
KING of PENTACLES

①堅実な力
②不動産
③余裕のある力

金貨のクイーン
QUEEN of PENTACLES

①貯蓄の才能
②豊かさ／恵み
③慈愛／包容力

金貨のナイト
KNIGHT of PENTACLES

①一歩一歩進む
②長期的な努力
③事務処理

おわりに

これまでタロットの本をいくつも出すことができましたが、僕のタロット本の中では本書がもっとも「ベタ」に「実用的」なものだと言えそうです。出たカードを辞書的に引いて、その意味の部分を読めばよいというものなのですから。

実はこれまでこうしたスタイルで書くのはなるべく避けてきました。下手をすると占いがもつ自由なイマジネーションを狭めてしまう危険もあるからです。物語のようなかたちでカードのイメージを広げる、前著『実践タロット・リーディング』（朝日新聞出版）のようなスタンスのほうが上達には早道だろうというのも本音です。

しかし、ケルト十字法のような本格的なスプレッドをもっと身近に感じていただくためには、やはりこうした実用的なものも必要になるのも事実でしょう。その意味で、本書と『実践・リーディング』は両輪のようなもの。併せて使っていただけると、なおありがたいです。

また本書でご紹介した実占例のような読みにはなかなか到達できないと感じられる方もおられるかもしれません。これは実際のリーディングを実況したもので、スートのエレメントのバランスや、その時々の直感を取り入れた「活きた」実例だからです。こういう自由な読み方もできるのだという参考にしていただければ幸いです。

このような読みに進むための参考図書としてはアンソニー・ルイス『完全版タロット事典』（朝日新聞出版）をおすすめします。

さあ、本書でケルト十字法をどんどん使っていってください。

鏡リュウジ

鏡リュウジ Ryuji Kagami

占星術研究家、翻訳家。1968年京都府生まれ。国際基督教大学卒業、同大学院修士課程修了（比較文化）。英国占星術協会会員、日本トランスパーソナル学会理事。平安女学院大学客員教授、京都文教大学客員教授。著書に『鏡リュウジの実践タロット・リーディング』（朝日新聞出版）、『タロットの秘密』（講談社）、『占いはなぜ当たるのですか』（説話社）、『はじめてのタロット』（ホーム社）、『鏡リュウジの占星術の教科書Ⅰ、Ⅱ、Ⅲ』（原書房）、監訳書に『ユングと占星術』（青土社）、『神託のタロット　ギリシアの神々が深層心理を映し出す』（原書房）、『タロット　バイブル　78枚の真の意味』（朝日新聞出版）など多数。『ユリイカ　タロットの世界』責任編集も務める。

鏡リュウジの実践タロット・テクニック
ケルト十字法大辞典

2021年12月30日　第1刷発行

著　者　鏡 リュウジ

発行者　三宮博信
発行所　朝日新聞出版
〒104-8011
東京都中央区築地5-3-2
電話 03-5541-8832（編集）
03-5540-7793（販売）
印刷所　大日本印刷株式会社

装丁　宮崎絵美子（製作所）
構成　山田奈緒子・菊地一江・浅島尚美・加藤裕香・渡邉知寿美・中垣香織（株式会社説話社）
協力　小笹加奈子・えいとえふ・吹上恵美子・宮崎彩子・船水詩子
イラスト　阿部 結
カード提供　夢然堂

Published in Japan by Asahi Shimbun Publications Inc.
ISBN 978-4-02-251804-0